HALGANKII
GUNNIMADOONKA

HALGANKII
GUNNIMADOONKA

Ibraahim Aaden Shire

Looh Press | 2023

LOOH PRESS LTD.
Copyright © Ibraahim Aaden Shire 2023
Dhowran © Ibraahim Aaden Shire 2023
First Edition, First Print October 2023.
Soo Saariddii 1aad, Daabacaaddii 1aad Oktoobar 2023.

Xuquuqda oo dhammi way dhawrantahay. Buuggan dhammaantiis ama qayb ka mid ah sina loo ma daabici karo loo mana kaydsan karo elegtaroonig ahaan, makaanig ahaan ama hababka kale oo ay ku jirto sawirid, iyada oo aan oggolaansho laga helin qoraaga. Waa sharci-darro in buuggan la koobbiyeeyo, lagu daabaco degellada internetka, ama loo baahiyo si kasta oo kale, iyada oo aan oggolaansho laga helin qoraaga ama cid si la caddayn karo ugu idman maaraynta xuquuqda. Wixii talo ama falcelin ah ka la xiriir qoraaga:
Ibraahim Aaden Shire (ishire86@gmail.com).

PRINTED & DISTRIBUTED BY
Looh Press
56 Lethbridge Close
Leicester, LE1 2EB
LoohPress@gmail.com
www.LoohPress.com
+4479 466866 93

Cover design & typeset by: Looh Press Ltd.

ISBN: 978-1-912411-71-9

"Dadow maqal daduubtaan ku iri ama dan haw yeelan Ama dhaha darooryiba jiryaye doxorku yeelkiis e
Nin ragey dardaaran u tahaye, doqon ha moogaado"

(Sayid Maxammed)

TUSMO

HIBAYN XI

MAHADNAQ XIII

HORUDHAC XV

CUTUBKA 1ᴬᴬᴰ: BILLAWGII BAARAARUGGA ISLAAMIGA AH .. 1

   Xaaladdii ay Soomaaliya ku jirtay Baraarugga ka hor 6

   Curashadii Baraarugga Soomaaliya 9

   Dhaqdhaqaaqii Kaniisadda 11

   Dhallinyaradii Carabta ka soo noqotay 12

   Al-Nahda 13

   Al-Ahal 16

   Waxdaddul Al-shabaab 17

   Al-Islaax 18

   Jameeca Islaamiyah 18

   Al-Itixaad 21

   Saamayntii Dacwadii Itixaad 32

CUTUBKA 2ᴬᴬᴰ: QAADASHADII QORIGA 37

   Mucaskarkii Kismaayo 38

   Boosaaso 45

CUTUBKA 3ᴬᴬᴰ: SAAMAYNTII SHISHEEYUHU KU LAHAA URURKA ITIXAAD 55

   Dhalanrog 57

   Xiriirka culimada Sacuudiga iyo qoyska reer Sacuud 59

    Jihaadiyiinta Caalamiga ah 71

CUTUBKA 4ᴬᴬᴰ: IMAARADII GEDO 77

    SNF 88
    Isqabashadii Itixaad iyo Xasan-Deer 99
    Beledxaawo 105
    Luuq 112
    Garbahaarreey 122

CUTUBKA 5ᴬᴬᴰ: DIYAARGAROWGII DAGAALKA 131

    Keer (CARE) guurtaye keyd ma kuu haray! 136
    Xaquu Fahmay 137
    Kicintii Qabiilka 138
    Kaalmaysiga Shisheeyaha 145
    Kulankii SNF iyo Itoobiya 148
    Weerarki Jumcada 154
    Diyaargarowkii Duullaankii Labaad 156
    Is-kuhaankii Wadaaddada 163
    Duullaankii Labaad iyo Bilowgii Bahalnimada 164
    Xeradii Doolow iyo mar kale 166
    Cumar Xaaji Alle ha ka Sawaabiyo 169
    Xaaladdii Gobolka Gumeysiga Tigreega ka Hor 172
    Gumeysigii Tigreega 174

CUTUBKA 6ᴬᴬᴰ: MA LAGA BAAQSAN KARAY IMAANSHIHII XABASHIDA 189

TIXRAAC 198

HIBAYN

Buuggaan waxaan u hibeeyay dadkii lagu laayay Beledxaawo 25/01/2020-kii. Si gaar ah waxaan u xusayaa carruurtii 11-ka ahayd ee isku guriga lagu xasuuqay: Ilma Cabdiwali Turmaag; ilma Cabdi Afdheere iyo qoyska reer Aadan Carab.

MAHADNAQ

Mahad oo dhan waxaa leh Eebbe weyne, sarreeyaha siduu doono keliya ay socoto. Intaas kaddib, waxaan halkaan uga mahadnaqayaa dad badan oo iigu kaalmeeyay qorista buuggaan. Dadku iskuma jiro e waxaan mahad iyo abaal aan la gudi karin u hayaa sheekh Xasan Axmed-Nuur Aadan Deer oo la'aantiis aanan laba baal isla heleen. Sheekh Xasan waa magtabad guureysa. Waa facaadyahan Eebbe ku galladay garasho iyo fahmo gaar ah. Waxaa intaas u dheer xoogfurnaan iyo xilkasnimo. Su'aal walba oo igu soo dhacda isaga ayaan taleefan u dirayay. Saddex middood ayay noqonaysay: Inuu isagu jawaabta hayo oo markaas ii sheego, inuu yaqaan qof haya oo markaasba ii waco oo jawaabta iiga qaado iyo inuu yaqaan qof haya jawaabta laakiin markaas uusan soo qaban karin oo uu yiraahdo hebel baa hayee anaa kugu soo warcelin ee iga sug. Marnaba ma dhacayn inaan gacmo maran kala noqdo.

Waxaan iyaguna mahad ballaaran iga mudan ragga kala ah ustaad Cabdulqaaddir Diiriye, Maxammed-karaama Axmed Xasan iyo ustaad Cabdiraxmaan Cali Carrabeey oo buugga akhriyay inta aanan daabacaadda u dirin, talo wanaagsan iyo tilmaamo toolmoonna i siiyay. Gaar ahaan ustaad Cabdiraxmaan waxaa uu ka shaqeeyay inuu igu xiro dad xogo muhiim ah hayay oo aan waraystay si aan u kabo meelo uu ustaadku tilmaamay in ay kala dhimmanyihiin. Waxaa iyaguna mahad ballaaran iga mudan Maxammed Ibrahim Xasan, sheekh Xuseen Guuleed, Cali Xasan Maxammed, Xasan Fayooke, sheekh Aadan sheekh Cabdille, sheekh Ibraahim Axmednuur, Ismaaciil Muxammed Faarax, abwaan Cabdullaahi Warsame (Waranle) oo la'aantood buuggu kala dhantaalnaan lahaa.

Ugu danbayn waxaan u mahadcelinayaa xaaskayga Leyla Aadan Maxammed oo dhiirrigalinta ay u dheerayd dulqaad ay muujisay maalmihii iyo habaynadii aan buugga kor fadhiyay iyada oo la tacaalaysa mashquulka guriga iyo carruurta. Haddii aysan isku dari lahayn hawsheedii iyo taydii iima fududaateen inaan qoro buug intaan la'eg. Dadka iiguma waxtar yarayn ee waxaan ugu danbaysiiyay in ay tahay midda aan dadka isugu danbayno.<

HORUDHAC

Subax Jimce ah oo ku beegan 9/8/1996 gobolka Gedo waxaa uu ku waabariistay wax uusan filayn. Cadow guuro ku yimid ayaa hareereeyay magaalooyinka Beledxaawo, Doolow iyo Luuq. Waxaa raacay weerar arxandarro ah iyo duqayn aan loo meel dayin. Ciiddii ayaa oloshay; dhegihii ayaa awdmay, holoca iyo uurada, guryaha iyo xarumaha ganacsiga ee gubanaya ka baxaya, ayaa is qabsaday; wiiwiida dhallaanka ayaa isla yeertay. Dad badan ayaa u qaatay inuu qiyaamihi dhacay. Dadka intiisa badan meel laga soo galay iyo waxa socda midna ma ogayn. Dagaal iyo jug yeerta dadku horey waa u yaqaan. Laakiin colaad qabiil oo markaas taagnayd iyo cadow la filayay ma jirin. Cid ay cindigeeda ku soo dhici karaysay Amxaaro ayaa idin haysa ma jirin. Baroorta haweenka iyo carruuurta aabbayashood la warjeefay ayaa is qabsaday galabnimadii. Aynfaad aan la cabbiri karin ayaa dhacay. Waxaa ay se ahayd billawga dhibaato socon doonta muddo dheer oo ilaa maanta taagan. Wixii dhacay maalintaas waxaa kun jeer ka xumaa wixii ka dhashay ee aafadaasu sababta u noqotay. Waxaa ay ibafurtay dagaalkii ugu fooshxumaa ee abid Gedo ka dhaca. Waxaa ay bixisay quraalki Tigreegu dalka iyo dadka Soomaaliyeed ku ihaanaysteen 15-kii sanno ee xigay. Waxaa ay ahayd dhagaxii koowaad ee loo dhigay dib u gumeynta Soomaaliya dhismihiisuna uu dhammaystirmay 28/12/2006 maalintii calanka Itoobiya la suray caasimadda Soomaaliya. Waxaa uu subaxaas (9/8/1996), sidaa oo kale, noqday maalintii uu calool- galay ururka Shabaab oo dhalan doona 10 sanno kaddib xilligaa, maantana isaga oo qaangaar ah dhibka ugu badan Soomaaliya ku haya. Dhammaan dhacdooyinkii dalkeenna soo maray maalintaas kaddib, si toos ah ama si dadban iyada ayay xiriir la leeyihiin.

Waxaa uu dagaalkaasu gobolka Gedo ka dhigay halaqyo-mareen dalalka dariska la ah waxa ay doonaan ka sameystaan. Laga soo billaabo subaxaas, waddamada dariska ayaa joogteeyay soo galidda Gedo goorta ay doonaan iyo taxaabashada cidda ay doonaan. Intaas oo keli ah maahee, dhibaato isugu jirta kufsi, dil, burburin hanti, iyo duqayn joogta ah oo aan loo aabayeelin meesha ay ku dhacayso ayay Gedo saami darisnimo uga dhigeen. Kiinya, oo keliya, waxaa ay Gedo ka fulisay 84 duqaymood oo waxyeello nafeed iyo mid hantiyeed gaystay intii u dhaxaysay 2013 iyo 2020.

Mid ka mid ah tacaddiyadi ugu weynaa ee Kiinya gaysato waxaa uu dhacay 25/01/2021 markaas oo madaafiic ay soo ridday isku meel ay ku dishay saddex qoys oo hal raas ah. Subaxdaas, oo Isniin ahayd, ayaa aroornimadi waxaa magaalada Mandheera soo weerary malleeshiyaad ay Kiinya muddo ku diyaarinaysay gudaha Mandheera oo daris la ah Beledxaawo kana mid ah dhulka Soomaaliyeed ee Kiinya ay gumeysato. Si ay u xoojiso malleeshiyaadkii uu Cabdirashiid Janan horjoogaha u ahaa, ayay madaafiic ku garaacday qaybo ka mid ah magaalada. Mid ka mid ah ayaa ku dhacay guri ay gabbaad ka dhigteen 21 ruux oo carruur u badnaa. Halkaas ayaa waxaa ku qurgo'ay 14 ruux oo 11 ka mid ah carruur yihiin tiro kalana waa ay ku dhaawacantay.

Maalinta (9/8/1996) ahmiyaddaas leh, ma soo jiidan indhaha qorayaasha Soomaaliyeed, dhacdooyinkii xigay ee maalintaasi sababta u ahaydna waqti badan cidina kuma bixin in ay baarto, diiwaangaliso oo daraasayso. Inta aan arkay cid wax ka qortay wax ku saabsan wixii Gedo ka dhacay, sideey u dhaceen iyo cidda masuuliyaddeeda leh, waxaa ka jiro buug uu qoray Cabdullaahi Faarax Cali (Taano) oo uu baxshay *Cadowgeennu Waa Kuma*. Qoraaga buugga ayaa ka mid ahaa ururkii Al-Itixaad ee labada garab ee dirirtay midkood ahaa waxaa uu xilal kala duwan ka qabtay ururkii Itixaad isaga oo mar noqday wasiirkii warfaafinta ee 'Imaaraddii Gedo'. Qoraagu, maaddaama uu goobjoog ahaa, waxaa uu soo bandhigay xogo aad u muhiim ah. Waxaa uu diiwaangaliyay dhacdooyin aysan cid kale marnaba heli karin. Waxaa uu, sidaa oo kale, fursad u helay inuu waraysto qaar ka mid ah ama dadkii ugu muhiimsanaa ee ka masuulka ahaa curashada colaaddaas. Hayeeshee, inkasta oo uu buuggu ka kooban yahay shan boqol oo bog, inta arrinta gobolka Gedo uu kaga hadlay waa in kooban. Inta iyada ahna waxaa uu xoogga saaray eed-ka-fogaynta Al-Itixaad iyo daboolidda qaybtii ay ku lahaayeen dhibka gobolka ka dhacay.

Markii laga yimaaddo buuggaas (*Cadowgeennu Waa Kuma*), cid kale oo wax ka tiri waxaan ka arkay Alle ha u naxariistee (AUN) Cabdishakuur Mire Aadan oo buuggiisa *Kobocii Islaamiyiinta* cutub ka siiyay 'Imaaraaddi Gedo'. Isna si kooban ayuu uga hadlay maamulkii Itixaad mana faaqidin dagaalkii dhacay iyo wixii raacay iyo caaqibadihii uu tagay. Sidaa daraateed buuggaani waxaa uu isku dayi doonaa inuu buuxiyo galdaloollada ka bannaan dagaalkii Gedo, wixii soo dhacayay ilaa la soo gaaray maalinta Jimce ee kor ku xusan, iyo wixii dabadeed dhacay. Waxaa uu si faahfaahsan u faaqidi doonaa asbaabihii keenay dagaalka iyo in laga baaqsan karay iyo in kale isaga oo si cad farta ugu fiiqi doona cidda Gedo godka ku ridday halgankana u gashay gumeynta dalka.

Saddex su'aalood ayuu isku dayi doonaa inuu buuggu ka jawaabo: kow see wax u dhaceen; laba yaa ka masuul ahaa waxa dhacay iyo saddex ma laga baaqsan karay in Tigree dhulka la keeno? Labada su'aalood ee hore waa isku guda jiraan, si wadajir ah ayuuna buuggu uga jawaabayaa. Midda u danbaysa, buuggu waxaa uu ku keenayaa meesha ugu danbaysa. Waa cutubka ugu gaaban. Waxaa uu si kooban oo qayaxan u dhiibi doonaa warcelinta waydiinta ciwaanka ah isaga oo sal uga dhigaya jawaabo ay bixiyeen dadkii sida tooska ah uga warqabay xaaladda lagu jiray iyo caddaymo kale oo la isu keenay.

Ujeedka ugu muhiimsan ee buuggu waa in aynan illaawin wixii nagu dhacay uuna dhaxal u noqdo carruurteenna iyo jiilalka danbe si aysan ugu hodmin garaaca gurbaanka beenta ah, habadna aysan ugu noqon mid doonaya inuu marxalad kaga tallaabo.

Iftiimin

Buugga waxaa uu isticmaali doonaa magacyo dhawr ah. Waxaan doortay in aan qolo walbo ugu yeero waxa ay isu taqaan. Markaan leeyahay *Ahlu-Sunna* waxaan tilmaamayaa urur magacaas isu yaqaan ee uma jeedo in ay yihiin kuwo dadka kale sunnada ka xiga. Sidaa oo kale, markaan qorayo *Salafiyiin* waxaan tilmaamayaa koox magacaas la baxday ee maahan macnaheedu in aan leeyahay jidkii Salafka ayay qaadeen. Waxaan jeclahay, sidaa oo kale, inaan xuso in buuggu ka hadlayo ururro. *Itixaad* markaan leeyahay waa urur gaar ah oo manhaj lahaa. Ma soo hoos galayaan kooxaha kale ama dadka kale ee ay caqiido ay kulmiso ama aragti kale ku raacay. Wixii dhaliil ah ama gef-xugmin ah ee buugga ka muuqda ku dhici mayso Salafiyiinta aan Itixaad ahayn. Qof walba wixii uu kasbaday ayuu leeyahay qof khaladkiina mid kale lama saaro.

Buugga waxaa ku xusan magacyo dad caan ah. Dhammaan dadka aan xusay waa kuwo si toos ah ugu lug lahaa wixii dhacay. Waxaan aamminsanhay in iyagu lahaayeen masuuliyadda wixii dhacay. Cudurdaar ka bixin maayo qoridda magacyadooda iyo wixii aan ka sheegay toona. Naqdinta iyo dhaliisha aan aqbalayo waa wixii aan ku gefay ee ku saabsan dhacdooyinka aan qorey. Xogta buugga ku urursan qaar goobjoog ayaan u ahaa; qaar dad aan wareystay ayaa ii sheegay, halka qaar aan ka soo guuriyay buugaag iyo maqaallo horey loo qorey ama muuqaallo la duubay. Wixii khalad ah ee xogahaas ku jira dood ayaa ka furan, haddii ay caddaadaanna, Eebbe idinkii, waa la sixi. Ugu danbayn waxaa caddeynayaa in buuggani cid gaar ah uusan lid ku ahayn, loogu dan lahayn si gooni ahna loogu beegsan. Intii karaankayga ah waxaan isku dayay inaan si caddaalad ah u qoro wixii i soo gaaray. Erayada ugu wacan, ugu jilicsan ee ugu macquulsan ayaan u doortay buugga. Aadane ayaan se u ahay dhimmanaan. Wixii gef ah ee iga dhacay ulakac igama aha ee waa gaabis kama' ku yimid. Eebbe ayaa waafajinta leh.

Soo-gaabisyo
- AUN (Alle ha ha u naxariisto)
- Jan. (Jannaraal)
- MF Caydiid (Maxammed Faarax Caydiid)
- MS Barre (Maxammed Siyaad Barre)
- NNKH (Naxariis iyo nabadgalyo korkiisa ha ahaato)
- QM (Qarammada Midoobay)
- SNF (Somali National Front)
- SSDF (Somali Salvation Democratic Front)
- SNA (Somali National Alliance)
- RRA (Rahanweyn Resistance Army)
- SRRC (Somalia Reconciliation and Restoration Council)
- USC (United Somali Congress)

CUTUBKA 1AAD

BILLAWGII BARAARUGGA ISLAAMIGA AH

«وتلك الايام نداولها بين الناس»

Adduunyadu waa harwareeg hadba dhinac u jihaysata. Waa habayn iyo maalin hadba qolo iftiimisa kuwo kalana mugdiyaysa.

Waa sida harka labadiisa galin oo markii koox hoos harsanayso kuwo kale cadcadeeddu hayso. Waa giraan wareegta oo hadba cid siisa libinta iyo hoggaanka dunida, midna hoos marisa. Waa mid ka mid ah sunnooyinka kawniga ee Eebbe aadanaha ugu talogalay in aysan ka weecan oo sidaa la isugu wareejiyo. Waayadii caalamka Islaamka u ahaa quruuntii dahabiga, Yurub waxa ay u ahayd quruuntii madoobayd. Qaraadda Yurub waxay ahayd mid aad uga danbaysa Aasiya, shacabkeeduna waxaa uu ahaa mid dib-u-socod ah oo ku nool xaalad aad u liidata aqoon ahaan, dhaqan ahaan, amni ahaan, akhlaaq ahaan iyo bulsho ahaanba. Qarinigii 16aad ayay billawday indho kala qaad. Labadii qarni ee xigay waxaa ay wadday horumar kacaa-kuf ah se xawaare fiican ku socda. Qarnigii 18aad ayaa waxaa billawday Kacaankii Warshadaha. Waxaa ay cagta saartay horumar xawaare dheeraynaya ku socda oo aan horay dunida loogu arag. Waxaa ay soo saartay aqoonyahanno iyo mufakiriin aysan qaaraddu horay u aqoon. Indhihii ayaa u dillaacay waxaa ayna u halqantaagtay faafinta dhaqankeeda, diinteeda iyo qabsashada dhulka Muslimiinta. Nuskii danbe ee qarnigii 18aad Ingiriisku waxaa uu saldhigtay Bangal (Hindiya) oo imaaro Islaami ahi ka dhisnayd, tartiib isu fidin ayuuna billaabay. Faraniiska, oo tartan kala dhaxeeyay Ingiriiska, ayaa isna guda galay inuu dhisto imbirdooriyad waxaa uuna qabsaday Masar 1798-kii. Dalalkii kale ee Yurub ayaa iyaguna jidkaas raacay. Dhulka Muslimiinta ee ku dhacaya gacmaha gumeystaha reer Yurub ayaa saynta isku xiray. Faransiiska ayaa qabsaday Aljeeriya 1830-kii, sagaal sanno kaddibna Ingiriiska ayaa qabsaday Cadan (Yemen). Tuuniisiya ayaa gacan gashay 1881, Masar 1882, Berbera 1885, jabbuuti 1887, Muqdisho 1892, Suudaan 1889, Liibiya iyo Marooko ayaa iyaguna la gumeyste noqday 1912-kii intii kalana ka daba tage.

Qaar madaxdii Muslimiinta ka mid ahaa ayaa isku dayay in ay la jaanqaadaan ilbaxnimada reer Yurub ka hor inta aan guryahooda loogu imaan. 1826-kii suldaankii khilaafada Cusmaaniyiinta ee Maxammuudkii labaad ayaa daahfuray barnaamij la magac baxay "*Tanthiimaad*" oo la macne ah xeerar, kuwaas oo dhigayay dib u habayn lagu sameeyo ciidamada iyo hirgalinta teknoolajiyad cusub. 1839-kii ayuu mar kale soo saaray wareegto la magac baxday *Gulhane* taas lagu muujiyay in awoodda dawladda loo celiyay shacabka. Wareegtadaas ayaa lagu sheegay in dawladdu ku dhisan tahay kunturaad u dhaxaysa madaxda dawladda iyo shacabka. Waxaa ay ahayd ku dayasho dimuquraadiyaddii Yurub ka soo ifbaxayday. Wareegtadaas ayaa, sidaa oo kale, dhigaysay in dib u habayn iyo casriyayn lagu sameeyo dhammaan hay'daha dawladda.

Waxaa suldaankaan, xagga xumaanta, baac dheereeyay wakiilkiisi Masar Maxammed Baasha Cali oo Masar ka madaxbanneeyay khilaafadii fadhigeedu ahaa Istanbuul. Baasha, oo asal ahaan u dhashay Albeeniya, ayaa qaaday tallaabooyin uu u arkayay inuu kula jaanqaadi karo horumarka. Isaga oo ku dayanaya dawladihii *qowmiyadnimada* lagu dhisay ee Yurub ka curtay ayuu doonay inuu dhiso dal iskii u taagan oo awood dhaqaale iyo mid ciidanba isku filan. Waxaa uu billaabay in uu si qasab ah dadka xooggooda uga sameeyo biyogalin, waraab iyo isgaarsiin. Waxaa la sheegay in ay ku dhinteen qasabkaas 23 kun oo ka mid ahaa shacabkii Masar. Kumannaan kale ayaa laxaadyada midkood is tiray si ay uga badbaadaan qafaalka Baasha taas oo dhashay dad badan oo curyaan ah. Maaddaama uu u arkayay in ay Yurub horumarka ku gaartay diinta oo ay iska fogeysay, waxaa uu la wareegay goobihii diinta saldhigga u ahaa ee Muslimiintu waayo hore waqfeen. Waxaa uu, sidaa oo kale, ugaarsi iyo cabburin ku billaabay culimadii.

Hasa-ahaatee, madaxdaan isbeddelka uga dayatay Yurub waxaa ay uun ku socdeen 'dameeri dhaan raacday' wax figrad ahna kama aysan haysan habdhiska horumarka Yurub ay samaynaysay iyo tiirarka uu ku taaganyahay toona. Waxaa ay ahaayeen kuwa gudcur ku gudaya oo ummadda god madow ku wada. Culimadii iyo cilmigii horumarka lagu gaari lahaa ayay collaysteen. Hubka casriga ah ee reer Yurub heleen iyo warshadaha darandooryaya hela ma ogiye, isma aysan waydiin sidee lagu helay iyo maxaa u dan ah bulshada Muslimka ah iyo diinteeda.

Jidka ay ku socdeen halistiisa, waxaa markii u horraysay qaylodhaan ka keenay Jamaalu-diin Afqaani (1839-1897)[1]. Jamaal- diin halka uu ku dhashay muran badan ayaa ka jira. Laakiin sida uu sheegtay waxaa uu ku dhashay Afqaanistaan. Waxaa uu ahaa wiil diin jecel, firfircoon, caqli badan, dhulmareen ah oo karti badan. 17 sano markuu jiray waxaa uu aqoon kororsi ugu safray Hindiya. Waxaa uu si toos ah ugu hadli karay Carabiga, Faarsiga iyo Turkiga. Jamaalu-diin waxaa uu maray dalal badan oo Carabta ah, Masar, Hindiya, Ruushka, Turki iyo qaar Yurub ah. Meel walba oo uu tago waxaa uu arkayay awoodda sii kordhaysa ee reer Yurub. Waxaa uu sidaa oo kale joogay Hindiya 1857-kii markii ciidammo isugu jira Muslimiin iyo Hindu ay ka gadoodeen xukunkii Ingiriiska. Waxaa u caddaatay in sida la yahay aan looga badbaadi doonin duullaanka reer Yurub. Waxaa u muuqatay haadaanta ay muslimiinta ku wadaan madaxda ku dayatay reer Yurub. Waxaa uu u istaagay baraarujinta Muslimiinta sidaas ayuuna ku noqday dhagixii ugu horreeyay ee loo dhigay Baraarugga Islaamiga ah ee Casriga ah. Waxaa uu ugu yeeray Muslimiinta in ay midoobaan una qaataan Sayniska cusub iyo ilbaxnimada la socota si waafaqsan Diintooda. Waxaa uu, sidaa oo kale, ku dooday in Islaamku u baahan yahay dib u eegid si loola jaanqaado horumarrada socda. Taas oo u yeeranaysa dib in loo furo *ijtihaadki* ay wadaaddo waayo hore xireen. Muslmiintu waa in ay ka xaroobaan figradda ah Ijtihaadki waa xirmay ayna u isticmaalaan caqligooda iyo aqoontooda sida Eebbe iyo Rasuulkiisu jideeyeen ayuu ku dooday[2].

Maxammed Cabdow (1849-1905) oo reer Masar ahaa, jaal iyo saaxiibna ay ahaayeen Sayid Jamaaluddiin Afqaani, ayaa noqday labankii labaad ee saxwada casriga ah. Laakiin si ka duwan Jamaaluddiin, Maxammed waxaa uu ku dooday in jawaabtu tahay waxbarid iyo kobcinta garaadka Muslimiinta ee aysan ahayn kacdoon sida Jamaaluddiin doonayay. Maxammed waxaa uu goobjoog u ahaa sidii Ingiriisku u burburiyay Masar. Sidaas oo ay tahay waxaa uu xurmo weyn u hayay Sayniska iyo hab-maamulka casriga ah ee reer Yurub la yimaadeen. Laakiin waxaa uu aamminsanaa in aan duudduub lagu qaadan ee garaad fayow iyo manhaj Islaami ah looga faa'iidaysto. Waxaa uu ku dooday in horumarka casriga loo qaato si dadku fahmi karo. Sharci aysan dadku fahmi karin lama dabbaqi karo, sharci aan la meel marin karinna sharci ma noqdo ayaa halhays u ahaa. Sidaa darteed, dadka ha la siiyo aqoon ay kula jaanqaadi karaan nolosha

---

1   Karen Armstrong: Islam. A short History
2   Karen Armstrong: Islam. A short History

cusub iyada oo loo marayo dib u habayn lagu sameeyo nidaamka waxbarasho ee madaarista iyo jaamacadaha ayuu qabay.

Waxaa jidkaas ku raacay Rashiid Rida (1865-1935) oo ahaa saxafi da' yar oo reer Masar ah. Maxammed iyo Rashiid AUN labaduba waa ay arkayeen in waxa ay rabaan ay yihiin wax kakan oo waqti dheer u baahan gaariddiisuna sahal aysan ahayn. Waxaa ay garowsanaayeen in wax walba oo aan sees adag iyo sal ballaaran lahayni, si walba oo loogu dedaalo, ay aayar jabaan. Rashiid waxaa uu la anfariiray sida aqoonyahankii Carbeed ay ugu sii guurayeen xagga calmaaniyadda iyaga oo gaaray heer ay diinta Islaamka ku eedeeyaan dib u dhaca haysta Muslimiinta. Hab-fakerkaas ayuu Rashiid u arkayay mid sii wiiqaya Muslimiinta daleelna ka siinaya bahallada reer Yurub ee soo siqaya. Rashiid waxaa uu ka mid ahaa dadkii ugu horreeyay ee qaatay in la dhiso dawlad casri ah laakiin Islaami ah. Waxaa uu doonayay inuu dhiso maddaraso lagu barto qanuunka caalamiga ah, taariikhda dunida, cilmiga bulshada iyo Fiqhiga si loo helo aqoonyahan la socon kara isbeddelka cusub ee dunidu gashay isla markaana hoggaamin kara dawlad casri ah oo Islaami ah.

Dhammaan inta aan soo sheegnay waxaa ay la hadlayeen aqoonyahanka iyo qamaammuurta, dadaalladooduna, in badan, ma gaarayn dadweynaha Muslimiinta. Sidaas ayuu u jiray isku xirnaansho la'aan u dhaxaysay aqoonyahanka iyo dadweynaha Muslimiinta. Waxaa booskaan buuxiyay macallin iskool oo dhallinyaro ah waqtigaas oo isna reer Masar ahaa. Macallinkaan waa, AUN-tee, Imaam Xasan Al- bannaa e (1906-1949), ayaa aasaasay urur figradaha aqoonyahanka iyo aqoonta waraaqaha ay ku wadaagayeen jamaahiirtu gaarsiiya dadweynaha. Ururkaan, oo uu ugu wanqalay Ikhwaanul-Musliin, ayaa noqday midkii ugu horreeyay, ugu saamaynta badnaa uguna cimriga dheeraa ururrada Islaamiga ah. Xasan waxaa uu qabay- isaga oo taas kala mid ahaa culimadii aan kor ku soo sheegnay- in baahi loo qabo aqoonta cusub iyo ilbaxnimada ay reer Yurub soo kordhiyeen. Waxaa uu, sidaa oo kale, aaminsanaa in ay daruuri tahay dib u habayn lagu sameeyo laamaha siyaasadda iyo arrimaha bulshada. Hayeeshee, waxaa uu qabay, sidii culimadii aan kor u soo sheegnay, in tani ay garab socoto noolaynta diinta iyo u noqoshada Shareecada [3]. Dhaqdhaqaaqii Xasan Al-Banna waa uu bullaalay aad ayuuna u faafay. Maaddaama ururka Ikhwaanku ku dhisnaa manhaj loogu

---

3   Karen Armstrong. Islam. A short History

talogalay in ay fahmaan dadweynaha waxaa uu si dhaqso ah u gaaray dacallada dunida Islaamka oo Soomaaliya oo ay ka mid ahayd.

Xaaladdii ay Soomaaliya ku jirtay Baraarugga ka hor

Soomaaliya waxaa ay ka mid ahayd dalalkii Muslimiinta ee ay gumeystayaashu qabsadeen si gaar ahna u dhibaateeyeen. Waxaa ay saamayn ku yeesheen caqiidadeedi, dhaqankeedi iyo guud ahaan hab- nololeedkeedi. Sida dunida kale ee Muslimkuba culimadu ugu kacday ka hortagga dhibaatada gaaladu keentay, ayay culimadii Soomaaliyeed u istaageen si geesinnimo leh gudashada waajibkii saarnaa. Jihaad af iyo addinba leh ayay la galeen cadowgi soo duulay. Sheekh, Ustaad, halgamaa Sayid Maxammed Cabdille Xasan, oo ku abtirsada dariiqada Saalixiyada, ayaa bandiiradda u sida culimadii Soomaaliyeed ee jihaadka u istaagtay. Looma se kala harin Aw iyo Macallinba. 1896-kii waxaa uu Talyaanigu ku xasuuqay xertii Sheekh Axmed Mahadi oo Qaaddiriya ahaa in ay ku kaceen awgeed. Intii u dhaxaysay 1896-kii ilaa 1908-dii waxaa socday Jihaadkii Shabeellada Dhexe ee lagu garan ogyahay jihaadkii Biyamaalka ayna horkacayeen macallimiin dugsi. Waxaa soo raacay Sheekh Xasan Barsame oo Banaadir ka istaagay iyo Sheekh Bashiir oo Burco [4] ka soo baxay iyo in kaloo badan oo magacyadooda aan xag Alle laga illaawin asii gumeystihii naga qariyay aqoonyahankeennuna gabay. Inkasta oo aysan ku guulaysan maqsadkoodi ahaa in ay dalka xoreeyaan, waxaa ay xaqiijiyeen in aan diin kale dalka lagu faafin iyo in Soomaalidu ku baaqi ahaato diinteeda wadar ahaan.

Markii laga guuleystay halgankii hubeysnaa ee culimadu wadday, dalka waxaa ka billawday mid aan hubaysnayn oo ay hormuud ka ahaayeen rag aan culimo ahayn intooda badanna ahayd aqoonyahan ka baxay dugsiyadii gumeystaha. Kuwaas ayaa si buuxda u qaatay in badan oo ka mid ahaa mabaaddi'dii gumeystaha ilaa la garan waayay farqiga u dhaxeeya maamulkii gumeystaha ee meesha ka baxay iyo midka Soomaaliyeed ee beddelay. Abwaan Axmed Ismaaciil Diiriye (Qaasin) waa tuu lahaa, markii uu arki waayay isbeddel yimid xorriyaddii loo dhintay goortii la taabay:

---

4 Baadiyow: The Islamic Movement in Somalia. A Study of the Islah Movement 1950- 2000

Isma doorin gaalkaan diriyo, daarta kii galaye
Dusha midabka Soomaali baad dugulka mooddaaye
Misna laguma diirsade, qalbigu waa dirkii karal e(2)

Abwaan Guhaad Cabdi Gahayr ayaa isna yiri:

Good iyo abees baa is beddalay garanna maysaan e
Goraygi ilmihi buu ka tagey guumiska ahaaye
Gocondhooyin baa aasan iyo mici gabaarreye
Karal kaama guurine halkanuu guud madow yahay e

Soo bixidda dad noocaas ahi ma ahayn mid si shil ah ku dhacday. Waxaa ay se ahayd siyaasad ku fadhida falsafad qoto dheer iyo shirqool loo maleegay in dadyowgi awal awoodda lagu gumeysan jiray xeelad lagu xukumo. Thomas Macaulay, oo ka mid ahaa golihii sare ee gumeysigii Ingiriiska ee Hindiya, ayaa 1835-kii meel fagaare ah ka yiri: "waqti xaadirkaan waa inaan, inta karaankeenna ah, galinnaa sidaan ku soo saari lahayn dabaqad noo dhaxaysa innaga iyo shacabweynaha Hindiya ee aan xukunno. Dabaqaddaan oo dhiigga iyo muuqa Hindi ka ah laakiin dhadhanka, fakerka, maanka iyo maskaxdaba Ingiriis ka ah." Falsafaddaan uu Thomas waqtigaas soo badhigay ayaa laga hirgaliyay dhammaan waddammadii gumeysiga ku jirey. Goortii la yiri xor baad tihiin, waxaa majaraha loogu dhiibay dabaqaddi awalba u dhaxaysay shacabka iyo gumeystaha ee muuqa dadka la wadaagtay maankana Faransiis, Talyaani iyo Ingiriis ka ahayd.

Gumeystaha oo ka faa'iidaysanaya awoodda maamul iyo midda dhaqaale ee uu gacanta ku hayay waxaa uu dedaal u galay sidii uu uga aargoosan lahaa culimada iyo diinta Islaamka. Waxaa geeska la galiyay qofkii diin lagu tuhmo. Waxaa laga fogeeyay siyaasad iyo mansab oo dhan. Waxaa lagala diriray dhaqaalaha ilaa ay adkaatay in qofkii diin bartaa uu helo wax uu cuno iskaba daa wax kale e. Dacaayadda iyo suuraxumeyta ayaa intaas garab socotay. Dhinaca kale, waxaa uu gumeystihii kor u qaaday dadka aan diinta baran. Wiilasha ka soo baxa dugsiyada uu furay ayuu shaqooyin fiican siinayay, xafiisyada dawladda iyo bulshada laga maamulona hormuud uga dhigayay. Arrintaasu waxay dhashay in sheekh caalim ah oo 20 sannadood waxbaranayay uu ka miisaan iyo maqaam sarreeyo wiil yar oo Af Talyaani ama Af Ingiriis ku hadli kara. Waxaa uu yiri Sheekh Cabdiqaadir Nuur Faarax oo ka warramaya sida gumeystihii ula dagaallamay barashada diinta: [5]

> *Barashada diinta, in la yiraahdo nin baa diin ka soo baxay oo jaamacad kaga soo baxay wax lagu qoslay ahayd. Annagu markaan Jaamaca Islaamiya dhiganaynay qolo Soomaali ah oo Cumro u timid baa noo timid. Waxay nagu yiraahdeen ma kuwii meesha malcamadda dhiganayay baa tihiin. Waxaan dhiganayno oo dhan waxay ka dhigeen in aan malmacad dhigaynayno. Markaan Xamar imid ee aan shahaadaydi u dhiibay wasaaradda shaqada waa ay garan waayeen waxa ay tahay. Waan garanayaa ninkaan u dhiibay wuxuu igu yiri waxani maxay tahay. Markaan ku iri waxaan wataa Addacwah iyo Usuuluddiin wuu garan waayay, markaas ayuu igu yiri Diin Diin uun soo maaha. Markuu sii akhriyayna waa uu ku qoslay shahaadadaydi.*

Fogaynta lagu sameeyay diinta iyo luuqadda Carbigu waxaa ay gaartay in ardaydii ka baxday macaahidda Carabiga xariirka la leh ay shaqo waayeen sidaasna ay kula colloobaan luuqaddi Carbiga. Waa kan mar kale Sheekh Cabdiqaadir Nuur Faarax:

> *Ardo dhiganaysay mac'had la yiraahdo Disbilino islamico ayaa waxay naceen magaca shahaadadu ku soo baxayso. Shahaadadu Talyaani ayay ku soo baxaysaa laakiin magaca Islaami ee meesha ka muuqdo ayay naceen. Waxaa ay u tageen madaxweynaha, Cabdirashiid Cali, markaas ayay uga dacwooden magaca in laga beddelo. Aad ayay ugu dedaaleen. Markaasaa waxaa maqlay nin la oran jiray Shariif Maxammuud oo raggii hore ah oo masjidka Marwaas Fiqhiga ka akhriyi jiray... ninkaas baa mas'alada ka hadlay. Wuxuu u hadlayaa oo u qaylinayaa in mac'hadkaas keliya ee magaca islaamka leh inaan la beddelin. Madaxweynaha ayuu u tagay oo mas'aladaas kala hadlay. Ardaydii waxay maqleen ninkaa Shariifka ah oo oranaya iskoolkoodi magaca yaan laga beddelin. Habaynkii danbaan waxaan imid Maqrib masjidka Marwaas. Waxaan ku arkay nimaan is garanayno oo reer Eyl ah oo dibadda taagan. Waxaan ku iri Yuusufow kolleyba salaad*

---

5   Sheekh Cabdiqaadir Nuur Faarax. Jawaab su'aal ahayd "wax noo sheeg siduu wacyigu ahaa saxwada ka hor. Waxaa laga heli karaa Daarulcilmi.com

tukan mayside waan ku aqaane maxaad ka soo doontay masaajidka. Wuxuu iigu jawaabay: war salaadna tukan maynee waxaan u imid mid meeshaan ku jiro oo wadaad ah oo isaga ayaan meesha ku sugayaa. Waxaan leeyahay arrimahayaga faraha ma kala baxaysaa mise shaqaan kaa qabannaa.

Culimadii waxaa ay ka dhaceen indhaha caamada. Waxaa loo arkay dad culaab ku ah bulshada oo wax la siiyo mooyee aanan waxba soo kordhinayn ilaa ay gaartay in wadaadnimada la isku caayo wadaaddaduna ka xishoodaan in wadaadnimo lagu ogaado. Arrintan waxa ay si weyn dhallinyarada uga fogeysay barashada diinta.

Maaddaama culimada dawladda laga ilaalinayay ilaa 1930-nadii, markii xornimada la qaatay xataa waxaa ay noqotay in lala yaabo qof leh diin ha lagu xukumo dalka. Afkaarta gumeystaha ee ahayd 'ha la kala sooco diinta iyo dawladda' ayay si dabiici ah u qaateen dhallintii ay wax soo bareen. Mar kale sheekh Cabdiqaadir oo ka sheekaynaya arrintaas waxaa uu yiri:

...qariib bay ahayd markii la yiraahdo [xornimadi kaddib] kitaab baan isku xukumaynaa ama diin baan isku xukumaynaa. Arrintaasu waxay ahayd mid aan aqoon loo lahayn oo la yiraahdo maxaa isaga jira diin iyo dawlad.

Curashadii Baraarugga Soomaaliya

Si kastaba ha-ahaatee culimadu isma dhiibin mana quusan. Waxa ay isku dayeen in ay la jaanqaadaan halganka aan hubaysnayn si ay waajibkii saarnaa u gutaan. Waxaa ay samaysteen ururro ka shaqeeya ilaalinta diinta iyo dhaqanka oo la socon kara marxaladdii liidnaanta ahayd ee markaas lagu jiray. *Somali Islamic League* oo Koonfurta ah iyo *Xisbullah* oo Waqooyiga ah ayay fureen. Midka hore waxaa la furay 1950-kii. DR Baadiyow waxaa uu sheegay [6] ururkaan in uu ka dhashay ka falcelin dhaqdhaqaaqi ay wadday kaniisaddii gumeystaha. Ururkaan waxaa madax ka ahaa Shariif Cayduruus iyo Shariif Maxammuud [7] Cabdiraxmaan Maracadde. Saddexda tiir ee uu u taagnaa ururkaan, mid ka mid ah waxaa uu ahaa ilaalinta iyo xoojinta xiriirka

---

6 Baadiyow: Making Sense of Somali History, Vol2 page: 85
7 waa sheekhii aan soo sheegnay ee Marwaas fadhin jirey

ka dhaxeeya Soomaaliya iyo dalalka Carbeed ee ay walaalaha yihiin. Shariif Maxammuud waxaa aad loogu xasuustaa dedaalkii uu u galay in afka Carabigu noqdo luuqadda dalka. Waxaa uu gabi ahaan diiddanaa in dalka xuruuf aan Carabi ahayn laga hirgaliyo. Bishii November 1950-kii waxaa uu warqad u qoray maamulkii Daakhiliga iyo guddigii la talinta ee Qaramada Midoobay. Isaga oo ku hadlaya magaca culimada Soomaaliyeed ayuu warqaddaas si adag ugu dooday in afka Carabigu yahay luuqadda lama dhaafaanka ah ee Soomaalida [8]. Xabsi ayuu u galay mar, laba jeer ayaana loo masaafuriyay dedaalkii uu ugu jiray in dalku nidaam Islaami ah ku baaqi ahaado. Xagga dawladda iyo diinta, Shariif Maxammuud waxaa uu xaqiijiyay, isaga oo kaashanayaa rag kale oo badan, in calmaaniyaddu aysan sees u noqon dastuurka Soomaaliya ee 1960-kii [9]. "*Waaqdhaac tabartiisuu raftaaye*" raggaasu intii karaankooda ah ayay qabteen. Laakiin waxaa maansheeyay mawjado ka xoog badan kumana aysan guuleysan ujeedkoodii ahaa in culimadu noqoto hoggaanka dalka. Waxaa sii ambaqaaday juhdigoodii dhallinyaradii Soomaaliyeed ee dunida Carbeed aqoon-raadiska u aaddayy kuwaas oo la soo falgalay dhaqdhaaqyadii ka socday dunida Islaamka. Waxaa ay soo qaadeen afkaarihii mufakiriintii waaweynaa ee Muslimiinta oo ay ku jiraan Jamaaluddiin Afqaani, Maxammed Cabdow iyo Xasan Al-bannaa.

Sida uu qabo Dr Baadiyow, Saxwadu waxaa ay xoogaysatay lixdamaadkii. Laba arrimood ayaa sabab u ahaa hinqashadaas. Kow lixdamaadka waxaa uu caanku noqday tobanlihii weerar iyo iskacaabbinta dhaqan faafinta ee dunida oo dhan ka socday. Tan waxaa sabab u ahaa mashruucii diin faafinta ee Maraykanku u diray dunida soo koraysa ee la oran jiray American Peace Corps. Mashruucaan ayaa loogu talogalay inuu faafiyo dhaqanka Maraykanka isaga oo daba socday mashaariic ka horreysay oo ay wadeen kaniisado reer Yurub leeyihiin.

Dhaqdhaqaaqii Kaniisadda

Kaniisadihii reer Yurub ayaa kordhiyay hawlihii diin faafinta ee ay Soomaaliya ka wadeen sannadihii Kontamaadkii. Iyada oo ka faa'iidaysanaya

---

8   Baadiyow: The Islamic Moventment in Somalia. A study of the Islah Movement 1950- 2000. P118
9   isla ciwaanka hore

qodobka xorriyadaha diimaha ee Qaramada Midoobay, ayay kordhiyeen mashaariicdi waxbarashada ee ay Soomaaliya ka wadeen. Waxaa tusaale loo soo qaadan karaa labada kaniisadood ee kala ah Mennonite Misson (MM) iyo Sudan Interior Mission (SIM). MM waxa ay billawday in ay Soomaaliya danayso 1950-kii goortaas oo xoghayaheedii Bariga Afrika mudane Orie O. Miller uu booqday

Muqdisho. Wilber Lind iyo qoyskiisa ayay kaniisaddu u soo dirtay Soomaaliya 1953-kii halkaas oo ay xarun ka dhigteen. 1968-kiiba waxaa ay mashaariic kala duwan ka wadday magaalooyinka Jowhar, Mahaddaay, Jamaame, Buula Barde iyo Kismaayo. MM waxaa ay xoogga saartay in ay gaalaysiiso beeralayda webiyada degta. Si dhaqsa ah ayay meelahaas uga hanaqaadday ilaa ay mararka qaar ay dhacaysay in boqollaal dad ah isugu yimaadaan dhegaysiga Baybalka. Waxaa magaalooyinka gaaray warar sheegaya in 21 wiil oo Soomaaliyeed lagu Nasraaniyeeyay iskoolkii ay kaniisaddu lahayd ee ay dhiganayeen. Sidaa oo kale, Kaniisaddu waxaa ay markii ugu horraysay martabada *preist*, oo curfigeenna Imaam u dhiganta, u dallacsiisay nin Soomaaliyeed oo degganaa degmada Jamaame. Dawladdii Soomaaliya, oo arrintaa ka xumaatay, ayaa 24-kii Maarso 1962-kii hakisay mashaariicda Kaniisaddu maamusho, sidaas ayaana si kumeelgaar ah lagu xiray iskoolladi iyo isbitaalladi ay dadka ku duman jirtay.[10].

Hasa-ahaatee lagama xirin faafinta diinta Kirishtaanka. Waxaa ay beddeshay habkii hore iyaga oo billaabay in ay qaybiyaan waraaqo. Dadkii rumeeyay kaniisadda ayaa gudagalay qaybinta risaalooyin ku qoran afafka Carabiga iyo Soomaaliga oo dadka ugu yeeraya gaalnimada. Dacwadii gaalnimada ayaa gaartay heer lagula dhiirrado masaajidda hortooda. Bishii Julaay 1962-kii maalin Jimce ah kolkii salaaddi laga soo baxay ayaa waxaa masaajidka Sheekh Cabdulqaadir[11] hortiisa la istaagay waraaqo Carabi ku qoran koox Soomaali gaalowday ah si ay ugu yeeraan diinta Kirishtaanka dadka Soomaaliyeed ee salaadda ka soo baxay. Nin la oran jirey Yaasiin Cabdi Axmed Ibraahim ayaa u qaadan waayay heerka dhiirranaanta gaaladu gaartay. Inuu dilo wiilasha baahan ee raashinka diintoodii ku beddeshay, waxaa uu ka doorbiday inuu kor ka xiro ishii gaalnimadu ka soo burqanaysay. Waxaa uu weeraray xafiiskii

---

10 Baadiyow: Islamic Movement in Somaliya. 1950-2000
11 Masaajidkaan oo loo aqoon jiray Maqaamka sheikh C/Qaadir wuxuu can ku naqday rugta baaarugga

waraaqaha laga soo qaaday. Waxaa uu halkaas ku dilay madaxii Kaniisdda MM isaga oo sidaa oo kale dhaawacay laba qof oo kale. Go'aankaas geesinnimada leh ee uu qaatay mujaahid Yaasiin ayaa horseeday in ay dawladdii Soomaaliyeed soo saarto qodobka 29aad ee dastuurki 1960-kii ee oranaya "diin aan midda Islaamka ahayn laguma faafin karo meel dalka ka mid ah [12]." kaas oo aan ilaa maanta dugsanayno.

Hayeeshee dacwadii gaaladu sidaas kuma istaagin Wejiyo kale ayay hawlaheedi diin-fidinta ahayd ku sii wadatay. Madaxweynihii Maraykanka John F Kennedy ayaa unkay hay'ad cusub oo suuqgaysa dhaqanka Maraykanka. Hay'addaas oo loogu waqlalay *Peace Corps Mission* ayaa lagu tilmaamay mid u hawl galaysa sidii waddamada soo koraya loo caawin lahaa. Kumannaan kun oo arday iyo dhallinyaro Maraykan ah isugu jira ayaa si mutadawacnimo ah ugu baxayay dalalka saboolka ah. Wakiilladaas la diray ayaa tagaya meelaha fog-fog ee dalalka loo diray si ay uga furaan iskoollo iyo goobo caafimaad. Dadka shaqadaan qabanaya waxaa ay ahaayeen dad ajar doon ah oo aamminsan in ay amar Eebbe ku shaqaynayaan iyaga oo gudanaya waajibka diintooda ka saaran. Waddamada Muslimka ah waxaa ay ku imaanayeen kaalmeeyayaal aan dan kale lahayn. Soomaaliya markii ay soo gaareen, waa lagu toosay. Dhacdooyinkii kaniisadihii hore ee aan soo sheegnay iyada oo laga irdhaysan yahay ayay yimaadeen iyaga oo ku soo beegmay soo noqoshadii ardaydii ugu horraysay ee Jaamacadaha Carbeed ka soo baxay. Middaan iyo kuwii horaba waxaa ay sidaas ku noqdeen wixii ugu xoogganaa ee shidaaliyay baraarugga Islaamiga ah ee Soomaaliya.

Dhallinyaradii Carabta ka soo noqotay

Qodobka labaad ee dardargaliyay baraarugga diinta ee Soomaaliya waxaa uu ahaa in dhallinyaro badan ka soo laabteen dalalka Carabta. Dhallinyaradaan, oo ka soo qalinjabiyay jaamacadaha Masar iyo Sacuudiga oo gadaal ka yimid, ayaa soo xambaaray kacdoonnadi Islaamiga ahaa ee Ikhwaanku hormuudku ka ahaa. Dhallinyaradaan ku soo noqotay Soomaaliya iyo kuwii horay u sii joogayba waxaa ka sinnaayeen soo noolaynta ku dhaqanka diinta iyo ka hortagidda afkaaraha ka imaanayay reer Yurub ee u kala qaybsanaa Bari oo

---

[12] Baadiyow Islamic Movement in Somalia 1950-2000 bogga 126

watay Shuuciyad Diin la'aan ah iyo Galbeed oo faafinayay dimoquraaddiyad leh kala saara Diinta iyo dawladda. Dhallinyaradaan ayaa sameeyay ururro koonfur iyo waqooyiba ka jirey.

Al-Nahda

Al-Nahda ayaa ka dhalatay koonfurta. Sida uu qoray Baadiyow[13] ururkaan ayaa noqday curiyaha saxwada iyo buundada isku xirta culimadii gumeysiga la dirirtay iyo baarurugga cusub. Ururkaan oo la unkay 1967-kii ayaa waxaa madax ka noqday sheekh Cabdulqani sheekh Axmed (1935-2007) oo guddoomiye ahaa, sheekh Maxammed Garyare oo ku xigeen ahaa iyo sheekh Cabdiraxmaan Faarax (kabaweyne) oo xoghayn noqday. Saddex rugni ayay ku taagnaayeen ujeeddooyinka Nahda: 1) ku dabaqidda shareecada Islaamka dhammaan nolosha Soomaalida oo ay ku jiraan dastuurka iyo hoggaaminta dalka. 2) ka hortagidda afkaar walba oo dalka dibadda looga keeno lidna ku ah diinta Islaamka iyo 3) xoojinta xiriirka dalalka Carbeed ee 'walaalaha' la yahay[14]. Tallaabooyinkii ugu muhiimsanaa, ee abuuray baruuragga ee ururkaanu qaaday, waxaa ka mid ahaa furidda magtabad laga heli karo kutub kala jaad ah. Ardaydii ka soo laabatay jaamacadaha Masar ayaa magtabaddaan ka dhigatay madal ay ku kulmaan, wax ku akhristaan, ku doodaan isla markaana aragtiyo isku dhaafsadaan. Sidaa oo kale, xertii masaajidda ayaa lagu soo xiray magtabaddaan si ay u daymoodaan kutubta aan dalka horay oollin ee la keenay. Inta badan kutub loo xulay in ay soo dunto ayaa la siin jirey xerta masaajidda ka timaadda taasoo keentay in ardaydii masaajiddu si fudud ku qaataan afkaarti Ikhwaanka ee ururka Nahda uu siday[15]. Qorshayaasha kale ee ay billaabeen waxaa ka mid ahaa casharro toddobaadle ah. Sidaa oo kale waxaa ay billaabeen casharro toos uga baxa masaajidda. Duruustaan waxaa ugu caansanaa ugana saamayn badnaa tafsiirki AUN sheekh Maxammed Macallin.

Sheekh Maxammed Macallin waxaa uu ku dhashay Buurhakaba sannadkii 1934-kii halkaas ayuuna ka billaabay barashada Qur'aanka oo uu sagaal jir ku dhammeeyay. Waxaa uu aqoondoon ugu kicitimay Harar oo ahayd xarunta culuumta Islaamka ee Bariga Afrika. Halkaas ayuu wax ka baranayay muddo

---

13 Baadiyow. Making Sense of Somali History Volume 2. Page 94
14 Baadiyow: The Islamic Movement In Somaliya 1950-2000 page 173
15 isla buugga kore bogga 179

labaatameeyo sanno ah. 1952-kii ayuu yimid Hargeysa waxaa uuna Tafsiir ka billaabay masaajidka jaamaca ah ee Hargaysa. Waqti yar kaddib waxaa uu kabaha u illaday mar kale dal Masar si uu u korosado aqoon una casriyeeyo intuu yaqaannay. Waxaa uu galay mac'hadka Azhar kaddibna waxaa uu ku biiray jaamacadda Al-Azhar isaga oo ka billaabay kulliyadda Usuulu-diinka qaybteeda Caqiidada iyo Falsafadda waxaa uuna ka qaatay heerka labaad (Master). Kaddib waxaa uu billaabay heerka ugu danbeeya ee jaamacad laga qaato (PhD) isaga oo ku taqasusay Iimaanka iyo raadka uu ku leeyahay qofka iyo bulshada. 1968-kii ayuu dalka dib ugu soo laabtay [16]. Markii uu dalka ku soo laabtay waxaa si diirran ugu soo dhaweeyay ururki Nahda isaga oo markii danbana ku biiray ururkaas.

Sheekh Maxammed waxaa uu ka billaabay masaajidka Maqaamka Sheekh Cabdulqaaddir [17] akhrinta Tafsiirka Qur'aanka Kariimka ah. Waxaa uu la yimid hab casri ah iyo, gabi ahaanba, nidaam ka duwan habkii horay wax loogu akhrin jiray kaas oo xiise iyo xaraarad u yeelay barashada diinta. Hab la falgali kara nolosha casriga macne weynna u samayn kara dhallinyarada iskoollada ku jirta ayuu soo kordhiyay sheekhu. Sheekh Cabdisalaan Cilmi Warsame, oo ka mid ahaa culimadii Gedo ugu caansanayd, ayaa yiri isaga oo tilmaamaya tafsiirki Sheekh Maxammed Macallin Xasan:

> *Xamar ayaan safar u aaday anoo reer leh oo sheekh tafsiir akhriya iyo macallin Qur'aanka dhiga ah. Maalin ayaan masaajidka soo galay sheekh Maxammed oo tafsiir akhrinaya. Waan dhegaystay oo u dhegraariciyay. Mise tafsiirka uu akhrinayo waxaan aqaanba maaha. Waligeyba ma maqal wuxuu sheegayo. Waxaa ii soo baxday in aanan waxba aqoon oo dadka aan sheekha u ahay luggoynayo. Halkii ayaan fadhiistay ilaa aan ka qalinjabiyay tafsiirki sheekha.*

Sheekh Maxammed Macallin waxaa uu ahaa nin deggan, miisaan culus, garanaya halka uu joogo, u cadyahay yoolka uu u socdo, cidda uu la hadlayo, waxa uu ka hadlayo iyo waxa habboon in aan lagu degdegin. Middaas ayaa u suurogalisay in uu akhriyo casharro hanuunin ah oo arday badan soo jiitay iyada oo askarti xukunka dalka haysatay aysan ka helin fursad ay danbiile uga

---

16 Cabdishakuur Mire Aadan. Kobicii islaamiyiinta (1950-2000).
17 Waa masaajidkii kooxda Soomaalida ah hortiisa waraaqaha diin faafinta ah la istaageen ee keentay in mujaahid Yaasiin uu dilo madixii kaniisadda MM

dhigaan. Sheekh Cabdulqaadir Nuur Faarax oo tilmaamaya xigmad badnaanti sheekha ayaa yiri [18] :

> *Casharkii Sheekh Maxammed Macallin wuxuu socday sanado ka mid ahaa dawladdii rayidka iyo lix sano oo Kacaanki ka mid ah. Haddana wuxuu ahaa shaqaale dawladeed... Waxaa u suurogaliyay inuu intaas akhriyo casharka isagoo dawladda ka tirsan waxay ahayd inuu ahaa nin qabow oo deggan oo xakiim ah oo dhiiggiisu qabow yahay. Lagama fahmi jirin casharradiisi inuu cid duullaan ku yahay cidna ma duri jirin. Si deggan oo dareen la'aan ah ayuu u gudbin jiray farriintiisa. Usluubkaas kaliya ayuu ahaa asluubki la socon karay Kacaanka.*

Mar kale sheekh Cabdulqaadir oo tilmaamaya sida sheekh Maxammed Macallin baraarugga hormuud ugu noqday waxaa uu yiri:

> *Waxaan rabaa inaan tilmaamo sidii culimadi hore tafsiir u akhriyi jireen. Waxay soo qaadan jireen tafsiirka Jalaaleeynka oo aan sharrax fiican lahayn. Markaas ayay sidiisa u akhriyi jireen oo kalmada iyo macnaheeda isku fasiri jireen. Ma lahayn wax towjiih ah ama siyaaqa ayaaddu ama aayaadku socdaan in ay soo bandhigaan culimadu oo in kitaabkaan loo dajiyay Hiyaatu Khalqi in ay muujiyaan arrintaasi awood uma lahayn. Sidaa darteed dhallinyaradu ma dhegaysan jirin haddii tafsiir ama kitaab la akhrinayo... Maxammed Macallin Xasan Raxmatullahi calayhi wuxuu ku guuleystay in dhallinyaradu kitaabka uu akhrinayo ay la qabsadaan.*

Soo dhawaynta ardayda oo keli ah iyo akhrinta tafsiirka kuma uusan ekayn ee waxaa uu si cad meel u saaray shubhooyinkii gaaladu qalbiga dhallinyarada ku abuurtay sida sababta dhaxalka wiilasha iyo gabdhaha ugu kala badan yihiin iyo xigmadda ku jirta in dumar badan oo la guursado. Waa kan mar kale Sheekh Cabdulqaaddir Nuur Faarax:

> *Qaar badan [ardayda iyo dhallinyarada] oo iyaga ka mid ah ayaa ka helay qaabka sheekhu u akhrinayay iyo isagoo Misxafka laftiisa soo*

---

18 Muxaadaro. Heerarki dacwada Soomaaliya. Daarulcilmi.net

qaatay oo billaabay inuu dadka u akhriyo iyo inuu towjiihiyo siyaaqa Qur'aanku u socdo iyo waxyaabo badan oo Islaamka lagu duri jiray inuu ka jawaabo, sida addoonsiga, dhaxalka iyo dumarka dhawrka ah ee la guursanayo, arrimo noocaas oo kala ah oo dhallinyarada madaxooda laga buuxiyay... wax badan oo lagu shubay ama lagu guray dhallinyarada ayuu aad iyo aad sheekhu u daaweeyay.

Kacaanku ma dareen la'ayn si dhaw ayuuna ula socday dacwada sheekhu wado. Dhawr goor ayaa la isku dayay in si farsamo aan dareen abuurin ah casharka looga joojiyo. Sida uu sheekhu ku sheegay waraysi uu siiyay BBC-da 1994-kii, dawladda ayaa isku dayday in ay ku qanciso inuu casharrada joojiyo iyada oo loogu beddelyo dallacsiin. Markii qorshahaasi shaqayn waayay, waxaa loo soo jeediyay in safiir laga dhigo si looga fogeeyo dadka ku xiran ee sii kordhaya maalin walba. Markii tiina shaqayn wayday, Kacaanku waxaa uu u bareeray inuu xabsiga dhigo si loo cabburiyo sheekha. Xabsigaas ayuu ku jirey intii u dhaxaysay 1976-1982 [19].

Al-Ahal

Nahda waxaa ku lammaanaa ururka Ahal. Si cad looma oga sababta loo aasaasay ururkaan iyo goorta la aasaasay toona. Waxaa ay se ka mid ahaayeen ururradi ka dhashay ka falcelinti soo noolaanshihi Kaniisadda. Waxaa aad loogu badinayaa in la aasaasay 1969-kii. Baadiyow waxaa uu sheegay in ururkani ahaa garabki dhallinyarada dariiqada Qaaddiriyada. Garabkaan oo ay hoggaaminayeen Cabdikariim Xirsi, Cabduqaadir sheekh Maxammud (Ganey) iyo Xasan Indha-ceel, ayaa amaamuday Al-Ahal. Ururkaan waxaa uu billaabay baraarujin xooggan iyaga oo isticmaalaya qasiidooyinki Suufiyadu caanka ku ahayd [20]. Markii danbe ururka ayaa ka shaqeeyay in dadkii taabacsanaa ay ku soo xirmaan tafsiirka sheekh Maxammed Macallin AUN sidaa oo kalana ka faa'iidaystaan magtabaddii Al-Nahda ay furtay [21].

---

19   lagu soo xigtay Baadiyow: The Islamic Movement in Somalia. 1950-2000 pages 1981
20   isla buugga kore bogga 182-3
21   Isla buugga kore bogga 185

Waxdaddul Al-shabaab

Labada urur ee kore waxaa ay ka dhisnaayeen Koonfurta Soomaaliya. Dhinaca Waqooyi waxaa ka dhismay Waxdaddatul Al- Shabaab. Ururkaan waxaa lagu aasaasay 13 xubnood 6-dii June 1969-kii. Laba arrimood ayaa shidaaliyay dhismidda ururkaan. Kow, xoogaysiga dhaqanka reer Galbeedka ee dalka ka socday iyo imaanshihii *American Peace Corps*. Labo, duruufihii bulsho ee ka dhashay doorashdii 1969- kii. Jahawareerki doorashada iyo kala qaybsanaanti dadka dhex taallay ayay dhallinyaradani u arkayeen in Islaamku xal u yahay. Laba warqadood, oo ay midna u dhiibeen Cabdirashiid Cali Sharmaake mar uu booqasho ku yimid Hargaysa 1969-kii midna ay u direen Jan MS Barre markii ciidamadu dalka qabasadeen, ayay ku caddeeyeen in xalka dhibaatada Soomaalidu yahay ku dhaqanka Islaamka [22]. Ururku waxaa uu billaabay borogaraamyo wacyi-galin iyo baraarujin ah, sida akhrinta siirada Suubbahanaha NNKH iyo Tafsiirka Qur'aanka Kariimka ah. Waxaa ay, sidaa oo kale, billaabeen barista Afka Carabiga. Waxaa intaas dheeraa barnaamij ciwaankiisu ahaa *Akhlaaqda Islaamka* oo ka bixi jiray Raadiyaha Hargaysa iyo muxaadaro ka bixi jirtay xaruntooda habayn walba oo Khamiis ah. Uururkaan ayaa si xoogan u hanaqaaday soona jiitay arday badan. Waxaa ku soo xirmay borogaraamyadooda ardaydi iskoollada. Aasaasayaasha ururkaan, sida midkii Al-Ahal oo kale, ayay Suufinnimo xooggan ku jirtay. Waxaa caadi u ahaa ruugista *qaadka* oo si aan qarsasho lahayn u cuni jireen madaxda ururku. Sidaa oo kale, waxaa ay qaadi jireen akhrinna jireen *Qasiiddada Burdaha* ee suufiyadu caanka ku tahay [23]. Kacaanku markii uu dalka la wareegay waxaa uu mamnuucay dhammaan xisbiyada siyaasadda iyo kuwa diimaha. Waqtigaan wixii ka danbeeyay ururku waxaa uu ku shaqaynayay dhuumaalaysi. Waxdaad ayaa isna sidii Ahal oo kale u janjeersaday xagga Ikhwaanka wixii loo soo gaaray 1974-kii.

Al-Islaax

Islaax waxaa dhidibbada loogu taagay guri ku yaal magaalada Jiddah ee dalka Sacuudiga 11/07/1978-kii [24]. Shan nin oo saddex ay ka mid ahaayeen Ikhwaanki

---

22 Baadiyow: The Islamic Movemnent in Somalia 1950-2000 page 191
23 Isla buugga kore bogga 199
24 C/Shakuur Mire Aadan. Kobocii Islaamiyiinta 1950-2002 bogga 64

Suudaan ayaa lahaa fekerkiisa iyo taabba-gelintiisa sida uu ku warramay sheekh Maxammed Garyare oo halkaas loogu doortay guddoomiyaha ururka [25]. 12 qodob ayaa saldhig looga dhigay hadafka Islaax. Kan ugu muhiimsann waxaa uu ahaa in bulshada Soomaaliyeed iyo dawladdeeda laga dhigo kuwa ku dhaqma, isku xukuma oo ku noolaada diinta Islaamka. Ururkaan ayaa noqday midkii ugu cimriga dheeraa ururradi Islaamiyiinta. Ilaa maanta, isla magacii iyo manhajkii goortaas loo dhigay isaga oo ku socda ayuu ka hawlgalaa dhammaan dalka oo dhan.

Jameeca Islaamiyah

Dhallinyaradii ka imaanaysay Carabaha, waxaa ay sideen afkaaro siyaasi ah iyo kuwo caqiido oo kala duwan. Waxaa ay wada ahaayeen rag da' yar waayo-aragnimo hore iyo sees fiicanna aan dalka kala tegin. Markii ay soo noqdaan waxay imaan jireen iyaga oo ay xamaasad ka buuxdo in ay degdeg wax beddelaanna u xiise qaba. Kuwoodi horay u soo laabtay waxaa ay aasaaseen qaar ka mid ah ururrada aan kor ku soo xusnay. Tusaale ahaan, Sheekh Cabdiqani sheekh Axmed waxaa uu ka mid ahaa ardaydi ugu horraysay ee dalka ku soo laabatay waxbarasho kaddib. Isaga oo dawladda u shaqeeya ayuu Al-Nahda askumay taabbagalna ka dhigay. Kuwii gadaal ka yimid waxaa ay ku kala biiri jireen ururradii dhisnaa iyaga oo madal kulan ka dhigtay maqaamkii sheekh Maxammed Macallin (AUN). Dhallinyaradaas hal hadaf ayaa wada mideeyay markii hore, kaas oo ahaa in dalka iyo dadka laga badbaadiyo afkaarta shuuciyadda iyo midda xukunka iyo diinta kala saartay. Tawjiiha ugu weyn waxaa uu ahaa mas'alada loo yaqaan *xaakimiyah* oo ah in diinta la isku xukumo. Sidaas darteed, diiraddu waxaa ay saarnayd dawladda, talada dalka iyo la dagaallanka

Alleddiidnimada (Ilxaad). Hadafkaas midka ah ee guud ka sakow, saddexda urur ee aan ku soo sheegnay waxaa ay ka sinnaayeen sifaadki asalka u ahaa Soomaalida ee Dr Baadiyow ku sheegay ahaanshaha Ashcariya [caqiidada], Shaaficiyo [mad'habka], Suufiyo [dariiqada]. Sidaa darteed waxyaabo badan, oo dhallinyaradii soo qaadday afkaarta Salafiyiintu khaladaad u arkayeen, ayaysan dhibsanayn ama ka qayb qaadan jireen ururradii Ahal, Nahdah iyo

---

25 Baadiyow. The Islamic Movement in Somalia 1950-2000 page 242

Waxdaad. Sheekh Cabdiqaadir Nuur Faarax oo ka warramaya ururradaas waxaa uu yiri [26]:

> ...Xarakaadkaas ama dacawaadkaas aan sheegnay [Ahal, Waxda] manhajkoodu taqriiban waxay ahayd Almanhaj Al-Ikhwaani. Oo waxaad mooddaa xarakadii Ikhwaanka oo wax badan qabatay in ay nagu soo neefsatay ama rasaa'ilkoodu na soo gaareen... Jameecadi Al-Ahal waxay ahayd jameeco cajiib ah oo aad iyo aad u shaqaynaysa iyadoo mustawahooda aqoontu uu yaryahay... juhuud [dedaallo] badan ayay ku bixinayeen oo waliba ku bixnayeen iskuullada iyo dhallinyarada iyo jaamicaadka, fursad yar oo u soo gashana dhaafi mayn.... iyaguna manhajkoodu wuxuu ahaa manhajka sheekha [sheekh Maxammed Macallin]... waxba kama aysan qabin in ay tagaan meelaha qaarkood ama masaajidda qaarkood oo xadrada ama digriga lagu samaynayo dhibna u arki mayn... Waxaa xigay urur Shimaalka [Waqooyiga] ee Waxdah iyaguna Manhajkoodu sidaas oo kale ayuu ahaa oo Ikhwaani ayuu ahaa.

Sheekh Cabdinaasir Xaaji Axmed oo ka mid ah culimada Ictisaam/ Itixaad isna waxaa uu yiri [27]:

> Jameecooyinkii koowaad Al-ahal oo koonfur ah iyo waxdaad oo Waqooyi ah isku sannad ayay ahaayeen, 1969 meelahaas. Waxay ahaayeen Ikhwaan Suufiyana ay ku laran tahay. Nin waliba wixiisa ayuu hoosta ku watay.

Sheekh Cabdisalaan Cusmaan waxaa uu ka mid ahaa raggii aasaasay Jameeca Islaamiyah ka horna xubin ayuu ka ahaa Al-Ahal. Goortii Itixaad la aasaasay waxaa uu noqday madaxa magtabka arrimaha dibadda. 1991-kii waxaa uu noqday madaxii Itixaadkii Soomaali Galbeed. Sheekhaan wareysi uu bixiyay Sabtember 2022 waxaa uu ku sheegay in Jameeca Islaamiyah la aasaasay 1979 horteedna ay ahaayeen Ashcariyah Suufiya ah [28].

---

26 Sheekh C/qaadir Nuur Faarax. Marxaladihii Dacwada. Muxadaaro. Waxaa laga heli karaa daarulcilmi.net
27 Sheekh Cabdinaasir Xaaji Axmed. Muxaadaro. Taariikhda Saxwada Somalia. Youtube. Waxaan daawaday 03/02/2021
28 Arrimahaan waxaa ka marqaati kacayaan in tayaarka Salafigu waa danbe uu ku soo biiray saxwada Soomaaliya. Raggii billaabay saxwada ee waqtigii ugu adkaa kasoo saaray ma ahayn Salafiyiin.

Mar kale isaga oo si gooni ah uga warramaya Sheekh Maxammed Macallin waxaa uu yiri sheekh Cabdulqaadir Nuur Faarax [29] :

Manhajkiisu [sheekh Maxammed] wuxuu ahaa midka Ikhwaaniga. Waxaan fiican inaannu tilmaanno manhajka Tawxiidka, Tawxiidka Cibaadah, Tawxiidu Rubuubiyah iyo Tawxiid Asmaa wa Sifaad sheekhu nasiib weyn kuma lahayn. In la ogaado weeye. Manhajka Tawxiidka ka mid maahayn manhajkiisa oo kuma jirin.

Intaas waxaa dheer, xariggii sheekh Maxammed Macallin iyo ugaarsigii loo geystay madaxdii ururrada kore waxaa ay dhaleen firaaq hoggaamineed oo soo wajahay ururradii Islaamiyiinta. Firaaqaan waxaa uu abuuray isku dhexyaac iyo hoggaan la'aan keentay in kooxdii *Tagfiirku* si fudud uga faa'iidaysto dhallinyaradii diinta jeclayd oo qaar badan ayaa tagfiir raacay. Qaar kale, dalka waa isaga carareen kuwana ururradii ayay hadba dhinac ula guureen. Tusaale, ururkii Nahda waxaa uu ku milmay ururki Ahal, midkii Waxdaad ee Waqooyiga isna waxaa uu aad ugu dhawaaday ilaa uu ku milmi gaaray midkii Koonfurta ee Ahal. Kala shaki iyo isku mashquul xagga caqiidada ah ma jirin, sidaa darteed qof walba oo laga aammin yahay inuusan dawladda jaasuus u ahayn ayaa ku biiri jiray ururradaan.

Fadradaan ayaa keentay in dhallinyaradii Sacuudiga ka timid ee soo xambaaraty afkaarta Salafiyiinta damaaciyaan in ay urur samaystaan. Halkaas waxaa ka dhashay ururki loogu wanqalay Jamaaca Islaamiyah. Lama hubo goorta dhabta ah ee la aasaasay ururkaan. Sheekh Cabdiqaadir Nuur Faarax, oo ka mid ahaa aasaasayaashi, waxaa uu sheegay in qiyaasti 1980-kii ay ahayd. Aasaasayaashi ururkaan ma wada ahayn Salafiyiin sida uu qoray C/Shakuur Mire Aadam [30] . Qaar badan, oo ka mid ah, waxaa ay qabeen fekerki Ikhwaaniga ahaa. Kala duwanaanshaha xubnaha ururkaan waxaa uu soo baxay markii xabsiga laga soo daayay AUN-tee sheekh Maxammed Macallin. Sheekha ayaa loo bandhigay inuu ku soo biiro guddoomiyana ka noqdo ururkaan balse waa uu iska diiday isaga oo ku adkaystay inuusan beddali doonin manhajkiisi dacwada ee Ikhwaaniga ahaa iyo caqiidadiisi Ashcariga ahayd. Qaar ka mid ahaa

---

29 Sheekh C/Qaadir Nuur Faarax. Marxaladdi Dacwada.
30 C/Shakuur Mire Aadan. Kobicii Islaamiyiinta 1950-2002. Bogga 68

madaxdii Jameeca Islaamiyah waxaa ay raaceen sheekh Maxammed. Raggii sheekh Maxammed raacay waxaa ka mid ahaa sheekh Yuusuf Cali Caynte, ururkiina waxaa ku soo haray intii si buuxda u aammninsanayd manhajka Salafiga.

Al-Itixaad

1983-kii ayay hoggaankii Jamaaca Islaamiyah u istaageen in ay mideeyaan kooxaha Islaamiyiinta ah. Wafdi ayay u direen madaxdii Al-Islaax oo waqtigaas fadhigeedu ahaa Sacuudiga. Sidaa oo kale, waxaa ay ergo u direen Hargeysa oo uu ka jiray urur la oran Waxdadul Al-Shabaab. Wafdigii Sacuudi loo diray, oo uu hoggaaminyay Cabdullaahi Diiriye Abtidoon, waa ay ku guuldarraysteen in ay aragtidooda ku qanciyaan Al-Islaax. Laakiin midkii loo diray Waqooyi, oo ay horkacayeen sheekh Maxammed Cabdulqaadir iyo sheekh Cabdulcasiis Faarax, waa ay gaareen ujeedkoodi ahaa in la mideeyo ururka Waxdadu-Shabaab iyo Jamaaca Islaamiya. Shir lagu qabtay Xamar Nofeember 1983-kii ayaa si rasmi ah loogu mideeyay labada urur magac cusub oo ah Al-Itixaad Al-islaami. Waxaa guddoomiyaha ururka cusub loo doortay sheekh Cali Warsame oo ahaa guddoomiyihi Waxdadu Shabaab [31].

Hadafka ugu weyn ee ururkaan waxaa uu ahaa, sida ay sheegteen, in la helo dawlad Islaami ah oo dalka ku xukunto Shareecada islaamka, manhajka shacabkuna uu noqdo Kitaabka iyo Sunnada fahankana laga qaato sidii Salafku u fahmay. Jidka loo marayo ahdaaftaan waxaa uu ururku u arkayay in lala wareego talada dalka. Tab walba oo xukunka lagu qabsan karo, dagaal hubaysan noqoyaa, afganbi noqoyaa ama kicin dadweyne ahaatayaaba, in loo maro ayaa sees u ahayd manhajkooda [32]. Haddii si kale oo loo dhigo ahmiyadda ugu horraysa ee ay doonayeen waxaa ay ahayd la wareegidda hoggaanka dalka si ay u gaaraan yoolkooda. Waxaa kale oo aan meesha ku jirin in ay xukunka ku doonaan si nabad ah ama loo maro jid aan ahayn dagaal iyo colaad. Waxaa uu qorey Dr Cumar Iimaan Abuukar isaga oo ka soo warramay in Maxammed Siyaad cadaadis Sacuudiga kaga yimid awgeed sii daayay dadkii diinta darteed u xirraa 1988-kii:

---

31 Cabdullaahi Faarax Cali; Cadowgeennu Waa Kuma. Bogga 348-9
32 Ibid

> *Markii kuwii xabsiga ku jiray soo baxeen kuwii dibadda u cararayna ay dalka ku soo laabteen ayaa la qabtay shirweyne urur [Itixaad] kaa soo xilki loogu cusboonaysiiyay guddoomiyihi ururka sheekh Cali Warsame, sheekh Xasan Daahirna loogu doortay ku xigeenkiisa. Shirkaas waxaa kaloo looga dooday jidka loo marayo hadafka Itixaad. Ma xisbi siyaasi ah oo tartan wax ku raadiya ayaan noqonnaa si aan hadafkeenna u gaarro mise jihaad ayaan ka dhigannaa jidka aynu ku gaarayno hadafkeenna. Waxay si buuxdo isugu raaceen in jihaadku noqdo wasiilada [waddada] ay ku xaqiijinayaan hadafkooda.* [33]

Sheekh Cabdullaahi Raabbi oo ka mid ahaa golaha shuurada Itixaad iyo raggii nolosha ku dhammaystay qoriga ilaa maantana sita isaga oo Shabaab ka tirsan, oo ka warramaya in seeska Itixaad xoog iyo xabbad uu ahaa waxaa uu yiri:

> *Beecada waxaa lagu gali jiray in Ilaahay la rillo-galiyo* [raalligaliyo], *kitaabkiisa arlada lagu oogo, wasiilada loo marayaana... uu noqdo Al-jihaad fii sabiillillaah... wasiilada loo marahayaa khilaafadu in aysan ahayn tan ikhwaanku inta badan ay rogrogaan ee ah intikhaabaad* [doorashooyin] *iyo shacabkoo la dhexgalo iyo inaysan ahayne ee uu yahay jihaad fii sabiilillahi bay isla qaateen* [34].

Halkaas waxaa ka muuqdo qodob aasaasi ah oo rugni aan jabin ururka u ahaa haddana, maantay, madaxdii ururku dafiraad la taagantahay. Haddii hadafka koowaad laga dhigay hoggaanka dalka oo la qabsado, oo jidka loo marayo uu noqdo Jihaad iyo kacdoon hubeysan, xaggee ka imaan kartaa doodda madaxdii Itixaad ee ah dagaal ma aannan rabin? Sida aan meelo hoose ugu tagi doonno shir walba oo ururku galay wixii ka soo baxa mar walba waxaa dhextaal u ahaa Jihaad. Intaas oo qoran qofkii damcaa inuu macne kale u yeelo ama dafiro sow maaha qof isku dayaya inuu qorraxda sacabbahiisa ku daboolo? Hawl kasta billawgeeda khaladaad waa dhacaa. Sixidda waxa qalloocday xalkeedu ma aha dafiraad ee waa ka garaabid in arrinkaasu khalad ku dhacay haatanna cashar laga bartay.

---

33 Dr Sheekh Abuukar Cumar Iimaan: تجربة المحاكم الاسلامية في الصومال bogga 68
34 Sheekh Cabdullaahi Raabbi. Taariikhda Xarakada Al-itixaad. Muxadaaro dheer oo maqal ah. Waxaa laga dhagaysan karaa. Dhaxalgal.com

Maaddaama dalka ay ka jirtay dawlad militiri ah, xorriyad la'aanta guud ee shacabka haysay, waxaa u dheeraa kooxaha lagu tuhmayo xukundoonka, waardiye iyo ilaalo dheeraad. Waxaa si hoose loola socon jirey dhaqdhaqaaqooda iyo hawlaha ay wadaan. Taas oo horseedday in xabsiga la dhigo in badan oo madaxdoodi ka mid ahaa. Si khatartaas loo yareeyo qofkii doonaya inuu xubin ka mid noqdo Al-itixaad waxaa uu marayay nidaam leh tallaabooyin kala horreeya:

Hawaamish oo ah halka bilowga lagu kala soocayo xubnaha inta aan loo qaadan ka mid noqoshada ururka. Waxay marxaladdani ahayd goobta lagu kala xulayo dadka ama shaandhayta koowaad. Waxaa ku xiga marxaladda loogu yeero Usra Khaarajiya; marxaladdan ayaa ah goobta lagu kala naqaysanayo kuwa u sii tallaabsan kara xubin buuxda Al-Itixaad Al-Islaam. Qofka noqda xubin buuxda oo ka tirsan Al-Itixaad ma ahayn mid si fudud loola mubaayacooday, ee wuxuu ahaa qof dhisan oo ka dharagsan ahdaafta Al- Itixaad, mayna dhacayn in waxyaabo badan isaga khaldamaan ama lablakac loo duufsado [35].

Dhallinyaro badan, oo uu ka mid ahaa sheekh Xuseen Guuleed Aadan Deer [36], oo isu haysatay in ay Itixaad yihiin ayaa laf cad toobin ku haysay oo *hawaamish* ku ekaa. Sheekh Xuseen Guuleed [37] waxaa uu ii sheegay inuu ogaaday in uusan Itixaad ka tirsanayn sannad iyo bar ka dib markii uu ku biiray. Waxaa uu yiri:

Anoo Laasqorey jooga ayaa la ii sheegay in la iga qaadayo beeco aan ku helayo xubinnimo. Waa goor aan ka soo qaybgalay dagaallo culus, naftaydi aan waa hore hibeeyay isuna haystay inaan ahay dadka ugu sarreeya ururka. Aad ayaan uga xumaaday markaan ogaaday in aanan awal xubin ahayn oo waxaan iswaydiiyay waxaan ku dhimanayay. Kumannaan dhallinyaro ah ayaa sidaas oo kale ahaa. Qaarkood iyagoo sidii ah oo aan ogayn in aysan Itixaad ka tirsanayn ayuu ururki kala tagay.

---

35 Kobocii Islaamiyiinyta Soomaaliya bogga:71
36 Sheekh Xuseen Guuleed waxaa uu ahaa xubin firfircoon oa ka tirsan Itixaad. xilal kala duwan ayuu kasoo qabtay guud ahaan ururka. Gedo wuxuu gaaray ilaa taliyaha guud ciidanka Itixaad. Dhammaadkii 1996 waxaa uu noqday sidii Fahad Yaasiin ka ahaa dawladdii Farmaajo.
37 Waraysi aan kula yeeshay Garbahaarreey 14.ki Maarso 2022

Sheekh Xuseen Guuleed waxaan waydiiyay in la eryi jiray iyo kale qofkii muddo dheer la socday ururka laakiin kasban waayay inuu noqdo xubin. "Maya qofna lama eryi jirin" ayuu yiri. Dadkiisa ayuu isaga dhex jiri jirey "waxa socda iyo cidda wadda toona ma ogaan jirin". Ayuu raaciyay. Waxaan weydiiyay haddii uu xubin noqday waxa dhaqso isu beddelay? Waxaa uu yiri [38]:

> *Markii aadan xubin ahayn, wax laguu sheegayo lama arko. Waardiye qabo, berri waa la duulayaa; halkaas tag; hawshaas qabo iyo amarro la mid ah keliya ayaad maqlaysaa. Markii beecada la iga qaaday judhiiba isbeddel ayaan dareemay. Go'aan walba waa lagu ogeysiin. Ujeedka laga leeyahay iyo sababta sidaas loo go'aamiyay ayaa laguu sheegi. Haddii uu qasaaro jiro waxba lagaa qarin maayo. Waxaa tahay qof tirsan oo meesha wax ku leh."*

Qaar badan maba aysan aqoon magaca ururka ay ku jiraan ee ay naftooda u hurayaan iskaba daa ahdaaf iyo ujeeddooyin qarsoon e'. Sheekh Xasan Axmed-Nuur oo ku xirmay ururka horraantii 1991-kii waxaa uu yiri in ururka aan ku jiro la yiraahdo Al-Itixaad waxaa iigu horreysay markaan tagnay Halooyo (Soomaali Galbeed). Waxaa uu yiri [39].

> *Markii Bari loo guurayay ayaa Gedo nalooga qaaday gawaari. Safar dheer ayaan sii galnay. Waxaan ku nasannay xeradii Itixaadka ee Halooyo. Subixii ayaan aragnay boor weyn oo uu ku qoranyahay Al-Itixaad Al-Islaami oo xerada ka taagan. Boorkaan muxuu ahaa haddaan niri waxaa naloo sheegay inuu yahay boor muujinaya magaca ururka. Subaxaas ka hor waxaan isu aqaannay Ikhwaan warna uma hayn in aan u dhimanayo difaaca iyo horumarinta urur la yiraahdo Itixaad.*

Cabsida dawladda laga qabay keliya ma keenayn kala-shaandhaynta dadka doonaya in ay ku biiraan ururka ee sababo kale ayaa jirey. Sababahaas mid ka mid ah ayaa noqon karta in dadka aan lagu wada aammini karin ogaanshaha hadafka ururka ee uu ka mid yahay in xoog iyo xeelba lagu doono xukunka. Dad badan ayaa shakin lahaa haddii ay dhab u ogyihiin waxa u qarsoon ururkaan. Inta badan dhallinta ku soo biiraysay ururkaan waxba kama aysan

---

38 isla wareysiga kore
39 Waraysi aan kula yeeshay taleefanka 28/07/2022

ogayn ujeeddooyinka fog ee uu leeyahay ururku. Waxa keliya ee ay maqli kareen waxaa ay ahayd in dadka loogu yeero diinta iyadana lagu dhaqmo oo lagu noolaado. Farriimahaas fudud ee qofna uusan diidin karin, dadka waa ay wada qaadi kareen laakiin hadafyada kale ee xukunka, maamulka iyo maaliyadda la xiriira laguma wada aammini karin qof walba oo diin jeceyl ku yimid.

Sabab kale waxaa ay ahayd in qofka la hubiyo inuu ka bari noqday dhammaan wixii ka soo hara Itixaad. Waxaa la hubin jiray inuu beelay dammiir walba oo u damqin lahaa qabiilkiisa, qoyskiisa iyo bulshada inteeda kale haddii aysan Itixaad ahayn. Inta laga arkayo inuu dareemayo inuu leeyahay tol iyo xigaalo aan ka ahayn inta ururkaan kula jirta, waxaa loo arkayay qof aan bislayn sida uu iigu warramay sheekh Xuseen Guuleed Aadan Deer [40]:

> *Qofka markii la soo dumo, waxbarid ayaa lagu billaabi jirey. Waxaa la raacin jirey qof muraaqabeeya [u fiiro yeesha] oo ka soo warrama xaaladdiisa. Waxaa la eegi jiray sida uu qabiilkiisa uga soo go'o. Adeerkiis oo 'mujrim' ah baa hortiisa wax looga sheegi. Haddii uu ka gubto wali qabyaalad iyo casabiyad in ay ku jirto ayaa loo arkayay. Markii la hubiyo inuu ka bari yahay wixii ururka ka soo haray ayaa beecada lala gali jiray.*

Dhallinyarada waxaa loo diyaarinayay in ay sax iyo khalad, meel walba iyo goor walba u hoggaansamaan amarka ammiirka Itixaad. Beecadu sidaas ayay ahayd. Qof maankiisu joogo, miyirkiisu fayowyahay wixii loo diro ee la khaldan inuu su'aalo ka keeno waa wax la fisho. Si taasi meesha looga saaro oo loo helo dhallinyaro sidii 'robodkii' meeshii loo diro iska aadda waa in marka hore laga soo jaraa dadkoo dhan; la hubiyo inuusan cid kale u digigixoon; maankiisana laga dhaqaa wax aan ka ahayn rabitaanka ururka. Wixii ururka ka soo hara, marka hore waxaa laga dhigay, mujrim, bidci ama gaal, intaas oo midkoodna wehel iyo walaal uusan u noqon karin qof raacay ururka barakaysan ee Ilaah doortay. Intaas markuu qofku si dhab ah u qaato ayaa ballan lagula galayaa inuu daacad u yahay ammiirka ururka oo xaalad walba u hoggaansamayo amarkiisa. Halkaas waxaa lagu helay wiilal haddii la yiraahdo aabbaha soo toogo aan dib u eegayn amarka la siiyay xaqnimadiisa [41]. Sida arrintaan u

---

40 wareysiga kore
41 Tarbiyadaan waa midda ilaa maanta Shabaab uu isticmaalo. Waa arrin ay siman yihiin dhammaan ururrada fallaagada ee xukundoonka ah.

fushay oo dhallinyaradu u qaateen waxaan si cad ugu fahmi doonnaa markaan gaarno felcelintii Itixaad ka sameeyay qabsashadii Jan Caydiid ee Beledxaawo.

Arrimahaan waxaa ay ku tusinayaan sida madaxdi sare ee Al- Itixaad ay mugdi uga adeegteen carruurta iyo dhallinta aan lahayn waayo-aragnimo hagta. Boqollaal ayaa ku baxay dagaal aysan aqoon waxa ay ugu jiraan, cidda ay u dagaallamayaan iyo ujeedka lagu gaarayo. Xubinnimadu muhiim ayay ahayd oo qofkaan haysan waxaa ka maqnaa xuquuq badan. Marka laga yimaado inta kor uu sheekh Xuseen Guuleed noogu sheegay waxaa, sidaa oo kale, ka maqnaa xuquuq kale. Tusaale, markii la dooranayo madaxda wax cod ah kuma lahayn qof aan beeco gelin. Haddii lagu doodo waxaa sidaa loo yeelay cabsidii laga qabay dawladdii ciidanka ahayd in ay jawaasiis dhexgaliso ururka, waxaa meesha taal in aan waxba laga beddelin markii ay dhacday. Qofkii 1992-kii ku biiray iyo midkii 1988-kii soo galay isku si ayaa loola dhaqmay oo tartiibkaas ayaa la mariyay.

Nabigu NNKH isku si buu wax ugu sheegi jirey Abuubakar iyo Bilaal. Iimaanka waa loo simanyahay muslimiintuna waxaa ay leeyihiin xuquuq is la'eg. Kala sarreynta noocaan meel la cuskiyay lama yaqaan ujeedkii laga lahaana mid togan uma muuqdo. "Heello haddaysan wax ku jirin maxaa habayn loo tumaa?". Hadaf cad oo yoolkiisu yahay dadka iyo dalka aan shareecada ku xukunno haddii arrinku ku koobnaa, maxaa keenay in sidaas oo dhan loo qariyo oo dad sannado badan naftooda huray, ehelkoodi iyo deegaankoodi uga soo go'ay lagu aamini waayo u sheegidda ujeedkaas? Haddii uu qof ku doodo siraha Islaamka dadka oo dhan looma sheegi jirin oo Suubbanuhu NNKH saxaabada qaar ayuu gooni wax ugu sheegi jirey, jawaabtu waxaa ay tahay in tani sidaasi ka duwan tahay. Waa sax in aan siraha cid walba lagu aaminin. Laakiin waxaa laga siman yahay xuquuqda guud sida qabashada xil qofkii mudan, codeynta iyo talowadaagga. Sirtu waa arrin gaar ah oo mararka qaar xataa madaxda sare qaarkood laga qariyo. Waxa ugu dhow ee kala shaandhayta looga gol lahaa waa abuuridda dhallinyaro hal dheg wax ku maqasha oo madaxdu sidii ay doonto ka yeesho!

Al-Itixaad waxaa uu lahaa qaab dhismeed dawli ah oo baarlamaan iyo xukuumad ka kooban. Keliya magacyada baarlamaan iyo xukuumad ayay u beddeleen golaha Shuurada oo barlamaanka ah iyo golaha Tanfiidka (fulinta) oo la macne ah xukuumadda. Golaha fulinta ururkaan ayaa ka koobnaa shan wasaaradood oo kala ahaa: Wasaradda Maaliyadda, midda Jihaadka, midda Arrimaha Dibadda, wasaaradda Sirdoonka iyo midda Gobollada oo la macne ahayd wasaaradda Arrimaha Gudaha. Beddalka erayga 'wasaarad' waxaa ay isticmaali jireen 'Magtab'. Golaha shuuradu, oo ka koobnaa 36 xubnood, kama madaxbannaanayn golaha fulinta ee waxaa ay ahaayeen xubno laga soo dhex xulay madaxda golaha fulinta [42].

Dunida casrigani waxaa ay wada leedahay wasaarad gaashaandhig oo macnaheedu yahay difaac mararna laga cabbiro wasaaradda difaaca. Xeerka Labaad ee Qaramada Midoobay faqradiisa afraad ayaa si cad loogu qeexay in uusan dalna mid kale xudduuddiisa ku xadgudbin, hujuumin, siyaasaddiisa gudaha fara-galin IWM [43]. Wixii xeerkaan ka horreeyay waddamadu waxaa ay lahaayeen wasaaradda dagaalka. Markii xeerkaan la isku raacay, waddamadii xoogga weynaa in aan dagaal la hurayna ogaa waa ay xeeladaysteen. Jarmalka ayaa billaabay oo wasaaraddiisi dagaalka ula baxay wasaaradda difaaca 1946-kii, Faransiiskaa raacay 1947-kii, Maraykan 1949-kii, Ingiriis ayaa isna u wareegay magaca wasaaradda difaaca 1963-kii, waddamadii kalana iyaga ayay daba galeen [44]. Sababta magacaan loo qaatay ayaa ah in meesha laga saaro in dal uu dagaal ku qaado mid kale isaga oo dhul ballaarsanaya sidii waayadii hore dhici jirtay. Waxa keliya ee ciidan iyo cudud loogu baahan yahay in ay tahay isdifaacid haddii la isku xadgudbo ayuu tusayaa magaca wasaaraddani.

Dabcan sidaas duullaan laguma dayn. Iskaba daa in dagaal la daayee marka xeerkaas la soo saarayo Afrika oo dhan iyo dunida inta badan waxaa gumeysi arxandarro ah ku hayay kuwa xeerkaan dajiyay. Muhiimadda ayaa ahayd in la yareeyo gardarradii awal sharciga loo arkayay, sidaas ayayna waddammadi dagaaldoonka ahaa u xeeladaysteen oo magacii u beddasheen. Ilaa maanta dagaallada uu Maraykanku qaado oo midkii Ciraaq u danbeeyay waxaa uu ku tilmaamaa is difaacid.

---

42 ibid
43 UN Charter: waxaa laga heli karaa halkaan: https://www.un.org/en/sections/un- charter/un-charter-full-text/ waxaan booqday 03/02/2021.
44 Rename ministry of Defense to Ministry of war. Waxaa laga heli karaa: https://www. dailyo.in/politics/war-peace-ministry-of-defence-army-weapons-isis-terrorism-world-war-china-pakistan/story/1/10178.html#:~:text=History%20reveals%20that%20most%20of,it%20to%20ministry%20of%20defence.&text=The%20United%20States%20of%20America,ministry%20of%20defence%22%20in%201949.. Waxaan booqday 03/02/2021.

Haddaba in Itixaad, shanta wasaaradood ee u lahaa ay ka mid ahayd wasaaradda Jihaadka waxa ay muujinaysaa in ay diyaar u ahaayeen qaadidda dagaallo ka baxsan xuddudaha Soomaaliya haddii ay talada dalka la wareegaan. Qarammada Midoobay (QM) qaraar ay soo saartay ma ahan mid meesha ka saaraya ama *nasaqaya* Jihaadkii Eebbe jideeyay. Laakiin, waxaa is waydiin leh sababta keentay iyo xigmadda ku jirtay in urur dhuumaalaysi ku jira, tabartiisu yartahay, dalkiisu Islaam yahay, baahiyaha diineed ee dalkiisa ka jira xal u heliddoodu tobannaan sano u baahan tahay, ay ahmiyaddooda koowaad ka dhigaan jihaad. Yaa lala jihaadayaa? Dawladdii markaas dhisnayd mise dawlado kale? Dadka Soomaaliyeed mise dadyow kale? Xeerarki Itixaad qortay laguma qeexin waxa uu jihaad yahay, ujeeddada laga leeyahay, maslaxada lagu gaarayo iyo cidda lala jihaadayo toona markii laga reebo hadal duuduuban oo daboolan. Waxaa uu ahaa keliya iniinyo sun ah oo maalintaas la jiilaalduugay, toban sano keliya kaddibna qaraxuu billaabay ilaa maanta sii laba qarxaya. Haddaba maxaa keenay in ahmiyadaha koowaad ee Itixaad lagu daro jihaad iyo in la xakamayn waayo wixii ka dhashay?

Sheekh Cabdiqaaddir Cukaashe waxaa uu ka mid ahaa dadkii iyaga oo da'yar ku biiray ururrada islaamiga ah. 1976-kii ayuu galay Al-Ahal. 1983-kii waxaa uu ka mid noqday raggii aasaasay Al-Itixaad Al-Islaami. Waxaa uu ka mid ahaa golaha sare ee Shuurada. Sidaa oo kale waxaa uu ahaa u qaybsanaha arrihamaha Bariga Afrika oo waddamada Kiinya, Yugandha iyo Tansaaniya ayaa isaga hoos imaan jirey. Intii u dhaxaysay 1983 ilaa 1995 waxaa uu ahaa dadkii ay ka go'aysay talada Itixaad. 9-kii Oktoobar 2022-ka ayuu i siisay wareysi qaatay laba saacadood ka badan. Waxaa aan weydiiyay sababtii Itixaad uga dhigay Jihaadka rugni aasaasi iyo mabda' aan la jabin karin. Sheekh Cukaashe waxaa uu igu yiri dastuurka noo qornaa oo dhanba ma ahayn mid aan annagu qoronnay ee waxaa uu ahaa dastuurkii Xasan Turaabi. Kaas Xasan Turaabi ayaa waxaa ku qornaa الجهاد هو الوحيد الحل "xalku waa Jihaad keliya". Innaga oo aan eegin xaaladda dalkeenna iyo dadkeenna iyo duruufaha iyo kala duwanaanshaha Suudaan iyo Soomaaliya ayaan qaadannay dastuurkii Turaabi. "Waxaa noo soo guuriyay oo noo keenay nin la oran jirey Cabdicasiis Faarax Maxammed oo Suudaan ka yimid. Waxaa uu ku dhintay dagaalkii buuraha Saliid ee SSDF lagula jirey. Anaad iga qoreysaa. Itixaad ma lahayn dastuur uu isagu qortay oo loo eegay duruufaha ka jirey dalkii uu ka dhismay".

Sheekh Cabdiqaadir Nuur Faarax (AUN) waxaa uu ka mid ahaa raggii aasaasay ururka Itixaad udubdhexaadkana u ahaa muddo dheer. Waxaa uu qabay in khaladkii ugu weynaa ee la galay uu ahaa qoriga la qaatay. Ugu danbaynna waxaa loo dilay aragtidaas ah qorigu kheyr ma keenin ee ha la dhigo. Mar uu ka warramayay sababihii keenay khaladaadkii faraha badnaa ee ururka ka dhacay ee jihaad ku sheeggu ka mid ahaa, waxaa uu sheegay in waxa imaan karaba aan waxba la iska waydiin. Wax kale iska daaye bulshada guud iyo dadka la doonayo in la maamulo ama dacwada la gaarsiiyo sideen ula macaamilnaa la isma waydiin. Dalka qabsada oo shareecada ku xukuma ma ogiya, maxaa kaloo la filan karaa wixii laga fekeray kuma jirin siduu sheekhu AUN sheegay waxaa uuna yiri [45] :

> *Run baa loo hadlaaye, dadkii dacwadaan waday wax bay diinta ka fahansanaayeen, wax badanna waa u qabsoomeen laakiin ma jirin ru'ya waadaxa [aragti cad] iyo wacyi kaamil ah oo mustaqbalka waxa soo socda inta la oddoroso shay kasta maxaynu ka yeelnaa, kaas maxaynu ka yeelnaa. Wax badan baa la oddorosi karaa siyaasa hadday tahay, dagaalladaas oo kale hadday tahay; waxyaabo badan baa imaan kara, dadka see ula dhaqannaa hadday tahay, maamulkii jirey see ula dhaqannaa hadday tahay, beelaha iyo qabaa'ilka, ru'ya cad ma aannan haysannin runta markii laga hadlo. Oo waxaas oo dhan si musabaq [hormaris] ah loo sii darso sidii loola tacaamuli lahaa.*

Waxaa xusid mudan in Itixaad uusan ahayn ururka keliya ee doonayay inuu talada dalka qabsado xoogba ha noqotee. Al-Ahal sidaas oo kale ayay uga go'nayd hanashada talada dalka. Waxaa ayse ku kala duwanaayeen istiraajiyada loo marayo gaaridda yoolka. Ahal waxaa uu lahaa yool cad oo gaariddiisu ay u dajiyeen waqti dheer in ay qaadato. Tusaale, waxaa ay ku talogaleen in ay dawladda la shaqeeyaan, dhex galaan, xafiis walba iyo hay'ad walba oo dawladeedna dad ku yeeshaan. Waxaa ay xuleen dhallintii ugu firfircoonayd si ay ugu daraan ciidammada. Dhallintaas iyada oo aysan cidna ogayn ayay ku biireen ciidamada oo dibadda tabaabarro loogu diray [46] . Qorshahaas fog ayaa u degsanaa halka Itixaad qorshaynayay in talada dalka uu la wareego si dhaqsa ah iyaga oon haysan hab u cad oo ay u marayaan.

---

45 Muxadaaro. Taariikhda dacwada Soomaaliya. Youtube sidaas ayay ugu qoran tahay. Ciwaanki asalka ah se wuxuu ahaa: *Al-taxdiir Al-nabawiyi mina Il-fitan.*
46 C/Shakuur Mire Aadan. Kobicii Islaamiyiinta Soomaaliya. Bogga 54-55

Maaddaama uu ahaa Itixaad urur aan lagu dhisin aragti cad oo ku saabsan waxa imaan kara sida sheekh Cabdiqaaddir sheegayba, guurki Jamaaca Islaamiya iyo Waxdaad ma sii waarin. Sannad gudihiis waxaa soo kala dhex galay ururkii cusbaa aafadi Soomaalida ee qabiilku saldhigga u ahaa. Xubno sare, oo ka tirsanaa ururka kana soo jeeday Waqooyi, ayaa markiiba tuhmay in awooddii ururka gacanta u gashay reer Koonfureed. In kasta oo madaxa ugu sarreeya Itixaad uu ahaa reer Waqooyi, kooxdaan, oo uu hoggaaminyay C/Qaadir Xaaji Jaamac, waa ay saluugeen awoodda reer Waqooyigu ku lahaayeen ururka sidaas ayayna uga baxeen midowgii dibna ugu jafjafteen ururkoodi hore ee Waxdah [47]. Tani waxay muujinaysaa in musiibada qabiilka, xukun jeceylka iyo tanaasul la'aantu ay la kowsatay aasaaskii ururka Itixaad dabana socotay ilaa gebagebadiisii. Waxaa ay sidaa oo kale mugdi galisanayaa ikhlaaskii iyo niyadsamadii qaar ka mid ah raggii aasaasay Itixaad. Haddii waxa loo socday ay ahayd u shaqaynta Diinta Eebbe dadkuna ka wada dhab ahayd sow ma ahayn keliya in la eego yaa ku habboon oo ka soo bixi kara shaqadaan adag ee na hortaal ee aan loo fiirin gobol iyo qabiil toona? Dhaliishu sow ma ahayn in ay ku koobnaato hebel shaqadaan kama bixi karo iyo waa looga habboon yahay halka laga eegay waa reer Koonfur iyo waa reer hebel?

Aafada qabiilka kuma koobnayn Al-Itixaad. Qoraaga buugga *Kobocii Islaamiyiinta*, waxaa uu ku doodayaa in qabyaaladdu la kowsatay Saxwada Soomaaliya. Waxaa uu sheegay in raggii aasaasay Islaaxu ay ahaayeen kuwa ka gadooday saamiga sida weyn u muuqday ee Daaroodku ku lahaa ururki Al-Ahal. Haddii warkaasu sidaas u jiro, waxaa noo muuqan kara in mar walba oo la fududaysto heerka qabiilku ka joogo Soomaalida dhexdeeda aan la hurayn khilaaf, kala fogaansho iyo kala tag. Yeelkeedee Itixaad kuma baraarugin qoto dheerida qabiilka iyo saamaynta ba'an ee uu ku yeelan karo hadafkooda iyo yoolkooda fog. Halkii ay isku dayi lahaayeen in ay xeerar iyo xal u diyaariyaan mushkiladda qabyaaladdu keeni karto, waxaa ay doorteen in ay dusha ka dedaan dhimbilo shidan. Dabkii ayaa hoos ka sii hulaaqay iyaguna waxaa ay sii saarayeen danbas ay dadka raacsan kaga qariyaan mashaakilka taagan ilaa uu gaaray heer la isku tuhmo waxyaabo aad u hooseeya sida sadbursi deeqo waxabarsho. Tusaale, 1989-kii ururka ayaa Suudaan ka helay toban boos oo saminnaar aqoon kororsi dacwada la xiriira ah. Ururku ma sii lahayn habraac iyo nidaam lagu xulo dadka aadaya fursadaha noocaan oo kale ah. Si ay ku

---

[47] Koobicii Islaamiyiinta Soomaaliya

dhacdayba intii badnayd tobankii qof ayaa noqday kuwo u dhashay beesha Daarood. Foolkaanadi hoos ka holcaysay ayaa meel ka neefsatay. Raggii ugu fircircoonaa Itixaad ee u dhashay beesha Hawiye waxaa ay markiiba xuliddaas ka dhex akhriyeen qabyaalad. Waxaa ay si aan gabbasho lahayn ugu eedeeyeen sheekh Cabdiqaadir Nuur Faarax iyo Sheekh Cabdullaahi Cali Xaashi in ay dadkaa beel ahaan ku xusheen si caddaalad ahna aysan wax u qaybin. Si ay u iftiimiyaan heerka Daaroodku qabyaaladda ka gaaray, ayay sheegeen in sheekh Xasan Turki, oo aan xataa buuxin shuruudihii xubinnimada Al-Itixaad, ay boos ka siiyeen deeqdaas waxbarasho eex reereysan darteed [48].

Hasayeeshee dib u gurashadii Waxdah iyo qabyaaladda hoos ka aloosnayd waxba uma dhibin kobicii Itixaad. Ururku waxaa uu sii watay faafinta afkaartiisa iyo qoridda xubno cusub. Waa uu bullaalay oo ballaartay. Waxaa uu meelo badan, oo dalka ka mid ah, u diray dhallinyaro *ducaad* ah oo si qarsoodi ah dadka ugu yeeraya raacidda manjahka Itixaad. Waxaa ku soo biiray in badan oo ka mid ah dadkii ka tirsanaa ururradii hore ee saxwada. Waxaa torob-torob ugu soo darmaday dhallinyaradii jaamacadaha. Sheekh Cabdinaasir Xaaji Axmed waxaa uu ku tilmaamay tobanlihii 1980aadkii "waqtigii dahabiga ahaa ee Itixaad." Isaga oo ka faa'iidaysanyaa jidkii ay qardeeyeen ururradii hore, iyo tawjiihooda cusbaa ee ku aaddanaa bulshada ayuu Itixaad si xawli ah u ballaartay. Waxaa uu noqday ururki ugu saamaynta badnaa, ugu dheefta badnaa uguna dhibaatada badnaa ee abid Soomaaliya ka hanaqaaday.

Saamayntii Dacwadii Itixaad

Itixaad waxaa uu ku yeeshay dadka Soomaaliyeed iyo dhaqankooda saamayn baaxad weyn. Dhib iyo dheefba wuu lahaa. Midka badnaa waa arrin dadku qaarba si u arko haatanna uma taagnin xukun saaridda kan badnaa. Buuggu se waxaa uu kuu soo bandhigayaa xogo ku filan inaad adigu go'aan xor ah qaadato.

Meelaha uu is isbeddelka weyn ka sameeyay waxaa ka mid ah sidii bulshadu u arkaysay diinta. Waxaa uu si muuqata u weeraray quraafaad iyo khaladaad badan oo bulshada aad ugu baahsanaa. Qabuuraha sannad walba

---

48 C/Shakuur Mire Aadan: Kobicii Islaamiyiinta Soomaaliya

la isugu imaan jirey ee meelaha fog looga soo qasdin jiray ayaa ugu horreeyay waxyaabaha ay ka digeen. Soomaalidu waa dad diin jecel, niyadsan oo had iyo goor u degdega halka kheyr loogu sheego. Taas ayaa keentay in diin looga dhigo waxyaabo badan oo sal iyo raad diinta aan ku lahayn. Qabuuro la dawaafo, ilaa la yiraahdo toddoba jeer oo la tagaa waxay u dhigantaa xaj buuxa, ayaa bulshadii qabsaday. Intaan ugu yarahay waxa ay soo gaareen iyada oo qabuuraha lala aado Allabariga. Waxa aan xasuusta iyada oo markii uu roobku raago, wadaad aan wada degi jirnay uu aado qabuur noo dhawayd oo loogu yeeri jirey qabuuraha wadaaddada. Saddex ilaa toddoba cisho ayuu ku *khalwayn* jirey halkaas. Kaddib, maalin cayiman ayaa la isugu imaan jirey wad yar oo saaran qabuuraha. Halkaas ayaa lagu xoolo qalan jirey Eebbana roob lagu waydiinsan jirey. Dooddu halkaan maaha waa xaaraan iyo waa xalaal. Sidaa oo kale maaha waa tawasul iyo waa shirki, ee waa iftiimin in arrinta barakaysiga qabuuraha iyo rajaynta in agtooda Eebbe wax ku aqbalo ay ahayd shaacsan. Dacwadii Itixaad arrintaas dagaal adag ayay la gashay ilaa la waayay cid si toos ah ugu dhiirrata. Inta wali caqiidaysan xataa si bannaan-jiif ah uma sameeeyaan.

Xijaabka ayaa ka mid ah waxyaabaha uu sida weyn ugu ammaanan yahay Itixaad. Soomaalidu iyada oo 100% Muslim ay tahay diintana jecel ayuu dhaqanku ka xoog batay sidaasna is xijaabiddu ugu yaraatay.

Waxaa aan aniguba soo gaaray iyada oo farqiqa kala saaro gabadha la qabo iyo midda madaxa bannaan uu yahay marwada oo madaxa gambo saarata. Xaaladda nololeed ee reer miyigu ku noolaa qaar badan danta ayaa ku qasabtay in aysan xiran maro ka weyn inta cawrada u qarisa. Hooyo waayeel ah, oo aan kula sheekeystay degmada Garbahaarreey Feeberaayo 2019-kii, ayaa igu tiri, iyada oo tilmaamaysa sida dadku u barwaaqoobay haddana aan Eebbe loogu mahdinayn "waxaa i soo martay aniga oo wata gabadha hebla ah oo subixii ari ku raacay kabo la'aan. Guntiinada aan xiranahay darafkeeda ayaan gabadha ku xambaarsanahay. Cagaha waxaa iga gubayo raranka madaxana waxaa iga saaran qorraxda oo aanan haysan wax aan isaga dhigo." Hooyada ku noolayd duruufta noocaas ah waa la fahmi karaa sabab ka mid ah waxa ku qasbay xijaab la'aanta. Intaas waxaa dheer, in xijaab la'aantu aysan keeni jirin fisqi iyo fasaad oo gabadha gollankeedu bannaanyahay aysan kicin jirin dareenka doobka geeljiraha ah. Sababta ayaa ahayd in sidaas lala qabsaday oo meesha bannaan aysan cawrada ugu xisaabsanayn, dadku yaraa, dhaqankana lagu adkaa.

Markii maagaalada la soo galay, xijaab la'aantii waxaa ay u gudubtay heer labaad. Magaalada, oo ah meel sideeda uga danbi iyo fuulxumo badan miyiga, ayaa waxaa dheehay dhaqankii uu ka tagay gumeystuhu. Dhinaca Koonfureed gabdhihii waxaa ay xirteen goonnooyin gaaban oo jilbaha u jooga, halka dhinaca Waqooyi laga qaatay diricyo loo baxshay Beer-ma-qariye oo jirka gabadhu si toos ah uga muuqdo. Labbiskaan sidii midkii miyiga maahayn mid dhar ahaan uun la isaga xirto ee wuxuu ahaa mid soo jiidasho iyo is muujin loo xushay taasoo keentay fawaaxishta oo faafta iyo fasaad badan.

Farqiga u dhaxeeyay labada xijaab la'aan waxaa si qurux badan u sawiray heestaan la qaaday lixdamaadki:

Beri hore waxaa jiray
Inan timaha diibtoo
Baarkana u tidicdoo
Boqorkiyo dhaclahiyo
Maro beyle xiratee
Wax beddaley kuwii hore
Belo geesa dheeroo
Buur madaxa saartoo
Suuqa baratamaayee
Naa bi'ise dhaqankii
Sharcigii ka beyrtoo
Diintii burburisee
Habloow maad is barqabataan

Dedaalki Itixaad baxshay awgiis, iyaga oo sii ambaqaaday baraaruggii ka horreeyay, waqti aad u kooban gudahiis Soomaaliya waxaa ay ka mid noqotay dalalka la isugu xijaabitaanka badan yahay. Gabdhaha caanaha beledka keena Alle ha ka dhigee, arki maysid gabar madax ama gollon qaawan oo suuqa maraysa. Galladdaas waxaa leh Itixaad oo sii ambaqaaday dedaalkii ay urrarada Ahal, Nahda iyo Waxdah wadeen ee xijaabka la xiriiray. Xumaan ma reebay iyo barigii la gollan qaawanaa ayaa laga dhawrsanaa waa dood kale oo lagu kala aragti duwanaan karo. Illowse xijaabka, oo ah shay sharci ah, inuu dhaqankeenna si buuxda uga mid noqdo waa guul weyn iyo wax lagu faano.

Baraarujinta salaadda ayay caan ku noqdeen. Dadku Muslim haba ahaadee, salaadda aad ugama dedaali jirin, gaar ahaan dhallinyarada. Salaadda ayaa, gaar ahaan, dhallinyaradii iskoollada dhiganaysay ay fududeysteen ilaa ay u muuqatay in salaaddu gaar u tahay wadaaddada iyo waayeelka. Saxwadu meelihii ugu muhiimsanaa ee ay xoogga saartay ayay ka mid ahayd salaaddu natiijo la taaban karana ay ka gaareen. Markii Itixaad noqday ururka ugu xooggan dalka, salaadda tukashadeeda keliya dadka ugama aysan yeerine, waxaa ay sidaa oo kale, si weyn u buraarujiyeen barashadeeda iyo oogidda jamaacaadka. Fududaysiga salaadda oo jameeco lagu tukado waxaa qayb ka qaatay mad'habta dalka laga haystay oo jameecada u arkaysay mid aan lagu qasbanayn. Waxaa dhici jirtay in culimadu guryahooda isaga tukadaan iyaga oo addinka maqlaya.

Dacwadii Itixaad miriheedi ugu qiimaha badnaa waxaa la helay markii la qaxay. Qaxii dhacay iyo qurbihii loo yaacay, dad badan ayaa qabo in Ilaahay Soomaalida ku badbaadiyay dacwadii Saxwada qaybteedi danbe ee Salafiyadu hormuudka u ahayd. Meel walba oo la tagay waxaa ay ka hirgaliyeen masaajid iyo malcamado. Waxaa ay suuragaliyeen carruurta Soomaaliyeed in aysan waayin waxbarasho diini ah. Sidaa oo kale, dadka waaweyn ayay hubiyeen inuu helo wacdi iyo waano joogta ah. Sannad uun kaddib burburkii qaranka waddamada Iswiidhan iyo Holand, oo ahaa meelihii lagu hormaray, waxaa ay ka qabanayeen mu'tammaro sannadle ah. Intii hore, ee aan la awoodin in meel si gooni ah loo kiraysto ama masaajidba la iibsado, Soomaalidu waxaa ay kula daaran jirtay masaajiddii sii jiray ee ummadaha kale gacanta ku hayeen. Masaajidka Raabiddada ee Iswiidhan ayaa la keeni jirey hal wadaad oo Soomaali ah si Soomaalida cusub ee aan af kale aqoon u helaan baraarujin. 1993-kiiba Soomaalida waxaa u suurogashay in ay si gooni ah isu abaabulaaan oo ay kiresytaan meelo ay culimo Soomaaliyeed keensan karaan. Dedaalkaas badan ayaa sabab u noqday in Soomaalidu sidii ay u jabtay ee ay ugu qaxday dhulka gaalada iyada oo baahan, tabaalaysan, aad u dayacan dad badan oo dhibaateysanna dalkii kaga danbeeyo, aysan u qudduucin rabitaankii waddamadii sida wacan u soo dhaweeyay. Gabdhihii ayaa xijaabki baaqi ku ahaaday ilaa Muslimiintii kale ee awal ka baqi jirtay ay ku dayatay Soomaalida. Barashadii diinta Islaamka ayaa halkeedi ka sii socotay. Taxfiidki Soomaalidu caanka ku ahayd ayaa isaga oo la qurxiyay qurbaha ka sii socday ilaa ay tartammada dunida kow ka galeen dhowr jeer wiilal Galbeedka ku dhashay. Muran la'aan Eebbe fadligii iyo mirihii saxwada ayaa lagu helay badbaadadaas.

Meelaha ay sida weyn wax uga beddaleen waxaa ka mid ahaa guurka. Waxaa ay si adag ula dagaallameen wixii loo yaqaannay masaafada. Masaafadu waa in gabar lala baxsado, meel fog lala aado, wadaad loo geeyo, la mehersho kaddibna waalidkeed loo yimaado. Arrintaas, oo aan mad'habta Shaaficiga ee dalkeenna laga haystay aan ku bannaanayn ayaa caadi ka ahayd dadka dhexdiisa. Waxaa uu ahaa dhaqan laga habboonyahay iyo nikaax sharci darro ah. Dacwadii Itixaad arrintaan aad ayay hoos ugu dhigtay ilaa meelaha qaar si buuxdo la isaga daayay. Sidaa oo kale, qiimaha guurka ayay wax weyn ka qabteen. Inta la xasuusto guurka Soomaalidu waxaa uu ahaa mid qiimo aad u badan uu ku baxo. Barigii hore ee miyaga la joogay, gabadha waxaa laga bixin jirey xoolo aad ugu badan oo la siiyo aabbaha gabadha dhalay. Markii beledka la soo galay xoolihii noolaa ee la bixin jirey waxaa beddelay kuwa meel cidla ah ku baxo oo gabadha korkeeda iyo gurigeeda gala. Gaar ahaan sannadihii 1980-aadkii heerka guurku waxaa uu gaaray meel la mid ah halka uu maanta joogo. Dahab gabadha lagu taxo, aqal inta goyn kartaa ay yartahay iyo meher lagu sheekaysto ayuu noqday riyada inamihii soo kacay. Itixaad waxaa uu aad ugu yeeray dadkii raacay raqiisinta guurka iyaga oo u sameeyay qiyam ka wanaagsan dhaldhalaalka adduunyada. Jeceylka Alle iyo raalligalintiisa ayay kala wayneeyeen aqal loo dhigo iyo xoolo badan oo meher loo siiyo. Sidaas ayay ku gaareen in gayaankii galay Itixaad ay helaan guur jaban oo hadba sida dantu u qabato ay ku aqal galaan. Meherka ayaa, inta badan, noqon jirey dhawr suuradood oo Qur'aan ah oo gabadha la baro. Saalootadi iyo siriirihi foormiigga ahaa waxa ay ka doorteen wixii la heli karo sadaq alool ahna Alle ha ka dhigee. Sidaa ayuu caan ku noqday halhayskii lagu dacaayadayn jirey Itixaad ee ahaa *"dar Alla iyo darinta"* kaas oo loola jeeday Ilaahay dartii aan isu guursanno oo darin ku wada seexanno. AUN-tee abwaan Abshir Bacadle ammaanti uu huwiyay gabdhihii ku biiray Itixaad ee loo aqoon jiray wadaaddada waxaa uu ku daray in ay yihiin kuwo qarash yar ku baxo oo sheegasho yar si walba oo ay u baahdaan. Waxaa uu yiri:

Qaneecada waxaa kaaga daran qarash yaraantooda
Ilaahay wuxuu qoraad qaado leedahay e
Xalaan qaday iyo ka baqi maysid qaalli loo tago e

Inkasta oo uu cimri gaabnaa, isbeddelkaas bulsho waxaa uu ahaa mid wanaagsan oo ahmiyad weyn u lahaa bulshada Soomaaliyeed. Isbeddelkaasu waxaa uu sidaa oo kale caddaynayaa in dhibka maanta guurka naga haysta lagu xallin karo si aan xoog iyo xarrimaad ahayn.

Isbeddellada bulsho ee Itixaad keenay waxaa ka mid ahaa dhiirrigalinta in culimadu shaqaysato, dhaqaale abuurto oo ay isku filnaanshana gaarto. Middaan ayaa gaartay in markii danbe wadaadnimadu ay noqotay jidka keliya ee suuqa ganacsiga lagu gali karo taas oo keentay in ay qawlaysato badan ku dhex dhuumato ama isu ekaysiiyay iyaga oo uun doonaya in la aammino oo xoolo loo dhiibto. Nin Xamar baqaar weyn ku lahaa dhammaadkii sagaashamaadkii ayaan beri rafiiqnay. Waxaa uu ahaa nin salaadda ku xun oo markuu doono tukada in badanna iska sahashada. Maalin aan sheekaysannay ayuu igu yiri: "Ninkaygaan aad arkayso markaan Xamar joogay shanta salaadood masaajidka ayaan ku tukan jirey". Markii hore waxaan mooday in uu dhihi doono waa danbe ayuu shaydaan i duufsadaye waxaan ahaa nin salaad jecel. Beddelkeedi waxaa uu uga jawaabay su'aal ahayd oo goormaad is beddeshay? "Soomaaliya haddii aadan wadaad jameecada lagu yaqaanno ahayn kama ganacsan kartid." Markii laga yimaado in badan oo sidaan oo kale isu ekaysiin wax badan magaca wadaaddada wax ugu qarribtay, waxaa jirey khaladaad tirobeel ah oo xagga ururka ka yimid kuwaas oo keenay colaad bulshada ka timaadda iyo dagaallo dhiig badan ku daatay.

CUTUBKA 2AAD

QAADASHADII QORIGA

"Dab waxaa ku guban kara Inuu daaro mooyee

Nimaan xeel ku damin karin" - (Hadraawi)

Ururka Itixaad oo aan toban jirsan ayay dhacday dawladdii dhexe ee ururku colka la ahaa. "Hadduu dhib dhaco dhabaqo meel beeshay" ayaa horay loo yiriye ururki ka koobnaa qofaf kala qabiil ah oo 'dar Alle' isugu yimid waxaa uu wajahay xaqiiqdi dhabta ahayd. Ruux walba naftiisa ayuu la baxsaday isaga oo u cararay meeshii beeshiisu uga qaxday Muqdisho. Sida aan kor ku soo xusnay ururku ma ahayn mid ku dhisan xaqiiqooyinka nololeed ee aadanuhu fisho. Taas waxaa ay keentay in aysan marnaba wax iska waydiin doorka ay qaadanayaan haddii ay dawladdu dhacdo. Waxaa la oran kaa qorshe la'aanta waxaa ay kala mid ahaayeen jamhadihii dawladda riday ee ujeed aan ka ahayn rida aan ku midaysnayn. Qorshe la'aantaas waxaa ay aad uga dhex muuqataa sidii xubnihii Itixaad ay u kala qaxeen iyo tallaabooyinkii ay qaadeen dhiciddii dawladda kaddib.

Intii badnayd madaxdii Itixaad ee u dhalatay beesha Daarood waxaa ay u carareen Kismaayo halka intii Hawiye abtirkoodu galayay ay ku hareen Muqdisho oo tolkood si buuxda ula wareegay. Qorshe xumada waxaa ka sii khatar badnaa oo jirey khilaaf xooggan oo ka dhex taagnaa madaxda ururka kaas oo ka dhashay qabyaalad iyo kala aragti duwanaan ku saabnayd jihada loo socdo.

Mucaskarkii Kismaayo

"Mabaadi'da guud ee ururka Itixaadku ku dhisan yahay waxaa ka mid ahayd in la diyaariyo ciidan Islaami ah oo markii ay habboonaato Ilaahay dartiis u jihaada. Intii ay dawladdi dhisnayd ayay billaabeen si hoose in ay u siiyaan tababarro ciidan oo kooban." Ayuu qorey Cabdullaahi Faarax Cali [49].

---

49 Cadowgeennu waa kuma

Mabda'aas waxaa ficil ahaan loo rogay bishii Feebaraayo 1989-kii markaas oo si rasmi ah loo aasaasay garab hubaysan oo uu ururku leeyahay. Garabkaan ciidan ayaa waxaa madax looga dhigay kornayl Maxammuud Ciise oo Abuu Muxsin ku caan baxay. Ururka Itixaad kama uusan mid ahayn oo keliya kooxihii hubaysnaa ee khalkhalka xooggan ka waday magaalada Muqdisho ee sidaa oo kale waxaa uu isu diyaariyay inuu dalkoo dhan awood ciidan ka hirgaliyo. Rag ka mid ahaa xooggii dalka kana tirsanaa ururka Itixaad ayaa sahan loogu diray gobollada dalka si ay u soo indha-indheeyaan meelaha ugu habboon ee xero ciidan laga hirgalin karo. Gobollada Bari iyo Hiiraan ayay ku soo warbixiyeen in ay yihiin meelaha ugu mudan ee jamhad laga samayn karo. Hasa-yeeshee taladaas waxaa ku gacansayray guddigii shuurada ee ururka kaas oo cuskaday go'aan laga gaarayl 1988-kii in aan qayb laga noqon dagaallada ay hormuudka ka yihiin jamhadaha qabiilka ku dhisan [50]. Waxaa iswaydiin mudan waxa uu ahaa ujeedkii markii hore saraakiishaan loo diray haddiiba aan dagaalka dhinac laga galayn ama talada ay keenaan aan la qaadan doonin? Bari maxay kaga duwanayd Muqdisho oo markaas ururku xeryo qarsoodi ah ku lahaa dhibaatooyin amnina uu ka waday?

Xaqiiqda cidna ma oga ururkuna ma sharrixin balse waxaa mar walba oo wax soo kordhaan muuqanayay kala duwanaansho aragtiyeed oo dhex taallay madaxda ururka. Kala duwanaanshahaasu waxaa uu ahaa mid aan ku ekayn fikir keliya ee waxaa uu, sidaa oo kale, saamyn jiray go'aannada iyada oo mararka qaar koox ay fikir keed ah si gooni u qaadato. Tusaale, bishii Seþtember 1990-kii sheekh Maxammed Cabdi Daahir oo xubin ka ahaa ururka ayaa waraysi uu BBC-da siiyay ku sheegay in ururku ka qayb gali doono doorashooyin uu ku dhawaaqay Maxammed Siyaad Barre inuu dalka ka qaban doono [51]. Hadalkaan ka soo yeeray sheekhaan ayaa ahaa kuwo gebi ahaanba lid ku ahaa mabaadi'dii ururka iyo go'aannadi u yaallay. Iyada oo sidaasi kor looga wada socdo ururkuna kala fog yahay ayuu ruux walba dadkiisi la qaxay 1991-kii.

Markii Kismaayo la tagay waxaa uu si dhaqsa ah ururku ula wareegay xeradii xoogga dalka ee Guulwade waxaa ayna magacii hore ku beddeleen Mucaskarka Khaalid Binu Waliid. Kornayl Maxammed Rashiid Tabsha ayaa loo xilsaaray agaasimidda xerada iyo ciidanka ku jira. Waxaa gacan ka siinayay

---

50 Kobicii islaamiyiinyta Soomaaliya 1950-2000
51 Isla isha kore

dhinaca tababbarka Ibraahim Miicaad oo loo yaqaan Ibraahin Afqaan—oo ka mid noqon doona aasaasayaasha Al-shabaab iyo Aadan Axmed Caarre (Aadan Jihaad) oo labaduba ahaa dadkii ka qayb qaatay dagaalkii Afqaanistaan. Xeradaan ayaa noqotay biqilki jihaadki toddoba sano ka hor la jiilaal duugay. Waxaa ay, sidaa oo kale, noqon doontaa manbaca jihaaddoonka Soomaaliya. Waxaa si dhaqsa ah u koray tirada iyo tayada ciidanka xeradaas ku xaraysan.

Haseyeeshee yagleelidda xeradaas looma dhammayn kumana imaan talo golaha shuurada ururka ka soo baxday sida uu caddeeyay sheekh Cabdiqaadir Nuur Faarax[52]. Sidaa oo kale, waraysi uu siiyay sheekh Cali Warsame (guddoomiyihii Al-Itixaad ee waqtigaas) mareegta *Somalitoday.com* waxaa uu sheegay in mucaskarkaasu ay aasaaseen rag doonayay in ay ka go'aan ururka Itixaad. Waxaa uu yiri isaga oo ka warramaya:

> *Ibraahin Afqaani ayaa damcay inuu Itixaad ka hoos qaato dhallinyarada, goobtaasna ka abuuro tiyaar jihaadi ah oo aan hoos tagayn tandiimka Al- Itixaad, isagoo caddeeyay xataa inuu Al-Itixaad ka madaxbannaan yahay, cid kastana u furantahay inay ku soo biiraan. Hadalkaas iyo fekerkaasba waa ay diideen qayb dhallinyarada ahi, waxayna u arkayeen tallaabo aan suurogal ahayn.*

Madaxda ururka, oo ka duulaysay warkaas, ayaa loo diray Kismaayo si ay xogta rasmiga ah ee xerada iyo ujeeddada u soo hubiyaan. Waxaa Shalanbood, oo culimo badan oo Itixaad ah ay joogtay, laga soo diray sheekh Cali Warsame oo markaas ahaa ninka ugu sarreeya ururka iyo sheekh Maxammuud Macallin Nuur oo noqon doona ku xigeenka imaarada Gedo ka dhalan doonta dhawr sano kaddib. Goortii ay maqleen in culimadaan Kismaayo soo gaareen, raggii mucaskarka gacanta ku hayay ayaa halkooda uga hortagay si aysan cid kale ugaga warramin waxa ka jira xerada ciidanku joogo. Waa kan sheekh Cali oo ka warramaya wixii dhacay:

> *Waxaa noo hor yimid kooxda Ibraahim Afqaani si aanay tuhmo noo gelin, iyagoo aad ugu dedaalayay inay qariyaan qorshahooda u jeexan. Hase- ahaatee kooxdii kale ayaa runta noo sheegtay. Dood dheer kaddibna waxay kooxdii Afqaani qirteen inay doonayaan*

---

52 Muxadaaro heerarki dacwadii

inay aasaasaan dhaqdhaqaaq jihaadiya, go'aankoodaasna waa ku adkaysteen. Hadal dheer kaddib waxaan u oggolaannay inay mucaskarka ka mid ahaadaan iyaga iyo kooxdoodaba, waxaana magacownay guddi hawshiisu noqonayso qiimaynta duruufaha, wacyiga iyo arrimaha jihaadka, waxaana la go'aamiyay laba qodob oo kala ahaa: 1-in mucaskarku yahay tababbar oo keliya 2-haddii duruufo yimaadaan waxaa go'aanka gaaraya guddiga mucaskarka. Koox yar ayaa diidday go'aankaas. Hasayeeshee waxaa sheekh Maxammuud Ciise loo magacaabay inuu hawshaas masuul ka noqdo.

Guddiga hawsha loo saaray waxaa uu ahaa uun dambas kale oo lagu rogay dab hoos ka holcaya. Dhallinta hubaysan, aadka u tababaranaysa, har iyo habayn loo akhrinayo fadaa'isha jihaadka xaggee aadayaan iyo sidee lagu xakameeyaa jawaabteedu ma ahayn guddi la saaro. Haddii dhallintaan hubeysan dhib geystaan yaa ka masuul ah iyo sidee laga yeelayaa iyadana miiska lama soo dhigin. Bilba kama soo wareegin markii ay dhallinyaradii billaabeen u-tafaxaydasho dagaal iyo doonid dhulfidsi iyaga oo isku dayay in ay ka qabsadaan Kismaayo Daarood ku mashquulsanaa difaac ay kaga jireen malleeshiyaadki USC. Waa kan sheekh Cali Warsame mar kale:

Intii Daaroodku ku maqnaayeen dagaalka USC ayaa kooxdii yarayd ee mucaskarka ku tashadeen inay magaalada Kismaayo qabsadaan. Fadhigii ay ku tashanayeen ayay isku khilaafeen. Laba dhallinyaro ah ayaa halhaleel nagu soo gaaray aniga iyo sheekh Maxammuud Macallin Nuur oo joogna masjidka mucaskarka waana u tagnay waana kala cayrinnay...

Dhacdooyinkaan docfaruurka ah ee hadba koox dhallinyaro ah ay qaadanaysay ma dhaqaajin masuuliyadda madaxda sare ee ururka go'aan adagna kama aysan qaadan oo iska-indhotirid ayay isku dhaafinayeen. Kala fogaanshaha u dhaxeeyay dhallinyarada iyo madaxda ururka ayaa sii kordhay kaddib markii madaxdii iyo odayaashii Daarood, ay Itixaad ka codsadeen in ay u hayaan haamaha shidaalka iyo ceelasha biyaha ee magaalada Kismaayo. Codsigaas markii uu soo gaaray odayaashii ururka waxaa ay isugu yeereen dadkii ugu mudnaa ururka oo uu ku jiro Ibraahin Afqaan. Sheekh Cabdiqaadir Nuur Faarax ayaa xogtii la wadaagay dadkii goobta yimid. Rog-rog kaddibna waxaa ay isla qaateen in la soo dhaweeyo codsiga odayaasha Daarood, ammaanada ay soo dhiibteenna laga qaado oo la xafido. Nin aan la sheekaystay 2009-kii iina sheegay inuu shirkaas goobjoog ka ahaa ayaa igu yiri "Markii hadalka la dhammeeyay ayaa waxaa istaagay Ibraahin Afqaan oo aan horay u hadal. Kaddib waxaa uu akhriyay aayadda 31aad ee suuratul Tawbah:

$$\text{ٱتَّخَذُوٓا۟ أَحْبَارَهُمْ وَرُهْبَٰنَهُمْ أَرْبَابًا مِّن دُونِ ٱللَّهِ}$$

waxaa ay ka yeesheen culimadoodi iyo suufiyadoodi Eebbayaal Ilaahay ka sakow.

Kaddibna odayaashii ayuu qabyaalad iyo in ay tolkood ka jeclaadeen diinkii Eebbe ku eedeeyay waa uuna iska dhaqaaqay.

Taasu waxaa ay noqon lahayd farriin kale oo baraarujisa madaxda ururka kuna dhalisa qaadidda tallaabooyin ay kaga hortagi karaan dhallinyarada uurka ku sidata afkaaraha qalloocan isla markaana u oomman qubidda dhiigga Muslimiinta. Illowse sidii hore ayay doorteen in ay isha ka eegaan. Mar kasta waxaa sii kordhaysay awoodda dhallinyarada maaddaama ay iyagu ahaayeen dadka cusub ee ururka ku soo biira iyo kuwa hubka sita intaba. Dhinaca kale waxaa sii wiiqmaysay awoodda golaha shuurada ururka oo tallaabooyinka la qaaday oo dhan aan midna talo teed ah lagu soo saarin. Golaha shuuradu waxaa uu ku firirsanaa dalka iyo debadda. Isgaarsiin ma jirin, dalkuna waxaa uu ku jirey dagaal mindhicireed qofna aan la bixinayn, sidaa darteed marnaba ma fududayn in golihii shuuradu qaato go'aan loo dhanyahay. Haseyeeshee, waxaa jirey waxyaabo badan oo ay qaban kareen iyo dhibaatoyin ay ka hortagi kareen intii isla joogtay.

Waxaa sii xoogaystay dagaalki u dhaxeeyay Daarood iyo Hawiye iyada oo malleeshiyaadki Jannaraal Caydiid kaabiga u soo fuuleen Kismaayo. Itixaad, oo markaan saddex goobood oo muhiim ah gacanta ku hayay, haystayna ciidan ku dhow labo kun oo dagaalyahan oo aad u hubeysan, dagaal ayuu go'aansaday [53]. Sheekh Xasan Daahir Aweys oo ay weheliyeen walaalkiis Dr Maxammed Daahir Aweys, Sheekh Xasan Calasow iyo laba sheekh oo kale ayaa Xamar kasoo baxay si uu uga hortago dagaal dhexmara Caydiid iyo Itixaad [54].

---

53 C/Shakuur Mire Aadan. Kobicii Islaamiyiinta Soomaaliya bogga 90-3
54 Sheekh Cabdiqaaddir Cukaashe. Wareysi aan kula yeeshay taleefanka 9/10/2022

Waxaa uu ku dedaalay in uu Itixaad ku qanciyo in aysan la dagaallamin Caydiid. Dedaalkaas badan, ee uu galiyay inuu baajiyo dagaal ay ku kulmaan labadaas, ayaa miro dhali waayay sababtoo ah Itixaad wax aan dagaal ahayn waa diiday oo in ay naftooda difaacayaan ayay ku doodeen [55]. Sheekh Xasan markii uu quustay waxaa uu Itixaad kula dardaarmay in ay isdifaacaan, laakiin afartii kale ee la socotay waa ay diideen dagaal oo dhan oo iyaga oo careysan ayay Xamar ku laabteen [56]. Sheekh Cabdiqaadir Nuur Faarax ayaa isna isku dayay in laga baaqsado dagaal lala galo USC waxaa uuna soo jeediyay in ciidanka Itixaad isaga baxaan Kismaayo iskuna urursadaan Dhoobleey oo ay xero kale ku lahaayeen. Hayeeshee soo jeedintaan waxaa ku gacansaysaray dhallinyaradii hubeysnayd ee sugi la'ayd in ay hubkooda tijaabiyaan [57].

14-kii Abriil 1991-kii ayay is farasaareen Itixaad iyo USC. Saddex bari oo dagaal lagu hoobtay ah kaddib, waxaa taag roonaaday USC oo ilaa Kismaayo si buuxda ula wareegtay, ciidamadii Daarood iyo kuwii Itixaadna shalfariirtay ka dhigtay. Dagaalkaan iyo jabkii ka dhashay ayaa si baaxad leh u qarxiyay foolkaanadi qabyaaladda ee Itixaad u aasnayd. Waxaa uu qoray Cabdillaahi Faarax Cali (qoraha buugga *Cadowgeenna waa Kuma*):

> *Rag culimo ah ayaa si cad u muujistay in ay jenneraal Caydiid iyo tolkiis la jiraan, oo idaacadaha ka hadlay shirarna qabtay. Dhinaca kalana rag culimo ah oo xarakada ka tirsan ayaa tololkood la duday. Rag kalana intay seeftoodi galka gashadeen ayay gooni u baxeen iyaga oo ka baqay in ay fidnoobaan. Rag baa dhexda suunka ku xirtay oo yiri "waxay sheegayaan ha sheegeene, aniga oo jidka Alle ku jooga oo jihaadaya in aan dhinto ayaan doonayaa.* [58] *"*

Warkaan waxaa xaqiijiyay sheekh Cabdullaahi Raabbi [59] oo sheegtay inuu shirkaas goobjoog ahaa. Waxaa uu ku daray inta ku qaran *buugga Cadowgeennu waa Kuma* in madaxdii ururku ku dedaleen in ay hubka ka dhigaan dhallinyarada iyaga oo xataa yiri qoryaha iibsada oo dadkiinna raaca. Taas waxaa si weyn u diiday garabki hubeysnaa oo wali diyaar u sii ahaa

---

55 C/Qaaddir Cukaashe. Weraysi aan la yeeshay 9/10/2022
56 waresysiga kore
57 C/Shakuur Mire Aadan. Kobicii Islaamiyiinta Soomaaliya bogga 94
58 Cabdullaahi Faarax Cali: Cadowgeeennu waa kuma, bogga 355
59 Muxadaaro uu kaga warramay taariikhda Al-itixaad

dagaal ay galaan. Kooxdaan oo ay ugu caansanaayeen sheekh Xasan Turki iyo Cabdullaahi Raabbi ayaa ahaa kuwa awoodda badan asii aan talada sare ee ururka waxba ku lahayn. Dr Cumar Iimaan ayaa isna qiray inuu jiray dareen qabyaaladeed. Waxaa uu tilmaamay in dhinaca Itixaadkii dagaalka rabay ay gar ahayd in ay isdifaacaan. Haddii ay isdhiibi lahaayeen iyo haddii ay dagaallamaan marleeyba Caydiid kama aysan nabad galeen ayuu qoray. Dhinaca kale, waxaa ay ku doodayeen, ayuu yiri Dr Cumar, Caydiid oo dagaal lagala hortagaa waxa ay ka dhigan tahay Daarood oo la garab istaagay taas oo lid ku ahayd qaraarkii Itixaad ee ahaa 'yaan qayb laga noqon dagaallada sokeeye'.

Arrintaasu waxa ay ka xanaajisay qayb ururka ka mid ah oo u dhashay qabiilada Hawiye. Waxay u arkeen Caydiid oo dagaal lagala hortago mid jabinaysa mabaadi'dii ururka iyo ka qaybgalid dagaal sokeeye. Kuwa sidaas ku doodayay ee Hawiye naftoodu isha ay wax ku eegayeen waxa ay ahayd mid qabyaaladeed [60].

Dr Cumar labada dhinacba waxaa uu ugu cudurdaaray in lagu jiray waqti adag oo aysan cidina ka bari noqon karin qabyaalad. Hadalkiisa waxaa uu ku xiray *"qofku si walba oo uu u haysto xarig diimeed oo dabra, inta badan kama nabadgalo in ay saameeyaan duruufaha uu ku dhex noolyahay. Dhawrsaantu nabiyada iyo Eebbe kaliya ayaa leh."*

Isu geynta caddaymahaas waxaa ay na barayaan in qaar badan oo ka mid ahaa madaxdi Itixaad u adeegayeen danaha qabiilkooda in ka badan inta ay u adeegayeen midda ururkooda. Sidaa oo kale, waxaa muuqanaysa in dhammaan go'aannadu ahaayeen gole-ka-fuul oo si baaxad leh aan loo dhiraandhirin. Sheekh Cali Warsame oo tilmaamaya in madaxda sare ee ururku aysan waxba ku lahayn talada lagu galay dagaalkaas waxaa uu yiri:

Dagaalkii Araare ma ahayn mid uu wax talo ah ku lahaa hoggaanka sare ee Al-Itixaad. Waqtigaas jihaadiyiinta caalamiga ahi waxay indhaha ku hayeen waxyaabaha ka dhacayay gudaha dalka Soomaaliya, waxayna kooxahaas u soo diri jireen raashin iyo lacago xubno ka tirsanaa Al-Itixaad Al-Islaam oo ay si gaar ah gacansaar ula laahaayeen [61].

---

60 Dr Cumar Iimaan Abuukar.
61 Cabdishakuur Mire Aadan. (Kobicii Islaamiyiinta Soomaaliya, bogga 96).

Jabkii dagaalka kaddib, firxadkii ciidanka oo ay weheliyaan madaxdi sare ee ururka oo uu sheekh Cali Warsamena ku jiro ayaa isagu tagay Dhoobleey. Halkaas ayay ku yeesheen shir sagaal cisho socday oo looga arrinsanayay wixii laga yeeli lahaa dagaallada socda iyo dhallinta hubeysan. Kulankaas waxaa ka soo baxay in dhammaan ciidammada Itixaad la isugu geeyo gobolka Bari lana xiro xeryihii ka furnaa Dhoobleey, Kismaayo iyo Beledxaawo. Saddex sifo ayaa lagu doortay gobolka Bari: kow, in gobolku leeyahay bad ku xiriirin karta dunida kale haddii loo baahdo in wax laga keensado ama loo diro.

Labo, inuu leeyahay buuro ku habboon dagaal, iyo, saddex, inuu leeyahay biyo sidaasna ugu habboonyahay jamhadaynta [62].

Waxaan kor ku soo xusnay in 1989-kii raggii sahanka loo diray ay isla gobolkaan ku taliyeen in xeryo ciidan laga furo laakiin lagu diiday. Waxaa se markaan is waydiin leh, waxa uu ahaa dagaalka jamhadaynta iyo dhuumaalaysiga ah ee goortaan Itixaad u doortay buuralayda Bari isaga oo Koonfur uga guurayay inuusan qayb ka noqon dagaallada qabaliga ah ee socda?

Boosaaso

Ciidankii Itixaad oo kolonyo ah ayaa u huleelay Bari. Meelo ay xeryo ku lahaayeen iyo meelo ay qofaf ka joogeenba gawaari ayaa lagu daadgureeyay. Waxaan xasuustaa subixii ay baxeen intii Garbahaarreey ka joogtay oo uu hal Bagaase qaaday aniga oo canug yar oo jidka dhinac taagan. Socodkii waxaa ay sii mareen Soomaali Galbeed oo xero ciidan oo kale ay ku lahaayeen waxaa ayna si nabad ah isugu tageen magaalada Boosaaso. Waxaa is weydiin mudan sababta ciidan hubeysan loogu dooray in la dhexmariyo dawlad qalaad oo cadow u ah Soomaali oo idil. Sheekh Cabdullaahi Raabbi waxaa uu ku dooday inuu ahaa shirqool madaxdii sare ee ururku ugu talogaleen in dhallinyarada ay hubka ka dhigi waayeen dhexda lagu gumaado sidaasna dhibkooda uga nastaan. Maalmihii laga doodayay xaggee la maraa, waxaa uu yiri Cabdullaahi Raabbi, ayay intii Hawiye ahayd yiraahdeen ciidankaan hadduu maro Hiiraan iyo dhulka ay haysato USC waxaa dhici doona dagaal lagu hoobto sidaas darteed aqbali mayno in ay jidkaas maraan. Jidka kale ee furan waxaa uu ahaa in ciidan

---

62 C/laahi Faarax Cali: Cadowgeennu waa kuma. Bog 356

laba kun ku dhow oo hub culus sita la dhex mariyo dhulka Itoobiya ay haysato, oo waliba ku qasban inuu maro buundo si adag Xabashidu u ilaaliso. Doodda ah culimadii Hawiye ayaa diidday in Hiiraan la maro waxaa si adag u beeniyay Sheekh Cukaashe. Waxaa uu qiray sheekhu inuu shirka joogay. Laakiin waxaa uu yiri meesha la marayo iyo taladeeda wax aan ku lahayn ma jirin. Wax Hawiye ah waxaa shirka ka joogay "aniga iyo sheekh Xasan Daahir" ayuu yiri Cukaashe. Anigu waxaan taagnaa ciidanka ha la kala diro. Haddii taladii la igu diidayna meel mariyo dan kama lahayn oo waan isaga aamusay. Go'aanka lagu maray jidkaas waxaa lahaa Itixaadkii Holooyo joogay oo waraaq kasoo qorey dawladda Itoobiya, kooxdii joogtay Dhoobleey iyo koox joogtay Boosaaso. Go'aanku waxaa lagu saleeyay in jidka Hiiraan halis badan yahay, dawladda Itoobiyana oggolaansho laga haysto [63].

Waxa uu ujeedku ahaaba, hal qodob ayaa halkaan dul istaagid mudan kaas oo ah doorkii qabiilka. Halkaan waxaan ku aragnaa eedayn ah in culimadii Hawiye diideen in dhulkooda la dhexmaro iyaga oo ka cararaya in ururuku galo dagaal qabiilkoodu dad kaga dhinto. Laga yaabo in ay ayideen soo jeedinta ah Godeey ha la maro laakiin loo turjuntay qabyaalad ayay u diideen. Waa tusaale na baraya in aafada qabiilku qof walba iyo koox walba saamaysay.

Awooddii ururka ayaa isugu timid gobolka Bari markii laga reebo in ciidan ah oo sheekh Xasan Turki kula haray Dhoobleey. Sheekh Xasan isagu si cad ayuu u diiday inuu u hoggaansamo qaraarki ka soo baxay madaxda ururka ee ahaa ciidanka hubeysan ha la isugu geeyo Bari.

Mar haddii la yimid magaalo cusub jab iyo guuldarro kaddib, waxaa lagama maarmaan noqotay in laga arrinsado wixii dhacay in aysan soo noqon. Iyada oo halkaas laga duulayo ayay madaxdii ururka ugu sarreysay isugu tageen Jabbuuti. Shirkaas, oo eedaymo iyo isdifaacid u dhaxaysay qolyihii dagaalka qaaday iyo kuwii diiddanaa, u badnaa, ayaa ugu danbayn laga soo saaray qodobbo ay ugu muhiimsanaayeen:

B) In raggii amray dagaalkii Araare khalad ku dhaceen sidaasna lagu ganaaxay, iyo

T) in aan la galin dagaal uusan ka fadhiisan golaha shuurada ee ururka.

---

63 Wareysi aan la yeeshay 9/10/2022

Qodobbadaan kama dhignayn in Itixaad hubka dhigay ee waxaa ay ahayd in awoodda amarka dagaalka uu yeesho golaha shuurada.

Intii gashiinta lagu ahaa xeradii Holooyo ee Soomaali Galbeed waxaa dhacay shir ay yeesheen madaxdii ururka ee sii joogtay macaskarkaas iyo kuwii u socday Boosaaso. Kulankaas waxaa ka maqnaa sheekh Xasan Daahir Aweys oo inta uusan soo gaarin shirku dhammaaday. Madaxdii ka soo noqotay shirkaas Holooyo ku qabsoomay ayaa kula kulmey sheekh Xasan Bacaadweyn oo aan Gaalkacyo ka fogayn. Waxaa ay u sheegeen go'aannadii ka soo baxay shirkii Holooyo ka dhacay. Waxaa ka mid ahaa:

> *In jiritaanka iyo adeegga ururka dalka oo dhan lagu ballaariyo, ugu danbaynna gobollada oo dhan la qabsado. Sheekh Xasan ayaa yiri kolkaas: go'aankani sow dagaal ma ahan? Waxaa loogu jawaabay: haa waan ognahay. Wuxuu weydiiyay yaa qaadaya masuuliyadda? Sheekh Cali Warsame oo ururka madax u ahaa ayaa yiri: "aniga ayaa qaadaya.*[64]"

Hadalkaas kore waxaa ku cad in sheekh Cali Warsame diyaar u ahaa in awood ciidan dalka lagu qabsado, dhiig loo daadiyo masuuliyadda arrintaasna uu isagu dusha u rito. Haddana mar walba waxaa aan arkaynnaa isaga oo iska fogeynaya dagaal walba oo dhacay iyo dhiig la daadiyay. Sababtu waxaa ay noqon kartaa dood uu ka qabay dagaallada la qaaday in aan lala socodsiin. Isaga oo ah guddoomiyihii ururka dagaal aan lala socodsiin xaqnimadiisa inuu dood ka qabay balse dhiigga daatay iyo dhibaatada dhacday uusan dhib u arkayn ayaa muuqanaysa. Fasirkaan waxaa sii xoojin kara qodobka aan kor ku soo sheegnay ee ka soo baxay shirkii Jabbuuti kaas oo dhigayay in dagaal aan la qaadin shuurada oo aan ogayn. Dagaalki Araare ma la baajin lahaa haddii shuuradu u fadhiisato mise falanqayn kaddib waa ay amri lahaayeen? Waaqiciga waxaa u dhow sidaa uu yiri Dr Cumar Iimaan oo ahayd in uusan marnaba baaqdeen dagaalkaas.

---

[64] Cabdullaahi Faarax Cali.. Cadowgeennu waa kuma, bogga 357. Kulankaan Bacaadweyn iyo sheekada dhexmartay Xasan Daahir iyo sheekh Cali Warsame waxaa ii xaqiijiyay sheekh Xuseen Guuleed oo aan kula sheekaystay Garbahaarreey Maarso 2022. Sheekh Xuseen waxaa uu ii sheegay inuu fadhiyay goobtaas lagu wada hadlayay.

Si kastaba ha ahaatee, soo dhaweyn iyo wanaajin ballaaran ayuu Itixaad kala kulmay dadkii reer Boosaaso. Odayaasha magaalada iyo ganacsatadii ayaa ku wareejiyay maamulka goobaha muhiimka ah. Sheekh Cabdiqaadir Nuur Faarax oo ka warramaya waxaa uu yiri:

Waxaa naloo dhiibay dekadda iyadoo ay nagu dhaheen maamula wixii ka soo baxana 20% qaata. Kolkii aan sidaa ahayn ayay haddana nagu yiraahdeen la wareega saldhigga booliska iyo amniga, dakhligana ku kordhista 10% taasoo ka dhigan in aan qaadanno 30% wixii ka soo baxa dekadda Boosaaso. Waxa keliya ee ay naga codsadeen ayaa ahayd in aan aqbalno 20 booliski hore ah oo labbiski hore sidata oo ay nagu dhaheen adinku wacdiya oo qaadka iyo sigaarka ka jara [65].

Aadanuhu saldanada ma xajiyo, "markuu malag dhawaaqyo miidanu dhego ma leh". Itixaad waxaa uu iska diiday codsigii shacabka ee ahaa la wareega saldhigga booliska kuna qaata 20-ka askari ee joogta. Diidmadu ma ahayn mid ku timid qooq iyo kibir uu qorigu keenay ee waxaa ay ahayd arrin cuskun caqiido iyo tarbiyo sii horraysay. Dacwada dadka la gaarsiinayay waxaa ay ku fadhiday 'annaga' iyo 'iyaga' aysan jirin wax dhexmari kara iyo meel saddexaad oo u dhexayn karta. Dadkii qaatay dacwada Itixaad waxaa ay ahaayeen dad sunnada ku jooga, xaq ah oo Alle doortay sida loo sheegay. Haynta tubtaas toosan iyo raalligalinta Eebbihi jidkaas wacan ku hanuuniyay waxaa ay ku sii jiri kartaa ka fogaanshaha kuwa doortay inaysan raacin tubtaas qummanan. Tarbiyadaas waxaa ay dhashay in dadkii aan Itixaad ahayn ay yihiin, ugu fiicnaan, bidcoolayaal haddii aysan fisqi ama gaalnimo u dheerayn. Wax ku darsiga *mubtadicada*, si aan la isula gaarin, waxaa dadka raacay dacwadaas looga digay la fadhiisiga, la sheekaysiga iyo xataa la tukashada oo kuwa ugu dabacsan Itixaad ay dhaheen haddii aad waydaan meelo kale waad ku tukan kartaan masaajid aysan Salafiyo tujinayn.

Ragga joogay saldhigga, in ay bidco asal u yihiin ka sakow, waa rag qaadka cuna taas oo ka dhigaysa kuwo faasiqiin ah sidii ay qabtay dacwadii Itixaad. Haddii ay ku jireen qaar salaadda ku xun, waa martabo kale oo gaalnimo u tallowday. Si dadka sidaas u xun aysan wax ula wadaagin, in ay la wareegaan

---

65 Muxaadaro: khaladaadki itixaad. Su'aal la wada waydiiyay sheekha, Dr sheekh Axmed Cabdiraxmaan iyo sheekh Bashiir Salaad jawaabteedi ayay ku jirtay. Waxaa laga heli haraa Daarulcilmi.com

saldhigga waxaa ay shardi uga dhigeen in laga saaro saraakiisha booliska ee horay u sii joogtay. In ay la shaqeeyaan dacwadoodana ugu yeeraan waxaa ay ka doorbideen in ay saldhigga weeraraan oo xoog kula wareegaan [66].

Intaas waxaa dheer, dadku qaar ha soo dhaweeyeenem, aqoonyahankii iyo saraakiishi reer Puntland talada wareejinta dekadda wax kuma lahayn Itixaadna meelna ugama bannayn hoggaaminta iyo jihaynta dadkooda. Ruugcaddaagii ku cirraystay hoggaaminta Soomaaliya oo jannaraallo iyo siyaasiyiin isugu jirey, iyo isimmadii hoggaamin jiray beelaha dhulkaas dega ayaa gobolka joogay. Maaddaama ururku ahaa mid ku dhisan waxa taagan oo keliya berrina aan ku xisaabtamin, marna wax iskama waydiin sida akhiyaartaan laga yeelayo haddii ay tabasho timaaddo ama ay waji kale la soo baxaan. La dhaqankooda, xurmayntooda iyo iska ilaalintooda intaba dhallinyarada waxba loogama sheegin. Maamin la'aanta arrimahaas waxaa ay mar kale qarxisay, sidii Kismaayo, dagaal lagu hoobtay oo dhexmaray madaxdii SSDF iyo dagaalyahannadi Itixaad. Hoos u sii gudagali mayno sababihii keenay dagaalka iyo siduu u dhacay waxaana loogu noqon karaa buugta kala ah *Cadowgeennu waa Kuma* iyo *Kobicii Islaamiyiinta Soomaaliya*. Balse waxaan yara dul maraynaa in fahan naga siisa gunaanadka.

18-ki Juun 1992-kii ayaa lagu wargaliyay dagaalyahannadi Itixaad ee ku jiray xerada Nasruddiin (Qaw) in ay dagaal galayaan. Subixii xigay, waxaa ay xoogaggii Itixaad si sahlan oo qorshaysan ula wareegeen Garoowe oo ay ku shirsanaayeen madaxdii SSDF halkaasna ay ku xireen 30 sargaal oo ay ku jireen jannaraal Maxammed Abshir Muuse (taliyihii ugu horreeyay ee booliska Soomaaliyeed) iyo kornayl Cabdullaahi Yuusuf Axmed Alle ha u wada naxariistee. Waanwaan iyo wadahadal dhexmaray madaxdii Itixaad, oo qaarna ay doonayeen in la laayo madaxda la qabtay qaarna ay doonayeen in la sii daayo, waxaa xargaha laga furay libaax caraysan (Cabdullaahi Yuusuf Axmed) kaas oo dagaal u degdegay. Waxaa qarxay dagaal lagu hoobtay oo bilo socday. Tirada rasmiga ah ee ku dhimatay dhab ahaan looma oga. Axmed Faarax Cali (Idaajaa) waxaa uu sheegay in Cabdullaahi Yuusuf u sheegay in qiyaasti 600 oo dagaallame ay ku dhinteen dagaalkaas. Laakiin Idaajaa tiradaas in ay badan tahay ayuu tilmaamay oo waxaa uu raaciyay in dad kale oo xogogaal ahaa u

---

[66] C/Shakuur Mire Aadan. Kobicii Islaamiyiinta Soomaaliya

sheegeen in aysan dhimashadu boqol ka badnayn [67]. Cabdullaahi Faarax Cali isagu waxaa uu kasoo xigtay sheekh Xasan Daahir Aweys xusuus qorkiisa in maalimihii u horreeyayba Itixaad laga dilay 77 dagaalyahan, taas oo xaqa u dhaweyn karta qiyaaska Cabdullahi Yuusuf.

Mar kale, dagaalkaan waxaa uu ahaa mid aysan go'aamin xarunta dhexe ee ururku, ayna go'aamiyeen shaqsiyaad u arkayay in aan la hurayn dagaal. Wixii cashar laga bartay Araare, shirarkii raacay ee ka dhacay Dhoobleey, Jabuuti iyo Bacaadweyn; dedaalki la galiyay in ciidanka hal deegaan la isugu keeno oo dhammaantood looga gun lahaa in talada ururku ka go'do golaha dhexe, sannad gudihiis hal bacaad lagu lisay iyo dhaandabangaalle ayay noqdeen. Docfaruurka iyo xurmo la'aanta meesha taallay in la ogaado waxaa tusaale ku filan in aan xataa lagu wargelin dagaalka la qaadayo sheekh Cabdiqaadir Nuur Faarax oo mar ahaa madaxda ugu sarreysa ururka, mar kale ka mid ahaa aasaasayaasha ururka, marna ahaa culimada ugu aqoon iyo waayo-aragnimo badan ururka; intaasina ay u dheerayd inuu ahaa shaqsi deegaanka jifo u ah dadkiisu degganyihiin aqoonta uu u leeyahayna aan sinnaba looga maarmayn. Maalinta dagaalka lagu qaadayo xerada 54aad ee lagu xabbisay madaxdii SSDF, sheekh Cabdiqaadir waxaa uu muxadaaro ka jeedinayay masaajidka Al-huda ee Garoowe. Col baan galaynaa ee is jir xataa lama oran! Si la mid ah waxaan arrinta weerarka ka warqabin ammiirkii ururka sheekh Cali Warsame oo isna gobolka joogay. Ammiirka ayaa ka warhelay dagaalka uu qorsheeyay sheekh Xasan Daahir Aweys maalin uun ka hor waqtigii la qaadi lahaa. Waxaa uu si dhaqsa ah ula soo hadlay sheekh Xasan Daahir amarna ku siiyay in uusan weerar qaadin, ciidankana xeryahooda ku celiyo. Haseyeeshee, sheekh Xasan Daahir amarka ammiirkiisi dheg jalaq uma uusan siin subaxnimadina waxaa uu qabsaday xerada 54aad ee Garoowe oo xarun u ahayd SSDF. Qasaaraha nafeed, kan istiraatijiyadeed iyo kan awoodeed ee gaaray Itixaad waxaa u weheliyay in ay lumiyeen sumcaddii ay ku lahaayeen shacabkii soo dhaweeyay loona aqoonsaday burcad duullaan ah oo dhul ballaarsi doonaysa [68].

Sidii ay horayba u samayn jireen markii dhib dhaco, ayay madaxdii ururku isugu timid shir degdeg ah oo looga arrinsanayo mustaqbalka ururka iyo dagaalyahannada fara-fudeydka lagu tarbiyeeyay. Bilihii Julaay iyo Agoosto

---

67 Idaajaa (1994). GOBOLKA GEDO IYO URURKA AL-ITIXAAD AL-ISLAAMI: MAXAA RUN AH? MAXAANSE AHAYN?
68 C/shakuur Mire Aadan. Kobicii Islaamiyiinta Soomaaliya bogga 35-6

1992-kii ayaa waxaa ka billawday shirar isdabajoog ahaa magaalada Burco ee gobolka Togdheer. Intii badnayd madaxdi Itixaad waxaa ay isla garteen in dagaalka la joojiyo, nabad la raadiyo hubkana la dhigo. Qorshihii isaga ahaa ayaa loo keenay SSDF oo qudheedu naftu haysay. Labada garab ayaa isla gartay qodobbadaan:

- In muddo bil ah lagu xalliyo arrimaha ciidamada
- In dacaayadaha labada dhinacba joojiyaan
- Saxaafadda in lagu faafiyo nabadda la gaaray
- In Al-Itixaad hubka dhigaan ciidamadoodana kala diraan [69].
- Dhinaca Itixaad go'aanka la qaatay waxaa uu ahaa:
- Inaan ururku, marxaladdan, ku degdegin inuu dalka meelo ka qabsado oo uu xukumo;
- In xoogga la saaro sidii mabaadi'da ururka loo faafin lahaa; ciidan iyo hubna loo heli lahaa;
- Inaan la gelin dagaal aan la hubin in lagu guuleysanayo, iyada oo mar walba la isku deyayo, hab nabadeed, dadka maskaxdiisa iyo dalkaba in lagula wareego,
- Iyo inaan dagaallada jabhadaha Soomaalida u dhexeeya laga qaybgelin [70].

Mar kale, qaraarka kore waxaa ku jira in xoogga la saaro sidii hub iyo ciidan loo heli lahaa, dhinacna waxaa ay leeyihiin dhallinta ha la kala diro hubkana ha la dhigo. Waa isdiiddooyin isu keeniddoodu ay adagtahay. Waxaa aan weydiiyay sheekh Xuseen Guuleed [71] sababta keentay in shir walba oo Itixaad qabsadaa qodobbada ka soo baxa uu ugu jiro mid tilmaamaya in dagaal loo diyaargaroobo iyada oo dhinaca kale laga leeyahay dhallinyarada ha la kala diro iyo dagaal yaan la galin. Sheekhu waxaa uu si kooban ugu jawaabay: "Jihaadku waxaa uu ahaa mabda' aasaasi ah oo aysan jirin cid ku dhacdaa in ay tiraahdo meesha ha laga saaro." Isla su'aashaas ayaan weydiiyay sheekh Cukaashe. Isagu waxaa uu yiri dhammaan shirarka dhacayay waxaa looga gol lahaa in lagu damiyo xaalad markaas taagnayd ee dib looma muraajacayn wixii awalkii hore dastuurka lagu qoray ee ahaa "xalku waa jihaad keliya" [72].

---

69 C/Shakuur Mire Aadan Kobicii Islaamiyiinta Soomaaliya bogga 137
70 Idaajaa (1994). GOBOLKA GEDO IYO URURKA AL-ITIXAAD AL-ISLAAMI: MAXAA RUN AH? MAXAANSE AHAYN?
71 Wereysi aan kula yeeshay Garbahaarreey 14-kii Maarso 2022
72 wareysi aan la yeeshay 9/10/2010

Hadalka Sheekh Xuseen waxaa ka muuqanaya dhibtii ka haysatay madaxdii ururka sidii ay isu qabadsiin lahaayeen isdiiddooyinka hadalladooda ka muuqata kuwaas oo ahaa ha la jihaado iyo dadka yaan la layn. Dhinac kuma aysan dhiirran karin hubka oo dhan ha la dhigo oo waxaa ay ka baqayeen in dhallinyaradu u aragto diinlaawayaal ka tagay Jihaadkii ay awal dadka ugu yeeri jireen. Dhinaca kale, waxaa u caddayd in jidka lagu socdo uu ahaa mid qalloocan oo seeraha shareecada ka sii gudbayay. Go'aan qaraar oo geesinnimo leh waxaa ay ka doorbideen mujaamalayn iyo haa iyo maya hal sadar ku wada yaalla!

Sheekh Cabdullaahi Raabbi waxaa uu sheegay in joojinta dagaalka iyo in la kala diro ciidammadu ay sabab u ahayd qabyaalad iyo daacadnimo la'aan ka timid madaxdi sare ee ururka. Waxaa uu yiri:

> *Qabaa'illadi Dhulbahante, Warsangali iyo Majeerteen ayay heshiis la soo galeen ah annagaa ciidanka kala diraynee, na suga oo xabbad ha ridina annaguna ma ogin. Aniga, Mustafa Carab iyo sheekh Xasan Daahir ayaa noo yimid. Waxaa ay nagu yiraahdeen dadka dhulkaan deggan ma doonayaan inaad dhulkooda joogtaan. Xasan si gaar ah ayaa farta loogu fiiqay [qabiil ahaan deegaan kaan uma aadan dhalan], aniga si gooni ah ayaa farta la iigu fiiqay... waxaan niri Maya. Markaas ayaa la tashkiiliyay raggii iyo dhallinyaradii oo in la kala furfuro lagu billaabay oo lacag la siiyo... Waxaa la yiri inta kurka ahee odayaasha ahee cuyuunta [indhaha] u ah ha laga fogeeyo... aniga iyo Mustaf Carab oo ahaa madax ciidamada iyo sheekh Xasan oo ahaa madaxa mucaskarka ayaa doon nalagu qaaday... oo Burco nala geeyay... nin ka mid ahaa odayaashi Bari ugu waaweynaa ayaa nagu yiri nimankii tolkeey laayay miyaa maanta doonayo inay tolkeey isa sii raaciyaan.. Alla Tolla'eyeey!... rag aad u badan baa meesha fadhiyay... waxaa la yiri ciidankii waxaa la keenay Xiingalool nin walbana dhallinyarada ku qabiilka ah ha kaxaysto*[73].

Nuxurka ugu muhiimsan ee la gala bixi karo hadalka Cabdullaahi Raabbi iyo qaabka ciidanka loo kala diray waa in dadkii deegaankaasu diideen in dhulkoodu noqdo goob dagaal culimadii Itixaad kaga jirtayna raaceen

---

[73] Sheekh Cabdullaahi Raabbi. Taarikkhda Xarakada Al-Itixaad. Online ayay ku jirtaa

doonitaanka dadkooda. Waxaan horay usoo marnay iyada oo kuwii kasoo jeeday beelaha Hawiye lagu eedeeyay in ay diideen in la dhexmaro deegaannadooda cabsi laga qabay isku dhaca qabiiladooda iyo Itixaad. Waxaa kale oo si weyn looga arki karaa shirarki ay isugu imaanayeen madaxda ururku in aysan waxba uga duwanayn Soomaalida shirta ee markii qof hadlo aan la eegin nuxurka hadalkiisa ee beddelkeeda la fiiriyo xiriirka hadalkaas la yeelan karo qabiilkiisa. Tusaale, waxaa laga yaabaa, dad aan waraystay oo aan Hawiye ahaynna ii caddeeyeen, in sababta loo diiday in la dhexmaro dhulka Hawiye degganyahay ay ahayd u turid ciidankii Itixaad ee aysan ahayn qabyaalad. Halkii la akhrin lahaa xaqiiqnimada hadalka iyo faa'iidada ku jirta in aan la dhexmarin dhulka Hawiye waxaa la akhriyay raggii soo jeediyay in ay yihiin dad u dhashay Hawiye haddiiba ay dhabtahay in ay soo jeediyeen. Si la mid ah kuwa u doodayay in ciidanka la kala diro, halkii miisaanka la saari lahaa dhibta iyo dheefta hub dhigista waxaa la eegay erayada yimid, qabiilka ninka yiri iyo deegaanka uu ka soo jeedo taas oo ka dhigtay inuusan daacad ahayne tolkiis raacay.

Waxaan soo marnay 1989-ki shir urur isugu yimid in looga arrinsanayay mustaqbalka jihaadka iyo halkii laga billaabi lahaa. Cabdullaahi Raabbi, oo shirkaas joogay, ayaa sheegay inuu soo jeediyay in jihaadka laga billaabo Soomaali Galbeed oo halkaas ciidanka xeryo qarsoodi looga furo si Xabashida gaalada ah jihaadka uga billawdo intii uu Xamar ka billaaban lahaa. Waxaa uu yiri markaan hadalki dhammeeyay waxaa ii jawaabay sheekh Xasan Daahir Aweys oo igu yiri gobolkaas ayaan ka soo jeedaa miyaad ka waddaa! Hadalka Cabdullaahi Raabbi halkii laga eegi lahaa xagal istiraatiji ah, mid diineed iyo mid suurogalnimo, waxaa laga eegay deegaanka uu sheegay iyo qabiilka uu yahay xiriirka ka dhaxeeya. Dhacdooyinkaan iyo natiijooyinka ka dhalanayay waxaa ay na tusayaan in dhibaato weyn dhex taallay ururka. Fahanka waxa dhibtaas abuurayay iyo meesha ay ka biyo cabbaysay laga maarmi maayo, sidaas darteed cutubka xiga arrintaas ayuu xoogga saarayaa.

CUTUBKA 3AAD

SAAMAYNTII SHISHEEYUHU KU LAHAA URURKA ITIXAAD

Mar haddii la yiri hubkii baa la dhigay, dhallinyaradii la kala diray, dacwadana si nabad ah ha lagu faafiyo lagu heshiiyay, waxaa la fishaa waa Al-itixaad oo shacab ah, masaajidda cammira, muxaadarooyin iyo doodo ma ogiye, door ciidan aan deegaannada Soomaaliyeed ku lahayn. Haseyeeshee, sidii horayba aan u soo marnay iyada oo go'aannada ururku gaaro dhexda ku banjaraan, qaraarkii kala dirista ee lagu gaaray Bari bartiisi ma soo dhaafin. Raggii halkaas fadhiyay intii ka soo jeedday deegaannada Waqooyi Galbeed (Somaliland) iyo Waqooyi Bari (Puntland) si buuxda ayay u qaateen ugana soo baxeen ballankii ahaa hubka aan dhigno iyaga oo eegaya maslaxada dadkooda iyo deegaannadooda. Kuwii se ka soo jeeday koonfurta ballantoodu bishimaha ma dhaafsiisnayn, sida aan halkaan ku arki doonno, waxaa ayna isla markiiba buux-dhaafiyeen gobolka Gedo. Inta aan se gudagalin arrinta Gedo, oo ah mowduuca buuggaba u socdo, waxaa muhiim ah inaan fahanno sababta khaladaad isu eg u soo noqnoqonayeen. Sheekh Cabdiqaadir Nuur Faarax oo la waydiiyay sababta keentay in la xakamayn waayo gacmaha dhallinyarada Itixaad loona fulin waayay go'aankii hubdhigista, ayaa ku jawaabay waxaa nagu dhex jiray "yaddi khaarijiya" oo macnaheedu yahay shisheeye ayaa naga shaqaysanayay.

Shisheeyaha sheekhu sheegay laba waji ayuu lahaa. Mid waa kan sida cad ay u qirsanayeen una muuqday ee sheekh Cabdiqaadir sheegay kaas oo ah jihaaddoonki caalamiga ahaa. Waan taan kor ku soo marnay in billawgii 1991-kiiba sheekh Cali Warsame oo leh jihaadiyiinta ayaa xerada ciidan dad ku dhex lahaa. Qodobkaan gadaal ayaan kaga warrami donnaa. Balse aan ku billaabo faragalintii qarsoonayd ee dhawaan uun ay fahmeen raggii waday dacwada Itixaad ahaana midkii ugu weynaa ee iska hor keenay Itixaad iyo shacabka Soomaaliyeed; waa duullaankii xagga maskaxda ahaa e.

Dhalanrog

Sidaan kor uga soo warrannay ururkaan waxaa billaabay dhallinyaro aan aqoon kale iyo waayo-aragnimo badan lahayn kuwaas oo wax ku soo bartay dalka Sacuudiga. Dhallintaan, oo ahaa kuwa niyadsan, laab xaaraan oo diin jecel, waxaa ay sidii loogu dhigay u soo qaateen casharradii lagu siiyay jaamacadaha Sacuudiga. Casharrada la siiyo ma ahayn diin oo keliya ee waxaa la socday faafinta dhaqan, siyaasad iyo mad'hab u gaar ah reer Sacuudi asii aan sidaas loo muujin. Habgudbitaan ayaa ah kuwa ugu muhiimsan ee marka horaba loo baxsho waxbarashada sare ee bilaashka ah. Waa arrin shaacsan ah aadna looga yaqaan dunida hodanka ah ee doonaysa in ay saamayso dalalka kale. Waa nooca labaad ee dagaallada la isku qabsado kuwaas oo kiisa kowaad yahay awoodda culus (hard power), kiisa labaad, oo ah kaan hadda haynana, loo yaqaan awoodda debacsan (soft power). Awoodda debacsan waa in dalal kale dhaqan, feker, dhaqaale iyo nolol ahaanba loo saameeyo iyada oon cudud ciidan loo isticmaalin si loo gaaro danta laga leeyahay sida uu ku qeexay Joseph Nye oo ah ninka ugu magac baxshay awooddaan [74]. Tusaalaha ugu sahlan ee aan heli karnaa waa dalalka Koonfur-bari Aasiya, sida Kuuriyada Koonfureed ee qaatay dhaqanka Maraykanka. Joseph Nye [75] waxaa uu yiri "sida ballaaran ee shacabka Jabbaan u aqbalay Maraykanka ayaa ku qasabtay madaxda Jabbaan in ay la shaqeeyaan Maraykanka." Mar haddii shacabkii lagaa qaato waad ku qasbantahay in aad hoggaansanto.

Awoodda debacsan waa abuuridda "qiyam iyo dhaqan mideeya dadyow kala duwan oo dalal kala duwan ku kala nool" ayuu tilmaamay Joseph Nye [76]. Gaaridda yoolkaan ayaa loo maraa waxbarashada sare iyada oo ardayda la siiyo kulliyado gaar ah oo dhammaan la xiriira dhaqanka iyo hiddaha, taariikhda iyo arrimaha bulshada. Wali ma aragtay arday Sacuudi lagu soo baray caafimaad iyo injineernimo? Ardaydaan ayaa la siiyaa wax walba oo ay u baahan yihiin laakiin hal marna laguma soo hadal qaado in dan gooni ah laga leeyahay. Waxaa loo sawiraa in casharrada ay qaadanayaan yihiin kuwa keliya ee xaqa ah

---

74 Ibrahim Aden Shire (2018). ETHIOPIA'S UNNOTICED SOFT POWER: THE NEGATIVE IMPACT OF ETHIOPIA'S EVER GROWING SCHOLARSHIPS TO SOMALI STUDENTS. Waxaa laga heli karaa: https://wardheernews.com/ethiopias- unnoticed-soft-power-the-negative-impact-of-ethiopias-ever-growing-scholarships-to- somali-students/. Markii ugu danbaysay ee la eegay 8/3/2021
75 Joseph Nye (2004) Soft Power. Bogga 134
76 Joseph Nye. (2004). Soft Power

ee mudan in la qaato, lagu dhaqmo lana faafiyo, sidaas ayayna ku xambaaraan xaddaarad iyo saqaafo aysan ku talogalin. Ardayga ka yimid Afrika ee dhiganaya jaamacadda Oxford, matalanba, laguma yiraahdo dalkaaga sida Ingiriiska ka dhig ee casharka loo sharraxyo ayaa laga dhigaa midka Ingiriisku horumarka ku gaaray iyo jidka keliya ee furan. Marka uu dhagaysanayo casharka baxaya ayuu tusaalaha la siiyo ku eegaa nolosha iyo nidaamka Landhan yaal. Markaas waxaa u soo baxa inuu dalkiisa qaado jidka Landhan sidaas ku gaartay. Si la mid ah ardyada dhiganaysa jaamacadda Madiina cidna kuma tiraahdo dalkiinna dhaqan iyo dhaqaalaba Sacuudi ka dhiga, laakiin tusaalaha iyo sharraxaadda ayuu ku eegaa hadalka sheekha iyo nolosha Riyaad. Sheekhu markuu yiraahdo, Tawxiidka oo ummadda laga toosiyaa ayaa barwaaqo lagu gaaraa, ayuu eegaa lacagta meel walba tuban ee Sacuudi taal, markaas ayuu u qaataa in sida sheekhu u dhigay Tawxiidkooda oo hagaagay ay ku heleen nimcadaas. Sidaas ayuu, isaga oon eegin duruufaha dhaqan-dhaqaale ee dalkiisa iyo xaqiiqda dhabta ah ee dalkaasu hantida ku helay, u soo tafa-xaytaa inuu Sacuudiyeeyo dadkiisa.

Waddamada Galbeedku waxaa ay xoogga saaraan in ay soo saaraan dad hoggaamin kara dalkooda ama ugu yaraan masuuliyad sare ka qabta si ay dalkaas ugu soo dhaweeyaan dalka maalgashaday. Xoghayihii Arrimaha dibadda ee waqtigii Buush, Colin Bwel, waxaa uu yiri "Ma jirto raasamaal dalkeenna uga qiime badan saaxiibtinimada hoggaamiyayaasha mustaqbalka ee dalkeenna wax ku bartay.[77]" *Association of International Educators* oo ah ururka Maraykana u qaabbilsan waxbarashada dibadda ayaa iyaguna yiri "Malaayiinta ka timid dacallada adduunka ee dalkeenna wax ku baratay waa keydka wanaagga ee dalkeenna[78]." Qaar badan oo ardaydaan ka mid ah ayaa xilal sare ka qabta dalalkooda markii ay laabtaan. Tobanlayaashi raacay Dagaalki Labaad, ilaa 700,000 oo qof ayaa Maraykanka u tagay deeqo waxbarasho, seminnaarro, tababbarro, iyo isdhaafsi dhaqan. Dadkii ka qayb qaatay barnaamijyadaas markii dambana dalalkooda madaxda ka noqday siduu Maraykan doonayayna noqday waxaa ka mid ahaa Anwar Sadaad (Masar), Helmut Schmidt (Jarmal) iyo Margaret Thatcher (Ingiriis). Kala bar dalalkii Maraykanka ku taageeray dagaalki uu ugu yeeray *Argagixisada* (War on Terror) waxaa madax ka ahaa kuwo Maraykan wax ku bartay[79]. Sannadkii 2018-kii 155 ka mid ahaa madaxdii

---

77 Joseph Nye, (2004). Soft Power
78 Tixraaca kore. Bogga 45
79 Tixraaca kore bogga 109-110

xukumaysay dunida, oo isugu jirta madaxweynayaal, raysulwasaareyaal iyo boqorro, waxaa ay wax ku soo barteen Maraykanka (58), Ingiriiska (57) iyo Faransiiska (40).

Inta aan xilal sare qaban iyaga qudhoodu waxaa ay ku filan yihiin faafinta dhaqanka dalkii wax soo baray. Ardayda ka soo baxda waxbarashadaan, ayaa markii ay dalkooda ku noqdaan u dhaqma sidii dalkii ay ka yimaadeen. Labbiska waxaa ay ka qaataan midkii laga xiran jiray dalkii ay wax ku soo barteen, luuqaddooda ayay ku hadlaan, shaaha iyo kafeega laga cabbi jirey ayay cabbaan. Intaas waxaa u sii dheer in ay dedaal badan galiyaan sidii dadkooda ay ugu qancin lahaayeen qaadashada dhaqanka dadkii iyaga wax soo baray. Taas ayay ahayd sababta intii Ruush wax soo baray ay u doonaysay in Soomaaliya Ruush la dhaqan noqoto, intii reer Galbeed wax soo barayna ay ugu yeeraan Soomaalida qaadashada dhaqammada reer Galbeedka diintana u colaadiyeen, halka kuwii Carabuhu wax soo bareen isugu dhabar jabiyeen in Soomaalidu Carab noqoto oo ay dhaqankeeda xoorto.

Haddaba su'aashu waxaa ay tahay Sacuudigu ardaydi uu soo saari jiray ma ka lahaa ujeeddooyin siyaasadeed iyo saamaynta dhaqanka iyo siyaasadda dalalki ay ka yimaadeen? Fahanka jawaabtaas, oo ah haa, waxaa uu u baahanyahay in la dhuuxo xiriirka ka dhaxeeya boqorrada Sacuudiga iyo culimada dalkaas iyo horummarrada uu sameeyay.

Xiriirka culimada Sacuudiga iyo qoyska reer Sacuud

Magaca Sacuudi Carabiya waxaa laga dheegtay Maxammed ibnu Sacuud oo ahaa askumaha dalkaas. In la helo dal uu isago madax ka yahay, dirkiisuna kala dhaxlo waxaa uu ku yimid iskaashi dhexmaray isaga Maxammed Ibnu Sacuud ah iyo Sheekh Maxammed Cabdiwahaab oo ah sheekha ay ku abtirsato Salafiyada Sacuudiga oo qaybaheedu na soo gaareen. Markii ay labadoodi dhinteen, waxaa iskaashigii iyo iskaalmaysigii sii waday carruurtoodi ilaa si buuxda loo yagleelay dal madaxbannaan oo xudduudo cayiman leh loona yaqaan Sacuudi Carabiya. Warasadii labada Muxammed ayaa kala hayay labadi door ee ay kala hayeen labadoodi aabbo; waa hoggaankii siyaasiga iyo midka diiniga e. Waxaa ay ahaayeen laba dal wada qabsatay oo midna kan kale uusan marti ugu ahayn martabadiisa. Laba isugu baahan sida biyo-qabe iyo budoqabe. Madaxdu waxaa ay sheegtaan in ay hoggaamiyaan dawlad Islaami ah iyo in ay masuul ka yihiin guud ahaan Muslimiinta. Sidaas awadeed ayaaba waayadi hore boqorka Sacuudiga loogu yeeri jiray 'imaam' intuusan qaadan cinwaanka suldaan ugana sii gudbin boqor oo hadda loo yaqaan. Si ay taasi aqoonsi ugu helaan waxaa ay u baahan yihiin culimo qalinka ugu duugta oo dadka ugu sheegta in loo hoggaansamo. Culimada dhinacoodu, waxaa ay ugu baahan yihiin dawladda gaaridda hadafkooda ah faafinta dacwada iyo helidda wixii qarash iyo awood ah ee arrintaas lagu fulin lahaa.

1938-kii ayaa dalkaas laga helay shidaal ceegaaga, waxaa uuna cagta saaray casriyoobid iyo nolol cusub oo faakihaysi badan u oggolaatay boqorrada dalkaas taas oo hoos u dhigtay doorkii culimada ay ku lahaayeen hoggaanka dalka. Waqtigii boqor Faysal ayuu doorkii culimadu hoos aad ugu sii dhacay. Dhabtii waqtigaan ka hor, culimada iyo qoyska reer boqor dhawr mar ay ismaandhaafeen. Qaar ka mid ah is-maandhaafyadan boqor Faysal oo waqtigaas waali ahaa, asii casriyaynta jeclaa ayaa qayb ku lahaa. Dib-u-habaynta ciidammada labbiskooda, oo noqday juungal ku naban 1939-kii, ayaa ka mid ahaa wixii ay culimadu diideen asii aan dheg loo dhigin. Isticmaalka raadiyaha iyo tegnoolajidda kale ee casriga la timid, sida talegaraafka, ayay culimaduna bidco iyo Alla-ka-fogaan u arkayeen boqorraduna dunida la jaanqaada ka ahayd. Laakiin intaas oo dhan ma ahayn kuwo abuuray isku dhac dhaawac gaystay ilaa uu taajku fuulay Faysal ibnu Cabdicasiis oo ay dhashay Tarfaf binti Cabdallah bin Cabdiladiif binu Muxammed binu Cabdulwahaab oo sida magaca kaaga muuqata ah warasadii imaam Muxammed Cabdiwahaab. Boqor Faysal ayaa billaabay mashaariic horumarineed oo doorka wadaaddada booska ka riixaysay. Waxbarashada maaddiga ah oo uu xoojiyay ka sakow, waxaa uu awood badan siiyay wasaaradda caddaaladda iyo wasiirkeeda oo shaqadii culimada meesha ka saaray. Dhab ahaanti ma jirin wasiir caddaalad boqor Faysal ka hor. Muftiga guud ee dalkaas ayaa ka masuul ahaa wixii caddaalad iyo sharci la xiriira. Isaga ayaa ahaa wasaaradda iyo wasiirka caddaaladda. Go'aannada uu qaato iyo wixii uu xaq u arko toona uma uusan baahnayn inuu xukummadda kala tashado go'aankiisuna waxaa uu ka ahaa kan ugu danbeeya. Markii uu dhintay 1969-kii Muftigii Maxammed bin Cabdiraxmaan bin Cabdilatif, oo ahaa firkii imaam Maxammed Cabdiwahaab, boqor Faysal mid cusub ma magacaabin. Beddelkiisi waxaa uu abuuray wasaaradda caddaaladda waxaa uuna wareegto uu soo saaray 23-kii Setember 1970-kii wasiirka caddaaladda ugu magacaabay sheekh Muxammed Aala-Xarkaan oo caalim ahaa. Tani waxaa ay ka dhignayd inuu buuxiyay booski muftiga. Si la mid ah ayuu sheekh kale ugu magacaabay wasiirka waxbarashada. Labadaan boos ee muhiimka ah waxaa ay culimada kaalin sare ka siiyeen siyaasadda dalka. Hasayeeshee, waxaa meesha laga saaray madaxbannaanidii Muftiga oo wasiirraddu waxaa ay hoos tagaan wasiirka koowaad, go'aannadoodana waxaa qasab ahayd in ay ku saleeyaan barnaamijka dawladdu u dajisay horumarinta dalka oo dhan [80]. Hab-dhaqanka madaxda Sacuudiga, oo wadaaddada qaar ugu muuqday dad hawo qaadday, iyo sida ay meesha uga sii saarayaan awooddii labada dhinac ahayd, markiiba waa ay u muuqatay culimadii dalkaas. Inkasta oo ay dhaceen bannaan-baxyo waaweyn oo looga soo horjeeday qorshaha boqor Faysal ugu danbayna naftiisiba loo dilay, jidkii casriyaynta ee culimadu dhibsatay lagama leexan. Ha u qaadan in boqor Faysal ahaa mid diin la dagaallamaya ama doonayay inuu dalkaas u leexiyo dhinaca calmaaniyadda. Xaqiiqdi waxaa la dhihi karaa waxaa uu ahaa boqorki reer Aala-Sacuud ugu wanaagsanaa xagga waxtarka Islaamka iyo Muslimiinta. Keliya waxa ay culimada isku hayeen ayaa ahaa kala duwanaansho ku saabsan jidka loo marayo horumarinta dalkaas. Waxaa uu qabay in dalkaasu madaxbannaani dhan walba ah gaaro isaga oo qaadanaya tabaha casriga ah ee markaas dunida ka hanaqaaday. Laakiin tabahaas ayay culimadu u arkaysay mid diinta looga fogaanayo. Farqigaas ayaa in muddo ah sikanayay ilaa uu gaaray gacan ka hadal iyo khilaaf muuqda, mana joogsan ilaa reer Sacuud garowsadeen in saldanadoodu khatar galayso haddii aysan beddelin sida ay ula tacaamusho culimada.

Saddex arrimood, oo dhacay waqti aad isugu dhow, ayaa doorki culimada iyo diinta soo nooleeyay kuna qasbay reer Aala Sacuud in ay diinta iyo culimada ka dhigaan qayb ka mid ah siyaasadda arrimaha gudaha iyo dibadda ee Sacuudiga. Tan hore waa dhacdadii Nufember 20 1979-kii [81]. Goortaan waxaa Xaramka qabsaday koox uu hoggaaminayay nin la oran jiray Juhaymaan Al-Cutaybi. Kooxdaan waxaa ay ka duulayeen in dalkii Sacuudigu fasahaaday, madaxdii dalkaas jidkii saxda ahaa ka weecdeen, in xoog looga xoreeyana ay qasab tahay. Culimadii dalka ayay ku eedeeyeen kuwa mushaari ah oo waxa la siiyo uu ka daboolay in ay xaqa arkaan! Fekerkaan ma ahayn mid ku koobnaa

---

80 Alexder Bligh (1985). The Sauidi Religious Elete (Uluma) as Participant in the Polotical Sysytem of the Kingdom. International Journal of Middle East. Vol. 17. No.1 PP. 37-50
81 Peter Mandaville and Shadi Hamid: Islam as statecraft: How governments use religion in foreign policy. Available: https://www.brookings.edu/research/islam-as-statecraft-how- governments-use-religion-in-foreign-policy/. Waxaa iigu danbaysay 8/03/2021

Juhayman iyo kooxdiisa balse waxaa uu ahaa dareen xooggan oo ka dhex jiray kuna sii faafayay in badan oo culimada ka mid ah. AUN-tee sheekh Ibnu Baas ayaaba marar si cad u dhaliilay habqadhaqanka madaxda dalkaas iyo jidka ay dalka ku wadaan waqtigii boqor Faysal. Baarayasha aqoonta u leh arrimaha Sacuudigu qaarkood ayaa ku dooday in culimada, oo qoonsatay habdhaqankii boqorrada iyo sida booska looga riixay culimada, ay sabab u ahaayeen soo bixidda Juhaymaan iyo kooxdiisa. Ku dhawaad boqol qof oo loo xiray in ay ku lug-lahaayeen weerarka Xaramka, 80 ka mid ah waxaa ay wax ku barteen Jaamacadda Madiina. Middaas ayaa farta ku godaysa in dareenka dhallinyarada uu weheliyay tarbiyo ay kala yimaadeen culimadii waxbartay. Culimada looguma baahan oo kaliya, fadwo lagu baabi'iyo kooxdaan iyo dadka raacsan, taas oo ay soo saareen 24-kii Nufember 1979-kii, ee sidaa oo kale waxaa looga maarmi waayay jihaynta shacabka Sacuudiga ee haatan ku baraarugay faqriga haysta iyo baytimaalinta balaayiinta doollar ee laga helo shidaalkooda.

Isla sannadkaas, waxaa dalka Iiraan qabsaday kacaan ay hormuud ka yihiin wadaaddo Shiico ah. Kacdoonka wadaaddada waxaa sabab u ahaa dawladdii Iiraan oo noqotay shaqaale reer Galbeed oo darka talada iyo hoggaamintana ka fogeysay culimada. Markii ay si buuxda u taabeen talada dalka waxaa ay, wadaaddadii dalka qabsaday, guda galeen in ay isu muujiyaan madaxda Muslimiinta iyo kuwa u taagan ka hortagga fufka fasaadka wato ee reer Galbeedku ka wadaan dalalka Muslimiinta. Hoggaamiyihii kacaankaas Aayutullahi Khumeyni waxaa uu ku yiri khudbadiisi: "Muslimiintu waa in ay noqdaan gacan qur ah. Waa in ay noqdaan hal gacan oo midaysan. Baaqi ku ahaadaan midnimo ahaadanna naf keliya. Waa in aysan noo arag [reer Iiraan haddaan nahay] kuwo iyaga ka duwan iyaguna isu arag kuwo kala duwan.[82]"

Culimada oo la sii fogeeyaa in ay dhali karto tan Iiraan oo kale ayaa u soo baxday reer Aala Sacuud. Sidaa oo kale, soo bixidda Iiraan iyo dooniddeeda in ay noqoto awoodda Bariga Dhexe iyo hoggaamiyaha Muslimiinta waxaa uu ku qasbay Sacuudiga inuu isna xajisto boos uusan awal filayn in lagu qabsan doono. Xirfad iyo xeelad walba, oo Iiraan looga ilaalin karo in ay Sacuudiga uga itaal roonaato dunida Muslimka, ayaa qasab noqotay in la meelmariyo. Faafinta mad'habka, dhaqanka, iyo caqiidada Sacuudiga laga haysto waxaa ay

---

82 Darwich May (2014). The Ontological (In)security of Similarity: Wahhabism versus Islamism in Saudi Foreign Policy. Available from: https://www.econstor.eu/dspace/bits tream/10419/105805/1/812958586.pdf. la booqday. 8/3/2021

noqotay qaybaha ugu muhiimsan ee Muslimiinta dunida kale u soo dhaweyn kara dalkaas.

Mid saddexaad ayaa ah dagaalkii qaboobaa ee u dhaxeeyay gaaladii u qaybsanayd Bari iyo Galbeed ama Hantigoosad iyo Hantiwadaag. Labadaan garab ayaa ku loollamayay saamaynta iyo haraynta dunida soo koraysa. Jaanib walba waxaa uu rabay inuu helo tirada ugu badan ee ku dhaqanta mabaadi'diisa isaga oo isticmaalaya awood dhaqaale, mid afkaareed, mid aqooneed iyo mid ciidan. Maraykanka, oo hoggaaminayay xulufada Galbeedka ama hantigoosadka, ayaa xiriir fiican la lahaa dawladda Sacuudiga sida uu haddaba ula leeyahay. Si wadajir ah ayay ugu arkeen in faafinta dacwada iyo maalgalinteedu ay qayb weyn ka qaadan karto ka hortagga faafidda shuuciyaddu ku leedahay dalalka Muslimiinta. Dhaxalsugaha boqortooyada Sacuudiga Maxammed bin Salmaan isagu waxaa uu ku dooday 2018-kii in dhoofinta afkaarta Wahaabiyayntu uuba Maraykanku lahaa. Laakiin tani waa sheegasho xaqiiqda aad uga fog. Qodobkaan ayaa qasab ka dhigay in si buuxda Sacuudigu u taageero dagaalki Afqaanistaan looga saarayay Soofiyeedki ku soo duulay. Culimada ayaa loogu baahday in fadwo, Maraykan iyo Sacuudi ka raalli yihiin, ay soo saaraan taas oo ugu yeertay dhallinyarada Muslimiinta inay galaan jihaadkii ka socday Afqaanistaan. Waxaa xabsiyada laga sii daayay dadkii u xirnaa afkaaraha diinta maaddaama loo helay meel ka fog dalkii ay khatarta ku ahaayeen oo waxa ay rabeen ka fulin karaan. Waxaa uu yiri Michael Scheuder oo ahaa taliyihii hore ee uniggii sida goonida ah loogu xil saaray soo qabashada Cusaama bin Laaddin [83] :

> *Sacuudiga, Kuweyd, Masar, Aljeeriya iyo Tuunisiya ayaa ka faarujiyay xabsiyadooda kooxii mayalka adkaa ee u xirnaa. Shardigu waxaa uu ahaa keliya in qaataan tigid ay ku tagaan Karaaji ama Beshwaar, iyada oo la rajeynayay in ay ku dhiman doonaan dagaalka Ruusha lagula jirey.*

Alle ha u wada naxariistee, sheekh Ibnu Baas iyo Ibnu Cuthiimiin midna waxaa uu fadwooday in jihaadkaasu *fardu-cayn* yahay (jihaad qof walba oo muslim ah qasab ku ah) midna waxaa uu fadwooday inuu *kifaaya* yahay (dadka qaar hadduu galo ay ku filantahay).

---

83 waxaa lagu soo xigtay buugga Useful Enemies ee uu qorey David Keen

Saddexdaan hadaf ee is barkan gaariddoodu jidka keliya ee loo mari karay waxaa uu noqday xoojinta culimada, horumarinta goobaha waxbarashada diinta ee dalkaas, bixinta deeqo waxbarasho oo tiro beel ah iyo maalgalinta faafinta dacwada Salafiyada oo xambaarsan danaha Sacuudiga. Sidaas darteed, dawladda Sacuudigu waxaa ay ku bixisay 87 bilyan oo doollar faafinta dacwadaan iyo dibad geynteeda muddo labaatan sano ku siman sida uu qoray safiir hore ee Maraykanka u fadhiyi jiray Koostarika. Alex Alexiev, oo ah khabiir xagga dhaqdhaqaaqyada xagjirka ah, waxaa uu sheegay in intii u dhaxaysay 1975-2002-dii qiyaastii USD$70 Bilyan uu Sacuudigu ku bixiyay faafinta afrkaarta Wahaabiyada [84]. Alex ayaa soo xigtay warbixin sannadeed ay leedahay Al-Xaramayn, oo ka mid ah hay'adaha dawladda Sacuudigu deeqda marsiiso. Xogtaan ayaa sheegtay in sannad walba hay'addaasu daabacdo 13 milyan oo kutub, ay dirto 3000 oo daaci ayna dhisto 1100 masaajid, maddaaris iyo goobo dacwo isugu jira [85]. Waxaa xusid mudan in dhaqaale aad u ballaaran oo Sacuudigu bixiyo aan meelna lagu qorin kan bixiyo iyo kan qaatana aysan midna u diiwaan-gashanayn. Sidaa darteed qiyaasyadaan in ay aad u hooseeyaan u badan. Garabdhig ahaan, Midowga Soofiyeeti, ee la ogaa heerkii uu gaaray iyo inta dal ee uu saameeyay, waxaa uu faafinta afkaarihiisa ku maalgaliyay 7 bilyan oo keliya muddo ku siman 70 sano (1921-1991) [86].

Maalgalinta Sacuudiga looma wada qaadan karo iska-gadid culimo iyo ku danaysi keliya ee waxaa ay ahayd qayb ka mid ah masuuliyadda madaxda dalkaas ay iska saareen faafinta afkaarta ay diin ahaan u aamminsan yihiin. Wadashaqaynta ka dhaxaysay reer Aala-Sacuud iyo reer Aala-sheekh keliya maaha isu kaalmaysiga danahooda ee waxaa ay ka midaysnaayeen Salafinnimada iyo ku adkaanteeda. Heerka fog ee arrinkaa qoyska boqortooyadu uu ka joogay waxaa laga arki karaa sida loola dhaqmay Turki ibnu Cabdicasiis, oo aan walaal keliya la ahayn Fahad iyo Salmaan e, sidaa oo kala la bah ahaa. Bahdaan oo loo yaqaan toddobada Bah Suddayri ayaa ka dhigi lahayd Turki dhaxlaha taajka boqor Cabdalle kaddib. Turki, oo laynka dhaxalsugidda safka hore uga jirey, ayaa meesha laga saaray kaddib markii uu guursaday Hinda Al-Fasi oo

---

84 John Mintz. (2003). Wahhabi Strain of Islam Faulted. Washington Post. Available at: https://www.washingtonpost.com/archive/politics/2003/06/27/wahhabi-strain-of- islam-faulted/f2eb68be-daae-4bbd-a824-d0ca31ace6c4/. Markii iigu danbaysay ee aan booqday 15/05/2021
85 Isla tixraaca kore
86 Qiyaaskaan aad ayuu iila hooseeyaa laakiin ma aanan helin wax ka hor imaanaya ama caddad kale soo badhigay. Waxaa qiyaas sheegay safiirkii hore ee Maraykanka u fadhin jirey Costa Rica

ahayd gabar uu dhalay sheekhii Suufiyada dalkaas. Al-Fasi ayaa ku abtirsada Axmed Al-Fasi oo ahaa hoggaankii Qaaddiriyada qaybteeda Shaaddilayada ahaana aasaasha dariiqada loo yaqaan *Idriisiyah*. Sababta loo dheereeyay Turki ayaa ah in gabadhahaas xambaarsan suufinnimadu aysan saamayn ku yeelan go'aannada aqalka boqortooyada. Tani waxaa ay tusaale u tahay in reer boqor u arkayeen waajib saaran ilaalinta caqiidada Salafiyada iyo faafinteeda.

Qorshaha sidaas loo maalgaliyay qaybtiisa waxbarshada dibadda ayay heleen dhallinyaradii aqoondoonka ahayd ee Soomaaliya ka tagtay. Dareen la'aan ayaa lagu dhalanrogay ilaa dhinac walba ay uga daydeen reer Xijaas. Sida uu sheegay Dr Cumar Iimaan, wax kale iska daaye dabeecaddi reer Najdi ee xanaaqa iyo kuleylka ku caanka ahayd ayay diin ahaan u qaateen oo uga daydeen[87]. Haddii gumeystihii nooga tagay siyaasiyiin muuq Soomaali leh balse maanka iyo macnaha reer Yurub ah, waxaa nooga soo baxay jaamacadaha Carbeed wadaaddo muuqeenna leh laakiin intooda kale Carab ah. Sheekh Maxammuud Shible, oo ka mid ah culimada maanta ugu caansan Salafiyada Soomaaliya ahna raggii ka soo baxay maddaraso Mombasa ku taallay oo Sacuudigu maalgalin jirey iyo Jaamacadda Madiina, waxaa uu yiri isaga oo tilmaamaya sida iyaga oon ogayn loogu dayay in laga saaro mad'habka Shaaficiga looguna beddelo midka Xanbaliga ee Sacuudiga looga dhaqmo:

Markii aan dhigan jirey maddarasadi Mombasa macallimiinta Sacuudiga ee imaan jirtay waxaa ay noogu yeeri jireen "rijaalu Axmed" [raggii Imam Axmed ibnu Xambal]. Waxaan u haysannay in ay nagu leeyihiin waxaad tihiin raggii raacay Axmed xagga sunnada. Markaan jaamacadda galnay ayaan fahannay oo aan aragnay waxa nala barayo inuu yahay fiqhiga Xambaliga keliya oo in la doonayo in nala Xanaabileeyo.

Dareenkaan intuu galay waa dhallintii awal iyaga oo aqoon fiican leh Sacuudi aaday ee intii kale waxaa ay noqdeen kuwo si fudud lagu dhaqo oo waxa ay xambaareen aan ku baraarugin ilaa xeero iyo fandhaal kala dhaceen. Sheekh Cabdiraxmaan Bashiir isna waxaa uu ka mid yahay raggii jamacadahaas ka soo baxay. Waxaa uu yiri isaga oo na tusaalaynaya in qaabka waxbariddu aysan siyaasad ka madaxbannaanayn:

---

87 Dr Cumar Iimaan Abuukar. Bogga 77

>...Annagu markaan ardayda ahayn ee aan Sacuudiga joognay waa nala jaahileeyay. Waxaa nalaga dhaadhiciyay Ashaaciradu waa munxarifiin waa ahlu-dalaal, waa gaalo. Ashaaciradi markaan baarnay waa ayo? Waa ummaddiiba...waa ummadiiba; waa 80% Ahlu-sunnaha, inta kale waa Maaturiddiyiin. In yar oo Taymiyiin ah ayaa tiri waxanoo dhan, run baan u qaadannay. Maxaa markaa nagu dhacay? Cilmi-tajhiil; waa nala jaahileeyay... waa nala doqomaysiiyay. Laakiin waan soo ceshannay caqligayagii, kolba inyar inyar ilaa aan is helnay. Ummaddaadi oo lagu yiri kulluh [dhammaan] waa gaalo, dhammaantood finnaar lagaa dhaadhiciyay oo cilmi lagaaga dhigay, oo mac'hadka laguugu dhigay, oo jaamacadda laguugu dhigay... oo lagaaga soo dhigay daktoor... waxaa nala khaldayay. Waxaa naloo diidayay inaan dakhtarro noqonno, inaan injinneerro noqonno...

Waxaa soo laabtay dhalinyaro sidaan loo soo tarbiyeeyay oo u hawl galay faafinta dacwo xambaarsan saqaafo iyo dhaqan dadyow kale. Ma aysan wijihin wixii sixid u baahnaaye, waxaa ay isku dayeen in ay salka ka gooyaan dhaqankii iyo diinta dadkaanu lahaa si ay ula mid noqdaan bulshada ku nool Sacuudi Carabiya. Waxaa ay ka billaabeen Qiradi Abii Camar ee Soomaaliya caanka ku ahayd iyaga oo ku beddelay midda *Xafse can Caasim* oo Sacuudiga laga akhriyo. Waxaa ay weerar ku qaadeen mad'habti shaaficiyada ee dalkaan boqollaal sano looga dhaqmayay keligiisna laga yaqaannay iyaga oo ku beddelay midka Xambaliga ee isna Sacuudi looga dhaqmo. Ma sinna saamaynta ay yeesheen isku beddelidda qirooyinka iyo midda Madaahibta. Qiradi la akhriyaba macnuhu waa isla sidii oo saamayn ku yeelan mayso dhaqanka, diinta, aakhirada iyo nolosha bulshada. Sidaas aawadeed, dhib yaraan ayay Soomaalidu ku qaadatay qiradii la soo xawilay waana tusaale nool oo na baraya in aysan Soomaalidu diidin isbeddel ee ay diidday dhalanrog. Si ka duwan qirooyinka, farqiga u dhaxeeya labada mad'hab waa mid saamayn ballaaran ku yeeshay nolosha qaybaheeda oo dhan iyo aakhiraba. Bal aan dhawr tusaale soo qaadanno.

Mad'habta Shaaficiyadu waxaa ay qabtaa in kaadida iyo digada xoolaha, matagga dadka iyo dhiig meeluu ka yimaadaba nijaaso yihiin maryihii iyo gogoshii ay taabtaanna aan lagu tukan karin ilaa la daahiriyo. Middii dadka loo keenay intaas oo kugu daatay kama duwana roob kugu da'ay. Haddaba ummaddii lagu ababiyay dahaaro la'aan Salaad ma asaxdo wixii uu nijaaso u arkayay isaga tuko waxaa ay ka dhignayd booskaagi cadaabta ka sii cabbiro. Si la mid ah waysada waxyaabaha jabiya waxaa Soomaalida ugu jirey taabashada haweenka nikaax kuu qaban karo hadday doonto marwadaada ha noqotee. Waxaa la keenay mid leh haweem oo dhan, xataa haddii ay tahay gabar dariiq kaaga hortimid oo aad gacanta isgaliseen [88], wayso kaama jabiyaan. Soomaalidu waxaa ay arrintaasu uga dhignayd wayso la'aan tukada. Xagga qoyska, Soomaalidu waxay ku dhaqantay mad'hab qabta haddii ninku xaaskiisa ku yiraahdo saddex ayaad iiga furantahay dalqadihii ka dhammaade ilaa ay nin kale soo martana kuma uu noqon karo.

Waxaa loo keenay tu leh, saddex hal mar lagu dhawaaqaa waxaa ay u dhigantaa hal dalqad sidaa darteed saddex baan kugu furay waxaa laga soo qaadayaa hal dalqad baan kugu furey. Arrintaas oo la qaato Soomaalidu waxaa ay ku noqotay nikaax la'aan haweenka ka ilma dhala. Arrimo ceynkaan ah, oo ciddaas ka badan dadkuna liqi waayay, ayay la timid mad'habti loo keenay. Si kastaba ha-ahaatee, ma jirto cid sharraxday xigmadda ku jirtay isku beddelka laba qiro oo isku darajo ah iyo laba mad'hab oo siman haddiiba uusan kan la beddelayo qiimo badnayn! Jawaabta keliya ee muuqan kartaa waxaa ay u noqonaysaa hirgalka sababtii dhallinyaradaas markii horeba waxbarashada loo siiyay (soft power) ee ahayd in lagu raro dhaqanka Sacuudiga soona xerogaliyaan dadkooda markii ay ku laabtaan. Beddelidda mad'habka waxaa ay isku seegeen bulshada qaybteedi culimada ahayd.

Xagga dhaqanka, labbiskii reer Xijaas iyo sunnadii ayaa isaga qasmay. Maanta waa ay adagtahay in aad aragto wadaad cimaamad hagoogan, laakiin barigii ay dalka ku soo laabteen dhammaan waxaa ay hagoogan jireen cimaad cas oo labada daraf garbaha laga sii daayo. Culimadii Sacuudiga oo sidaa ah ayay arkeen, sunno ajar laga helo ayayna u qaateen. Dhaqankii caadiga ahaa sida magacyada carruurta loo baxsho ayay, sidaa oo kale, isku dayeen in ay reer Xijaas waafajiyaan. Magacyadii wiilasha iyo hablaha ee Soomaali u asal ahaa ayaa qaarna lagu sheegay kuwo shirki ka soo urayo, qaar lagu sheegay kuwo jaahili ka soo shiirayo qaarna lagu sheegay kuwo xambaarsan dareen shahwo kicinaya. Tusaale, gabadhii waalidkeed ugu waqlalay Carfoon, waxaa loogu beddelay

---

[88] ma'asaladaan mad'habta Xanbaligu waxay qabtaa in taabashada haweenka waysada jabiso haddii ku raaxaysi iyo dareen loo taabto. Laakiin Sheekh Islaam Ibnu Taymiyah oo madhabtaas haysta ayaa khilaafay oo ku tagey in xataa haddii shahwo loo taabto aysan jabin. Ibnu Baas ayaa ku raacay. Culimadii noo timidna waxaa sheekh u ahaa Ibnu Baas. Raggii waayadii hore soo laabtay si xadgudub ah ayay u taqliidiyeen sheekh Islaam!

Caa'isha, Asmaa ama Xafsa oo waxaa lagu yiri magacaanu wax dareenka ragga kiciya ayaa ka dhadhamaya. Nin konton sano la oran jiray Cabdi-Deeq ayaa la yiri magacaanu shirki ayuu xambaarsan yahay oo "deeq inaad addoon u tahay" ayuu tilmaamayaa. Ma jirin fahan gaabni iyo aqoon la'aan luuqadeed oo sababtay in la garan waayo in "deeqdu" tahay tilmaan Cabdi ku tilmaaman yahay ee aysan ahayn mid '*illaafo*' ama Cabdi deeqda addoonkeeda ka dhigaysa ee matoor kale ayaa shaqaynayay. Magacyadii asalkoodu Carabta ahaa laakiin iska Soomaaliyoobay, sida Axmed iyo Maxammed, waxaa lagu lammaaniyay kuwo tusayo Carabnimo barax la' sida Abuu-Dujaanah iyo Ummu-Maryam. Magac beddeliddu waxaa ay gaartay in Iskool la oran jiray Axmed Gurey loo baxshay Imaamu Maalik iyada oo ajar laga raadinayo! Middaas oo aysan jirin wax lagu fasiri karo oo aan ka ahayn in duullaan lagu ahaa Soomaalinnimada. Halkaanna waxaa ay isku seegeen bulshada qaybteedi dhaqanka jeclayd ee waayeelka u badnayd.

Wadaad Sucuudiyaan ah   Wadaad Soomaali ah

Sugaantii Soomaalida ayay, sidaa oo kale, weerar reebasho la'aan ah ku qaadeen. Maansadii Soomaaliga ayay dadka uga digeen barashadeeda, tirinteeda iyo xifdinteeda. Qofka qaybsan gabayo ayay ku sheegeen inuu la mid yahay mid xabadka maal uga buuxdo. Arrintaan waxaa ay u daliishadeen xaddiis Suubbanuhu NNKH uu ku yiri "Qofkiin inuu maal laabta ka buuxsado ayaa uga wanaagsan inuu gabay ka buuxiyo." Axaaddiista ka hadashay gabayga waa ay badan yihiin. Kuwa badan ayaa ammaanay, sida midka uu Bukhaari wariyay ee leh "Gabaygu waxaa uu ka mid yahay xigmadda." Mar kale waxaa uu sheegay in gabaygu yahay hadalka oo kale oo kiisa xunna waa xun yahay kiisa fiicanna waa fiican yahay. Xabiibka NNKH ayaaba lahaa gabyaa ugu qeybsanaa u jawaabidda gaalada gabay ku maagta. Intaas oo dhan in inta la iska indhotiro, hal xaddiis, oo ujeedkiisa culimadu ku sheegtay inuu yahay gabay kalidiis oo la bartaa, la qaato waxaa ay ahayd keliya in la helo wax diin u eg si Soomaalida suugaanteeda iyo dhaqankeeda loo baaba'sho.

Waxaa lala diriray in aysan gabay oo dhan ahayn e, kan Soomaalida keliya yahay waxaa kale oo noo caddaynaya sida weyn ee ururku dadka raacsan u bari jirey gabayada iyo suugaanta Carbeed iyaga oo dhinaca kale u ciqaabi jirey qofkii isku daya inuu faafiyo midda Soomaaliga. Ustaad Cali Raage[89] waxaa uu ka mid ahaa dhallintii iyaga oo da' yar raacay Itixaad. Waa danbe waxaa uu noqday macallin maddaraso. Iskudaykiisa iyo dedaalkiisa ayaa tusay in carruurta Soomaaliyeed ee maalin walba ku heesta afka Carbeed wax uun laga baro afkooda iyo suugaantiisa. Si aan looga didin, nashiido Carabi ah, oo subax walba inta aan fasalka la galin ka hor la qaadi jirey, ayuu isla mirihii uun Soomaali u beddelay. Carabiga ayaa ahayd.

الله غايتنا. الرسول قدوتنا. القرءان دستورنا. الجهاد سبيلنا. الموت في سبيل الله اسمى امانينا

Soomaaliga ayuu ka dhigay isaga oon waxna ku darin waxna ka jarin[90]:

Danta aynu leennahay waa daa'imow Ilaahay
Dariiqii Rasuulkuna dowkeenna weeyaan
Duruustii Qur'aankuna dastuurkeenna weeyaan
Dirirta iyo jihaadkana waan u diyaar garownaa
Diintoon u dhimmannana waan door-bidaynaa.

Ustaad Cali Raage arrintaas shaqadii oo keliya kuma uusan waayin e' waxaa uu sidaa oo kale la kulmay canbaarayn ah inuu munkar sameeyay carruurtana maddarasadoodi fasaadka keenay. Waa su'aal madaxa daalinaysa sababta laba gabay oo isku macne ah midna u noqday munkar midna u noqday cibaado! Barashada suugaanta Carbeed waa fanni dhan oo ka mid ah culuumta Islaamka ee la barto. Gabayada kutubta ku qoran qaarkood waa kuwo anshax-xumo badan xambaarsan oo aan munaasib ahayn in la faafiyo in masaajid dhexdeeda

---

89 Cali Raage hadda wadaadnimo wuu ka tagay xaalad halis badan ayuuna u wareegay. Laakiin inaan daliishanno wax diidayo ma jiraan haddiiba dhacdadu dhab tahay, wuxuu aamminsan yahay nooma taal. Ma jirto cid soo istaagtay oo beenisay hadalkiisa iyada oo ay joogaan raggii uu sheegay in ay u ciqaabeen sababta
90 Cali Raage. Muuqaal uu kaga hadlay xukunka heesaha. Youtube ayaan ka helay

lagu akhriyo iskaba daaye. Inta loogu jecel yahay waxaaba tiriyay kuwo dhagaxyo caabudi jirey. Laakiin waxaa cudurdaar looga dhigaa in baahi weyn loo qabo barashada afki asalka ahaa ee Carbeed si diinta loo fahmo. Si gabi ahaanba meesha looga saaro wax alla wixii hore ee suugaan Soomaali ahaa, qaybtii Carabiga ee Soomaalidu taqiinnay ayaa iyana daadka la raaciyay iyada oo intii Itixaad ka maarmi waayay magaca uu ka beddelay. Tusaale, gabayada Carabiga ah awal Soomaalidu waxay u taqaannay qasiido/qasiidooyin/qasaa'id. Haddii lala dagaallamay asii looga maarmi waayay dhiirrigalin, guubaabooyinka iyo tarbiyaynta carruurta waxaa ay noqotay in magaca laga beddelo oo markaas la yiraahdo 'nashiido/anaashiid'.

Dhaawidda ayaa ah tu labaad oo magaca laga beddelay si looga riixdo dadkii horey u sii haystay. Wadaaddadi hore ee Soomaaliyeed waxaa shaqadooda ka mid ahayd in ay dadka ku tufaan, u duceeyaan oo quraamaan. Waxaa ay ahayd xirfad ay ujuuro ku qaataan, qaddarin ku helaan bulshadana ugu adeegaan. Wadaaddadi yimid arrintaan waa diideen. Quraafaad iyo qusacbalaad ayay ku sheegeen. Bidco la inkiro oo mararka qaar shirki gaarta ayay ku tilmaameen. Sagaashamaadki intii joogtay, dhegahooda maalinle ayay u maqli jireen dooddi ka taagnayd tufta. Dadka ha looga digee, kuwii diiday kama reebtoomin. Eraygii 'tuf' ama 'dhaaw' ee Soomaalidu taqaannay ayay isaga oo Carabi ah 'ruqyo' la yimaadeen. Ficilladi la samaynayay oo isku mid ah ayuu magacii loo bixiyay kala duway. Wadaadka 'tuf' u yaqaan Qur'aanka aad ka akhrisato bidco lagu naar muto ayuu noqday halka midka 'ruqyo' u yaqaan tiisu ay noqotay daawo jismiga iyo ruuxdaba bogsiisa.

Sida dadka maankooda loo rogay waxaa ay gaartay in lagu qanciyay in culimadii dalka joogtay oo dhan tuftoodu aysan macne lahayn oo wadaad aan la aqoon oo cajal ku duuban tiisu barako dhaanto. 1996- kii maalin anigoo dalanbaab boosteejo taagan ah ayaan si kadis ah kula kulmay nin aynu ilma abti nahay. Isbariidin kaddib, waxaa uu ii sheegay inuu gaddoon u yahay reerki oo miyiga Ceelcadde jiray. Waxaa jiray wiil walaalkii ah oo xanuun maskaxeed la noolaa. Waxaa uu ii sheegay inuu wado cajalado 'ruqyo' ku duuban tahay oo Sacuudiga laga keenay si wiilkaas loogu dhaawo. Ina abtigay danbi ma leh oo qof ruux ka buko wixii dawo lagu sheegaba wuu ka wardooni. Waxaa se xasuustayda ka bixi wayday inta ninkaasu wadaad iimaan badan oo wanaag iyo waxsan ku caanbaxay ag joogtay oo inta tuftoodi loo suuraxumeeyay laga dooransiiyay cajalad lagu duubay kumannaan mayl masaafo u jirta.

Waxa aan tilmaamayno maaha kala doorasho laba luuqadood. Carabiga waxaa ku dhisan diinteenna suubban. Barashadiisa sinnaba loogama maarmayo barashada diinta iyo fahankeeda. In carruurteenna aan barno si qoto dheerna aan u fahanno waa arrin fiican. Laakiin Ilaahay naguma addoonsan in aan tuurno afkeenna, hiddaheenna iyo suugaanteenna oo aan ku beddelanno mid dad kale. Dagaalka Itixaad suugaanta ku qaaday waxaa ay isku daayeen maansoyahannadi iyo intii suugaanta jeclayd.

Taasu waaba arrin afkaar iyo hadal ku ege, waxaa ay soo minguuriyeen, arrimo ay adagtahay in dal Soomaaliya oo kale ah laga hirgaliyo oo maal iyo moodba taabaynaysa. Sacuudiga ayaa waxaa laga yaqaan boolis suuqayada wareega oo jidadka ku edbiya wixii iyaga ula muuqda anshax xumo. Waxaa dadka lagu edbiyo waxaa ka mid ahaa gabar wiil la socota iyo qof salaad ka daahay IWM. In sidii oo kale laga dhigo Soomaaliya ayay ku fekereen dhallintii Sacuudi wax ku soo baratay iyo kuwii ay wax sii bareen. Dhibkii ay arrintaanu keentay waxaan ugu tagi doonnaa tusaalooyinka dhacdooyinkii Gedo hadda se aan galno qaybtii labaad ee gacanta shisheeye!

Jihaadiyiinta Caalamiga ah

Gacantii labaad ee Itixaad ku dhex jirtay waxay ahayd jihaadiyiinta caalamiga ah. Gacantaanu la mid ma ahayn middaan kor kaga soo warrannay, waayo taasu waxaa ay ahayd mid qarsoon oo si dareen la'aan ah lagu dhex maquurtay. Sidaa oo kale, maskax-ka-qabsigu waa mid aysan qirsanayn inta badan hoggaankii Itixaad. Illowse faragalinta jihaadiyiintu, sida ay qireen sheekh cabdiqaadir Nuur Faarax, sheekh Cali Warsame iyo sheekh Bashiir Salaad, waxaa ay ahayd gacan muuqata oo dedaal ugu jirtay in ay jihadeeda u jiidato dhaqdhaqaaqi Itixaad. Waxaa isu dhawaa burburki Soomaaliya iyo dhammaadkii dagaalki Afqaanistaan. Dadkii dagaalkaas ka qayb qaatay waxaa ay ahaayeen quruumo kala dano iyo ujeeddooyin ah. Dawlado badan oo Maraykan uu hoggaaminayay iyo kooxo jihaaddoon ah ayaa isku garab ahaa. Maraykan iyo intii la halmaasha ujeedkoodu waxaa uu ahaa in Ruush meesha laga saaro oo keliya. Mujaahidiinti Carbeed iyaguna waxaa ay rabeen in markii Ruush laga faraxasho ay u soo jeestaan Yuhuud, Maraykan iyo xulufadooda. Kooxaha Islaamiyiinta ah iyo Maraykan goortaas hal saf ayay ahaayeen. Iskaalmaysi iyo isu gurmasho ayaa ka dhaxaysay. Xaqiiqdi kooxahaas midda ugu waxyeellada badnayd, waa Al-

Qaacidda e, Maraykanka ayaa abuuriddeeda qayb ka ahaa. Wasiirkii Arrimaha dibadda ee madaxweyne Obaama, Hilary Clinton waxaa ay tiri:

> *Xasuusta dadka aan maanta la dagaallamayno waxaan maalgalinnay labaatan sano ka hor. Waan samaynay sababtoo waxaa aan rabnay inaan burburinno Midowgi Soofiyeeti. Waxa ay [Soofiyeedki] ku duuleen Afqaanistaan mana aannan rabin in aan aragno iyaga oo koontaroolaya Bartamaha Aasiya... Madaxweyne Reegan oo ay la shaqaynayeen Koongareesku waxaa ay dhaheen waa figrad fiican, aannu la macaamilno ISI hay'adda sirdoonka Baakistaan iyo militiriga Baakistaan. Aannu hawlgalinno mujaahidiinta... aannu ka keenno meel walba, aannu ka keenno Sacuudi Carabiya iyo meelaha kale* [91].

Haddii la wada gaaray guushii ka dhaxaysay waxa ay noqotay in qolo walba gurigeedi u huleesho sidii ay filayeen Maraykan, Sacuudi iyo intii la danta ahayd. Laakiin dhallintii halkaas u tagtay xoreynta Islaamka waxaa ay heleen dhiirrigalin. "Haddiiba aan ka saarnay Afqaanistaan dawladdii dunida ugu xoogga badnayd, gaal oo dhan waan ka sifeyn karnaa dalalka Islaamka" ayay ku showreen. Figraddaas ayay la gaddoomeen oo mid walba dalkiisi inuu hawl ka billaabo loogu diray. Dhallintaan noqonaysa waxaa ay qaateen manhaj, aydhiyoolajiyad iyo siyaasad ka duwan kuwii dalalkooda ka jirey. Dalalka Islaamka in aan la kala lahayn, Muslimiintu u siman yihiin, madaxda xukunto gaalo ama ugu yaraan faasiqiin yihiin ayay la rogmadeen. Soomaaliya kuma qadin qoondadaas. Waa taan kor ku soo sheegnay in rag Ibraahim Miicaad ugu koofiyad dheeraa ay Soomaaliya ugu soo noqdeen hirgalinta afkaarta jihaadiyiinta caalamiga ah. Burburki dalka, sidaa oo kale, waxaa uu rejo weyn galiyay Al-Qaacidda. Waxaa ay u arkayeen Soomaaliya meel ay ugxamaha dhigan karaan, u noqon karta gabbaad lagu nasto maaddaama aysan jirin dawlad wax xirta. Sheekh Bashiir Salaad [92] waxaa uu sheegay in Al-Qaacidda qorshaysay in afar dal oo kala ah Afqaanistaan, Suudaan, Yemen iyo Soomaaliya, ay xurmaha ugu muhiimsan ka dhigato.

---

91   Waraysi ay bixisay markii ay tartanka ugu jirtay madaxweynonimada Maraykanka
92   Sheekh Bashiir Salaad: Xalqo aqooneed uu qabtay Fikir Media Agoosto 2020

Sidaas darteed Al-Qaacidda kuma aysan dhaafin dhallintii Soomaaliyeed ee ay soo dirtaye waxaa ay u xil saartay madax sare oo ka mid ahaa ururweynaha Al-Qaacidda. Tusaale, sida uu qorey Cabdishakuur Mire Aadan, waxaa xeradii Qaw ee Nasruddiin joogay saraakiil Carab ahaa oo tababbaro ka bixin jirey waqtigaas. Muhiimadda ay u lahaayeen xeryahaas waxaa ku tusaya inuu booqday ku xigeenki labaad ee ururka Maxammed Caatif xerada Qaw bishii Maarso 1992-kii. Isla safarkaa ayuu Maxammed Caatif sii maray Xamar isaga oo u sii gudbay mucaskarkii Marka Itixaad ku lahaa. U-kuurgalid dheer ka dib waxaa uu yiri Maxammed Caatif:

> *Haddaan dhab idinku sheego xaqiiqda jirta, Afqaanistaan kuma hayno dhallinyaro sidaan oo kale u tababbaran iyo waliba sidaan arkayo ee heerka sare ah u yaqaan diinta iyo akhrinta Qur'aanka. Waxaan idinku geesinnimo galinayaa inaad hawshiinna sidaas u sii waddaan.* [93]

Waxaa jirey waraaqo la sheegay in laga helay qaar ka mid ah goobihii Maraykanku ku ugaarsaday madaxdii Al-Qaacidda. Waraaqahanaan, oo ay iswaydaarsadeen madaxdii sare ee ururka, ayaa qaar loo fasaxay cilmibarayaal in ay daymoodaan. Sida lagu xusey daraasad ay samaysay *Combating Terrorism Centre* waxaa lagu sheegay in qorshe degidda Soomaaliya ay Al-Qacidda si buuxdo u billawday dhammaadki Jannaayo 1993-kii. Dafcadii u horreysay ee Al-Qaacidda u dirtay Soomaaliya ayaa kicintintay 4-tii Feebaraayo 1993-kii. 12 ka mid ah saraakiisha sarsare ee ururka ayaa Kiinya ka degay kaddibna u sii gudbay Soomaaliya. Dafcaddaan, oo khuburo ahayd, ayuu Maxammed Caatif u diray in ay: 1) soo helaan meel ku habboon deegaan oo Afqaanistaan beddesha 2) deegaanku waa inuu noqdaa mid u dhow gacanka Carbeed iyo 3) in deegaanku noqdaa meel lagu caawin karo walaalaha Soomaaliya iyo Soomaali Galbeed. Deraasaddaas waxaa lagu sheegay in khuburadaas ay adkeeyeen sii jiridda xeryihii Halooyo, Luuq iyo Boosaaso.

Hasa-ahaatee, waxa halkaas hawl ay ka wadday Al-Qaacidda, booqashooyinka ay ku bixinaysay iyo dhallinyarada ay u diyaarsanaysay in ay dalal kale ka hawl galiso, madaxdi Itixaad talo kuma lahayn. Laba urur oo isku guda jira ayaa ka dhisnaa xeryahaas laakiin si rasmi aan isula oggolaan in ay

---

[93] Waxa lagu soo xigtay Kobicii Islaamiyiinta ee uu qorey Cabdishakuur Mire Aadan bogga 146

xeryaha wadaagaan. Dhallinyarada hubaysan ee Itixaad soo xaraystay rag kale ayaa hoosta uga xiray caalam aad uga fog. Madaxdii Itixaad waxaa ay rabeen urur iyagu ay leeyihiin, si buuxda ay u xukumaan, siyaasaddiisa ay dajiyaan maarayntiisana ay u madaxbannaan yihiin. Ka mid noqoshada Al-Qaacidda waxay ka dhignayd ahaansho qayb ka mid ah ururweyne taladiisa meel ka fog laga go'aamiyo. Itixaad waxaa uu doonayay taageerada Al-Qaacidda. Intuu socday dagaalki Bari iyo kaddibba wafti ayay u direen Suudaan si ay kaalmo u waydiistaan madaxdi ugu sarraysay Al-Qaacidda oo uu ku jiray sheekh Cusaama bin Laaddin. Sida ku qoran buugga Koobicii Islaamiyiinta, xubninihi Itixaad ee la kulmay sheekh Cusaama Julaay 1992-kii waxaa ka mid ahaa: Sheekh Cabdullaahi Sahal, Sheekh Xasan Daahir Aweys, sheekh Maxammed Xaaji Yuusuf iyo sheekh Cabdullaahi Cali Xaashi. Waxaa ay warsadeen taageero dhaqaale iyo mid tababbar oo baaxad leh. Al-Qaacidda oo u aragtay fursad xaadir taagan ayaa u soo bandhigtay waftigii Itixaad in la mideeyo labada urur wax alla wixii Itixaad dhaqaale iyo farsamo kale u baahan yahayna Al-Qaacidda dusha u ridan doonto. Laakiin soojeedintaas Itixaad wuu ku gacansayray. Sheekh Cabdullaahi Cali Xaashi oo u jawaabay ayaa yiri:

> *Annagu waxaan idinka baahannahay inaad noo hiillisaan ee idinkama baahnin inaad ururkayaga baabi'isaan oo aannu noqonno kuwo aan fekerkooda xor u ahayn oo adinka Al-Qaacidda ah idin hoos taga oo aad muumushaan dhinackasta.*[94]

Sheekh Cali Warsame, guddoomiyihi Itixaad ee waqtigaas oo isna ka warramaya wixii ka soo baxay kulunkii labada urur waxaa uu yiri:

> *Wafti ayaan u dirnay Khartuum si ay ula soo kulmaan Cusaama bin Laaddin oo joogay Khartuum. Waftigii iyo Cusaama wax isfahan ahi ma dhex marin. Wuxuu Cusaama shardi ka dhigay in talada iyo ciidammadaba la hoos geeyo Al-Qaacidda. Kulankaas iyadoon go'aan aanay wada gaarin [labada urur] ayaa lagu kala tagay.*[95]

Si uusan albaabka uga xirmin, Al-Qaacidda waxaa ay u fidisay Itixaad taageero kooban. Waxaa ay u soo dirtay laba tababbare oo aad u sarreeyay kuwaas oo kala ahaa: Cumar Taajuddiin oo reer Sacuudi ahaa iyo Cabdalla

---

94 Cabdishakuur More Aadan. Kobicii Islaamiyiinta bogga 148
95 Isla tixraaca kore

Al-Suudaani. Labadaan nin ayuu qorshuhu ahaa in tababbaraan 120 nin oo Itixaad u noqda tababbarayaal inta kale wax barta. Ugu danbayn 80 [96] ayaa ka qalinjabisay koorsadii, afartanna dhexda ayay ku hareen markii ay bixi waayeen harjadkii iyo hawlihii adkaa ee tababbarku watay. Hasa-ahaatee, Al-Qaacidda kuma ekaan tababbar e waxaa ay wadday tashkiilin iyo dumis ay ku haysay dhallinyarada firfircoon ee Itixaad. Sheekh Bashiir Salaad, oo mar noqday ninka ugu sarreeya ee ururki Itixaad markuu la baxay Ictisaam, ayaa yiri [97] :

> *Al-Qaacidda way isku dayday in ay dacwada Salafiga ah ee Soomaaliya ka jirta ay saameyn ku yeelato ama mucaskaraadki jirey ay la wareegto... oo sida ay rabtay Soomaaliya ay ka dhigato... Ducaaddii iyo culamadii way diideen way iska horyimaadeen...Si sariix ah baa looga horyimid waxaana la diiday in ay la wareegaan dhallinyaradii, waxaa la diiday in ay dacwadii socotay iyo wixii socday ee mashaariic ahaa iyaga ay la wareegaan...Markaas ayay ku yiraahdeen "haddaad diiddeen inaan ka soo galno irridda waxaan ka soo gali doonnaa dariishadda."*

Itixaad si dhab ayuu u ogaaday in Al-Qaacidda dariishadda ka soo gashay saameyn xoogganna ku yeelatay maanka dhallinyarada. Ma se jirin wax uu ka qabtay, tallaabooyin uu qaaday si uu meesha uga saaro in Al-Qaacidda xagaldaaciso go'aankii ururka. Hubaashi, madaxdi Itixaad waxaa ka muuqatay jileec iyo dhiirranaan la'aan ku wajahan faragalinta Al-Qaacidda ilaa iyo maalintii ugu horresyay ee mucaskarka Kismaayo la furay 1991-kii. Wax kale haddii aysan awoodin inta afkaartaas u janjeerta oo la eryaa waxaa ay keeni lahayd in ay gooni isaga saaraan wixii hallaabana aan magacooda lagu hallayn. Laakiin 'Ludda jecli lafta jecli' ayay ku jireen madaxda ururku. In la haysto awoodda ciidan ee dalka lagu joogo, madaxda lagu yahay laguna sharfan yahay waa la rabay, ragga arrintaas hormuudka ahna sida ay wax u rabaan laguma qanacsanayn. Safka ducaadda yaan la kala jabin iyo waxa jira hoos ha loo xalliyo ayaa lagu jirey ilaa kannaalku butaacay. Goortii Itixaad go'aansaday inuu kala diro dagaalyahannadii Bari joogtay, Al-Qaacidda waa liqi wayday in ay horjoogsato ayayna ku dedaashay. Laakiin Itixaad waa ku adkaystay kala diridda dhallinyarada. Al-Qaacidda markiiba waxay u wareegtay kooxdii ay

---

96 80kaan waxaa mid ahaa Xuseen Guuleed Aadan Deer oo markii uu koorsada dhammaystay tababbare looga dhigay gobolka Awdal. (waraysi aan la yeeshay sheekha Maarso 2022)
97 Xalqo aqooneed ay qabatay Fikir Media Agoosto 2020

xerada ku dhex lahayd. Halkaas ayuu Itixaad mar kale xagaldaacin kala kulmay go'aankiisina ku banjaray saldhiggii Barina Gedo loogu wareejiyay.

CUTUBKA 4AAD

IMAARADII GEDO

Saxwadu kuma cusbayn gobolka Gedo, dadki sii joogayna ma ahayn kuwo iyaga oo hurdo la maansheeyay ee bilow ilaa dhammaad iskacaabbin ayay ku jireen. 1976-kii waxaa casharro ka billaabay meelo ka mid ah Gedo sheekh Axmed Daahir Aweys iyo wadaad la oran jiray sheekh Maxammed Buluuqul-Maraam. Dagaalki 1977-kii ayaa kalago' keenay, wax badan oo la taaban karo oo dhaqdhaqaaq ahna lama soo warin. Markii Itixaad xoogaystay Gedo waxaa ay ka mid noqotay meelihii uu sida goonida ah ducaadda ugu diray. 1988-kii shir ka dhacay Xamar, oo ay hormuud ka ahaayeen wadaaddo gobolka ka soo jeeda Itixaadna ka tirsanaa, ayaa go'aamiyay in gobolka la tago. Waxaa ay soo direen sheekh Yuusuf sheekh Maxammuud Axmed-Tiiri oo Luuq fadhiistay halkaas oo uu ka billaabay kitaabka Saxiixul-Bukhaari. Durbadiiba waxaa uriyay wadaaddii Ahlu-sunna oo arbushaad ku billaabay. Waxaa la sheegay in isaga oo cashar akhrinaya ay ku dul xadreeyeen. Buuqi halkaas ka dhacay waxaa uu keenay in ay nabadsugiddu soo dhex gasho sheekh Yuusufna halkaas lagu xiro. Wax yar kaddib, waxaa la sii daayay sheekh Yuusuf waxaa uuna u wareegay Beledxaawo oo uu kaga horreeyay sheekh la oran jiray sheekh Cumar Aw-Faarax [98]. Beledxaawo waxaa ay waqtigaan ku astaysnayd deked qallalan oo dhoofin iyo soodejin loo isticmaalo. Markii aad eegto in Itixaad billawgi horaba tilmaansaday magaalooyinka dekadaha ah sida Boosaaso, Beledxaawo, Kismaayo, Marko iyo kuwo kale, waxaa kuu muuqanaysa in ay ka fakereen awoodda dhaqaalaha in ka badan inta ay ka fakereen midda siyaasadda.

Waqtiba iyada oo uusan ka soo wareegin, 1989-kii labadii wadaadba waxaa lagu xiray Beledxaawo. Sababta ayaa lagu sheegay in wadaaddo Ahlu-sunna ah ay ku dacweeyeen in ay faafinayaan dacwo '*Wahaabi*' ah. Qoraaga buugga *Cadowgeennu waa Kuma* waxaa uu sheegay in wadaad la oran jiray

---

98 C/laahi Faarax Cali. Cadowgeennu waa kuma 378

sheekh Xuseen Taltaliini, oo suufi xer badan haysta ahaa, uu ka masuul ahaa xarigga labada sheekh isaga oo u maray inuu ku dacweeyo sheekh Maxammed Guuleed [99]. Sheekh Xuseen Taltaliini, sida aan gadaal ugu tagi doonno, kama uusan daalin dagaalkii uu kula jiray Salafiyada ilaa uu qayb ka noqday midkii hubeysnaa ee Gedo looga saaray 1997-kii.

Markii ay dawladdii dhacday sheekh Yuusuf shaqadiisi dacwo ayuu Beledxaawo ka billaabay. Garbahaarreey waxaa isna ka billaabay dhaqdhaqaaq xoog badan wadaad la oran jiray AUN-tee sheekh Xasan Xuseen. Sheekhaan waxaa Garbahaarreey lagu dilay 1991-kii habayn madow ilaa haddana lama yaqaan ciddii dishay. Dadkii soo qaxay oo ay ku jireen dhallinyaro waxabarsho sare iyo mid dhexe dhammeysatay ama ku jirtay, ayaa cammiray masaajidda iyo goobaha dacwada. Hardan weerar iyo iskacaabbin ah oo u dhaxeeyay Salafiya iyo Ahlu-sunna ayaa gobolka ka socday gaar ahaan Garbahaarreey. Is weerarkani af iyo doodo ayuu ahaa intii badnayd mana dhici jirin isu gacanqaad fagaare.

Bishii labaad 1991-kii waxaa Beledxaawo laga aruuriyay dhallinyadi ugu horraysay ee hub ku qaaddo magac diimeed. Dhallintaan, oo aan ka badnayn soddon, ayuu isu keenay sheekh Maxammed Xaaji Yuusuf. Kulammo dhawr ah oo ay qaateen Salafiyadii Beledxaawo joogtay waxaa ay isla garteen in la furo xero ciidan oo lagu diyaariyo dhallinyaro loo tababbaro dagaal lagu qabsado dalka si loo oogo shareecada Islaamka. Mucaskar, taageero dhaqaale ka helaya ururweynaha Itixaad, ayaa halkaas ka askummay [100]. Arrintani waxaa ay meesha ka saaraysaa, mar kale, doodda madaxdii Itixaad ee ahayd talo tood ah iyo dooniddooda midna inaan lagu dhisin mucaskarradi dalka ka hirgalay. Midkii Kismaayo waxaa lagu eedeeyay in ay dabada ka riixayeen rag Afqaanistaan ka yimid oo dhiig u oommanaa, saas oo ay tahay si dhaqsa ah ayuu ururku u ayiday. Kan oo la hubo in ay billaabeen rag si buuxda uga tirsanaa ururka, golaha shuurada qaarkood ay ku jireen waqti horana loo doortay hirgalinta ahdaafta ururka, dhaqaale iyo taageero kalana loo oggolaaday sidee ayay isaga fogayn karaan madaxda ururku?

Go'aankii madaxda Itixaad ku qaatay geeddigii Bari ayay Gedo ka mid noqotay. Markii ciidankii Bari loo wareejiyay, xeradii waxaa ku haray inyar

---

99 Tixraaca kore isla boggaas
100 C/laahi Faarax Cali cadowgeennu waa kuma bogga 383.

oo ay la joogeen labadii sheekh ee awal Beledxaawo dacwada u sii joogay waa sheekh Yuusuf iyo sheekh Cumar Aw- Faarax. Sababta ay u hareen waxaa lagu sheegay in ay ahayd ilaalinta xerada. Waxaa se iswaydiin mudan, xerada maxaa laga ilaalinayay haddiiba laga guuray? Maxaa se looga baahnaa in ay sii jirto haddii laga maarmay? Qoraha buugga *Cadowgeennu waa Kuma* sabab kale in ay jirtay ayuu tilmaamay. Taas oo la mid ah middii reebtay sheekh Xasan Turki. Labadaan sheekh kuma aysan qanacsanayn in la banneeyo gobolka gaar ahaan Beledxaawo oo ay aad u yaqaanneen, muddo dacwo ka wadeen, muhiimna u noqon kartay hadafka fog ee ururka.

29-kii Abriil 1992-kii waxaa gobolka soo galay malleeshiyaadki jannaraal MF Caydiid AUN. Ciidaankaan waxaa ay gobolka ka geysteen xasuuq, kufsi aan waayeel laga dhaafin, bililiqo aan nooceeda horay loo arag iyo burburin xadka dhaaftay. Mooryaanta timid waxaa ay rumeysnaayeen in xoolihii dalka oo dhan MS Barre tolkiis siiyay oo Gedo dadka joogo lacag buuxaan. Waxaa lagu soo dagaal galiyay "markaad buundada Buurdhuubo ka gudubtaan ayaa faqri idinku danbaysa." Aragtidaasu ma ahayn mid ku koobnayd jirrida iyo caamada ee waxaa uu ahaa been si xad dhaaf ah loo faafiyay markii dadka lagu kicinayay dawladdii Jaalle Siyaad. Aalad markaas uun loo isticmaalay kicinta dadka ma noqone, waxaa rumeystay qof walba oo aqoonyahanku ku jiro ilaa buugta lagu dhigay. AUN-tee C/Qaaddir Oromo waxaa uu buuggiisa *Hadimada Gumeysiga* ku qoray in dhaqaalihi dalka 80% 21-kii sano ee Kacaanku ay qaateen saddex qabiil oo kala ah Marreexaan, Ogaadeen iyo Dhulbahante. Halkaan uga doodi mayno jiritaanka arrintaas, in aysan run ahaynna waxaa kaaga filan in saddexda reer ee uu sheegayba ay Soomaalida dhexdeeda ka yihiin kuwa ugu maalka yar. Se dhibka arrintaasu keentay waxaa ka mid ahaa in mooryaantil Gedo qabsatay ay aamini waayeen wixii ay indhahooda ku arkeen. Waxaa ay u qaateen in lacagtii buuxday ee Gedo 21-ka sano lagu dhurayay abxado lagu guray oo duurka lala aaday. Waxaa dhacday in geeljire garabka ku sita iskubbaan ay il ka aragtay ka toogteen iyaga oo u haysta inuu dahab ku sito axbadda. Markii ay fureen abxaddina ay ugu tageen toosh iyo qarsho ay ku jirto dhibta geela lagu dhayo.

Meelaha ugu daran ee dhibaatooyinku ka dhaceen Beledxaawo ayaa ka mid ahayd. Hay'adda xuquuqda aadanaha ee *Amnesty Intertional* ayaa dunida u dirtay qaylodhaan ay ka keentay dadkii goobjoogga ka ahaa wixii Beledxaawo ka dhacay. Warbixin lagu qoray wargeyska *Independent* ee ka soo baxa Ingiriiska 4-tii Agoosto 1992-kii [101] ayaa lagu sheegay in xasuuq socday bil iyo saddex cisho ciidamadii Caydiid ay ka geysteen gobolka Gedo gaar ahaan Beledxaawo. Warbixinta, oo soo xiganaysa, dad goobjoogayaal ah ayaa sheegtay in mararka qaar dadka la isugu xirayay koox-koox 30 ama 40 ah kaddibna rasaas la marinayay. Beledxaawo, oo carshaan iyo cooshash gurhayeedu u badnaayeen, 80% danbas ayay ka dhigeen. Dadka intii qaxday waxaa ay u gudbeen Mandheera halkaas oo xanuunno kala duwan, dacdarro, iyo daryeel la'aan ay kumannaan ugu le'deen. Musiibada waxaa u sii dheeraa, dhibaatada ay ku hayeen ciidamada Kiinya oo ula dhaqmay dadkii nabadgalyada u soo doontay si bini-aadannimada ka baxsan.

Marka intaan oo dhan ay dhacayaan, Itixaad waxaa uu ciidan xooggan ku haystay Malkaariyeey oo Beledxaawo u jirta 7Km. Waxaa ay halkoodi hore uga guureen, in aysan isku dhicin ciidammada Caydiid. Sababta ay isaga ilaaliyeen isku dhaca ma ahayn awood la'aan iyo baqasho toona ee waxaa ay ahayd in ay raalligaliyaann culimadii Itixaad ee beel ahaan ku dhinaca ahaa Jananka sida dadku qaar ku doodaan. Dagaalki Araare ayaa laga qaatay cashar ah in culimada beeshaas aysan aqbalayn in Itixaad la dagaallamo Caydiid. Laakiin Itixaad waxaa uu sheegtay in ay diidayeen ka qaybgalka dagaal qabiil. Sababta Itixaadkii joogay Beledxaawo u doortay in uusan la dagaallamin ciidankii Jan. Caydiid waxaa aan waydiiyay sheekh Cukaashe oo Jananka ku beel ah sidaa oo kalana ka mid ahaa raggii ka shaqeeyay in aysan labada garab dagaallamin. Waxaa uu yiri sheekhu [102] :

Wallahi ninyahow niyaddoodi ma garanayo. Laakiin markaan xusni-danni [malo wanaagsan] *sameeyo waxaa ay ahaayeen fidno ka carar. Ciidan la'aan ma ahayn. Qoriga mooryaanku wato waa haysteen. In ay fidno ka cararayeen waxaa ku tusaya in ay meeshoodii hore ka guureen oo meel duur ah tageen. Taasaa tusayso in ay fidno ka carar ahaayeen.*

In dhallinyaro hubeysan oo hortooda dadkoodu lagu dhibaataynayo ay diiri waayeen, waa mid ay adag tahay in maanka Soomaalidu rumeysto.

---

101   Independent 4/8/1992. Somali tells of month-long massacre. Available at: https:// www. independent.co.uk/news/world/somali-tells-of-monthlong-massacre-1538198. html. waxaan booqday 13/03/2021

102   wareysi aan la yeeshay 9/10/2022

Laakiin, sidaan horay uga soo warrannay tarbiyada ay qabeen dhallinyarada ayaa ahayd 'annaga' iyo 'iyaga' uusan isu diirnax ka dhaxayn. Waa tii aannu soo sheegnay in aan beecada lala gali jirin qof aan laga dilin dammiir walba oo u damqada wixii Itixaad ka soo hara. Tanu ma ahayn erayo maran. Balse waxaa ay ahayd caqiido cuskan meel adag oo ciriqeeda lagu xiriiriyay aayado Qur'aan ah taabba-galinteedana laga dhigay shardi ku xiran ka run sheegidda imaanka la qaatay. Cabdullaahi Faarax Cali (Taano) qoraha buugga, aan inta badan xiganayno ee, *Cadowgeennu waa Kuma*, waxaa uu ka mid ahaa dhallinyaradii horay u galay Itixaad, wax ay bareen sida weynna u qaatay afkaartoodi xilal kala duwanna ka qabtay. Intaas oo keli ma ahee, waxaa uu aad u difaacaa ururki Itixaad. Isaga oo ka warramaya waxyaabihii fiicnaa ee ururkaasu qabtay waxaa uu qoray:

> *Ururka Itixaad xertooda intay diinta baraan kama hari jirine, waxaa ay si joogta ah ugu dhiirrigalin jireen, in dhaqanka Islaamiga ahi ka muuqdo qofka ay wax baraan. Ragga iyo dumarkaba waxay ku qancin jireen in ay ka soo go'aan haddii ay lahaayeen saaxiibbo xun amase ku dhegganayeen balwad shaydaan (bogga 352).*

Arrintaan, eraybixinta xarakooyinka, waxaa loo yaqaan *Al-baraa* oo macnaheedu yahay ka bari noqosho dadka xun/gaalada. Qofka xumaantiisa waxaa sargooya, sida iyaga loo baray, afkaarta uu qabo iyo halka uu ka joogo ururkooda. Haddii ruuxi galay Itixaad laga soo kaxeeyay asxaabtiisi iyo ehelkiisi ka afkaar duwanaa xaggee aadayaa oo tol u doonanayaa? Waxaa nooga jawabaaya Cabdullaahi Faarax Cali mar kale.

> *Si gaar ah ayay Itixaadku u walaalayn jireen dadka xertooda ah, kuwa ay dareemaan in ay si wanaagsan wax u fahameenna xubin ururka ah ayay ka dhigi jireen oo beeco (ballan adag) ayay la gali jireen. (bogga 352).*

Tanna waxaa loo yaqaan *al-walaa* oo macnaheedu yahay ka-tol-dhigasho ama ka wali-yeelasho. Sida ka muuqata sadarrada kore, horeyna aan u soo sharraxnay, qofka inta aan lagu aaminin xubinnimada ururka iyo siraha hoose, waxaa laga rabaa inuu ka bari noqdo wixii ururka ka baxsan kana walaaldhigto inta ururka raacsan keliya. *Walaha* iyo *Baruhu* dhallinyaradii Itixaad si siman uma qaadan. Ookiyaalaha Itixaad markii lagu eego, sidii loo kala iimaan badnaa oo Islaamnimadu laabta ugu kala fogaatay ayaa dhaqan-galintiisa loogu kala badnaa. Markii lagu eego ookiyaalaha dadka Itixaad ka soo horjeeday sidii loo kala caqli yaraa ayaa loogu kala dhaqmay. Tusaale, bishii Abriil 1994- kii Itixaad, oo dhul-fidsi waday, ayaa doonay in ay dugsi ka dhistaan Garbahaarreey. Awal xaafado ma ogiye, ma aysan lahayn dugsi dhisan oo Itixaad gooni u ah. Sababta ay ku doorteen ma ogiye, dugsigii magaalada ugu weynaa oo aan aniguba dhigan jirey hortiisa boos ku yaallay ayay dooneen in ay dugsiga ka dhistaan. Reer Garbahaarreey waa diideen in Itixaad dhulkaas malcamad ka dhisto. Diidmada waxaa ay sabab uga dhigeen in Itixaad doonayo inuu ku dumiyo dugsigaan kan sii jirey ee laga hordhisayo. Dhallinyaradii Itixaad, ee degmada joogtay, waxaa ay isku dhaarsadeen in ay darsada si xoog ah ku dhisaan. Odayaashi wiilasha dhalay iyaguna waxaa ay wacad ku mareen in ay xoog uga dumiyaan meegaar dhis ahaa oo habaynimo Itixaad dhisay. Waabarigi waxaa booski ku kallahay dhallinyaradii Itixaad oo budad ku hubeysan. Barqadi ayaa waxaa meeshi soo aaday odayaashii oo diyaar u ah inay darsada cagta mariyaan. Waxaan subaxaas ka mid ahaa dadki daawanayay wixii dhacayay. Aniga oo dugsiga jooga ayuu buuqu billawday sidaas ayaana ugu soo baxnay.

 Waxaa yimid oday ka mid ahaa cuqaasha baladkaas ugu caansan oo la oran jiray Axmed-nuur Aadan Deer. Dhinaca Itixaad waxaa taagan wiil uu dhalay oo la yiraahdo Xasan Axmed-nuur. Xasan waa macallin iyo daaci Itixaad u qaabbilsan Garbahaarreey. Waa ninkaan kor ku sheegnay ee ururka ilaa Boosaaso la tagey. Waxaa uu ahaa inta subaxaas meesha joogtay midka ugu aqoon roon. Waxaa kaloo taagnaa baarbaar kale oo la yiraahdo Cabdikariin Cali-cad oo Axmed-nuur adeer u yahay laakiin gurigiisa ku noolaa oo wiilkiisa oo kala ahaa. Axmed- nuur markii uu yimid waxaa uu yiri, isaga oo la hadlaya labadii wiil ee uu masuulka ka ahaa, "Xasan, Cabdikariin iga daba imaada" waa uuna iska laabtay. Noqoshadiisii iyo raaciddoodi isku mar ayay ahayd sidaas ayayna Xasan iyo Cabdikariin uga baxeen safki dhallinyaradii Itixaad. Qorshuhu waxaa uu ahaa in oday walba wiilkiisa wato kaddibna si dhib yar dhista loo siisiibo. Laakiin labadaas ma ogiye, dhallintii kale ballankoodi ayay ka dhabeeyeen. Odayaashii oo doonaya inay dhista cagta mariyaan ayay wiilashi gacan kala hortageen waxaana dhacay lagdan iyo israfin foolxumo badnayd. Waxaan indhahayga ku arkay nin da' ahaan markaas soddon jir ahaa oo dhulka ku gabawaray adeerkiis aabbihii la dhashay ahaana qofkii qaraabo ahaan ugu xigay subaxaas inta joogtay Garbahaarreey. Wiilashii Itixaad laga adkaa maaddaama laga badnaa. Wixii maalintaas dhacay waxaa ay noqotay sheeko bilo dhan la hayay. Intii Itixaad ka soo horjeedday Xasan[103] iyo Cabdikariin in ay raaceen aabbahood buuq la'aan waxaa ay ku sheegeen garaad iyo garasho ay inta kale dheeraayeen. Laakiin Itixaad iyo inta ku fekerka ahayd waxaa taasi ay ku macneeyeen iimaankooda oo daciif ahaa iyo in aysan fahmin mas'alada *Al-walaa-Wal-baraa*.

Nin maalintaas joogay Beledxaawo, oo uu warku gaaray, ayaa igu yiri: "Waxaan imid guri ay lahayd ina-habreedday oo Itixaad ahayd. Sheekadii Garbahaarreey ka dhacday ayaa la soo qaaday. Gabadhii ayaa tiri ilaa wiilasheennu si dhab ah u fahmaan *walaha* iyo *baraha* diintaanu saldhigan mayso." Kaddibna waxaa ay akhrisay aayadda u danbaysa Suuratul Mujaaddah[104]. Gabadhu wiilasha ay leedahay si dhab ah uma fahmin *walaha* iyo *baraha* maaha Xasan iyo Cabdikariin oo keliya ee waa dhammaan intii maalintaas halkaas joogtay sida laga fahmi karo aayadda ay akhrisay. Waxaa ay leedahay gabadhu wiilashu hadday mas'alada fahmeen iyaga oon naf goyn ama tooda la goyn xaaladda sidaas kuma dhammaateen.

Walaalaynta uu samaynayay, ururku waxaa uu kaga dayday middii Suubbunahu NNKH u sameeyay saxaabadii ka soo hijrootay Maka ee timid Madiina. Saxaabadaasi waxaa ay ka yimaadeen beledkoodii, hantidoodii, qaraabadoodii iyo xatta xaasaskoodii. Nafafyaashooda keliya ayay la yimaadeen. Maaddaama Suubbanuhu NNKH dhisayay bulsho cusub oo leh aqoonsi u gaar ah oo waxa isku keenay inta raacday uu yahay tawxiidku, ayuu laba laba u walaaleeyay saxaabadii Mako ka timid iyo kuwii ay Madiina sii joogay. Walaalayntaan aqoonsiga ka sakow, waxaa ay ahayd abuurid gacaltooyo iyo dhawaansho dhex marta labada kooxood ee aan awal horay isu aqoon iyo baabi'in dhaqankii ku dhisnaa qabiilka ee duntiisu isku xiraysay abtirku. Itixaad inuu abuuro aqoonsi noocaas ah baahi ma u qabay? In ay kaligood walaaloobaan waxaa ay noqon kartay figrad ka dhalatay in ay inta kale gaalo

---

[103] Xasan wuxuu ii sheegay 29'ki Julaay 2022 in dhacdadaas ay aakhir keentay in ururka laga eryo mushaarkina laga jaro. Markii warki uu gaaray Beledxaawo dhaqso ayaa la iigu yeeray buu yiri. Waxaa ila kulmay oo waraysi iga qaaday Macallin Maxmmuud. Iimaankayga inuu tuhun jiro ayaa la igu eedeeyay. Inkasta oo aan maalintaas isdifaacay $90 oo aan ku qaadan jiray faafinta dacwada ayaa la iga jaray. Bilo kaddibna waxaa la iga ceshaday xubnnimadi ururka iyadoo la ii sheegay inuusan i galin iimaanku. Aniga wacay Xasan si aan u waydiiyo bal in loo ciqaabay wixii maalintaas dhacay.

[104] Aayaddaan culimadi tafsiirka waxaa ay sheegeen in ay ku soo dagtay Cubaydullah ibnu Jarrax oo dagaalkii Badar Eebbe gacantiisa ku sababay aabbihii. Aayaddu waxaa ay tilmaamaysaa in aabbahaa iyo walaalahaa hadday ay gaalnimo doortaan aad ula collowdo sida dadka kale. Ma ahan aayad ku dabbaqmi karta qof muslim ah

u arkayeen; ama ummaad qarriban oo la mid noqoshadeeda diin la'aan ay ka dhalanayso ayay ula muuqatay. Wax ugu wacnaaba waxaa ay ahayd arrin muujinaysa in Itixaad uusan isu diyaarin hoggaamin dad kala jaad ah; wax la qaybsi dadka ka aragti duwan iyo dhisid dawlad dadka wada deeqda.

Aan u soo noqonno Beledxaawo iyo Caydiid. Ciidankii Itixaad waxaa uu guddoonsaday in ay hilada Malkaariyeey iska joogaan ishana ka dhawrtaan xadgudubyada hortooda Muslimiinta qaraabadooda ah loogu gaysanayo haddii ay iyagu ka nabadgalayaan. Si tan loo xaqiijiyo, wadaaddadi ku haybta ahaa Caydiid oo ay ugu turuqyo waynaayeen sheekh Xasan Daahir Aweys iyo sheekh Cabdiqaadir Cukaashe, ayaa dhinaca Jananka ergo u aaday kuna soo qanciyay inuusan raggaas dagaal ku qaadin [105]. Dad badan ayaa qaba in culimadii ku haybta ahayd Jananka ay qeyb ka ahaayeen dagaalkii uu jananku ku jirey, qodax walba oo ka hor imaan kartayna ay ka leexinayeen si uu hadafkiisa u gaaro. Dadka aragtidaas qabay waxaa ka mid ahaa AUN-tee madaxweynihii hore ee Soomaaliya Cabdullahi Yuusuf Axmed. In ay Beledxaawo tageen iyo tuhmadaas lagu ganay culmadii Habargidir saxnimadeeda iyo waxa uu ka dhihi lahaa ayaan weydiiyay sheekh Cukaashe waxaa uuna yiri [106]:

> *Haa waa run waa jirtaa inaan tagnay Beledxaawo. Sababtaan ku tagnay waxaa ay ahayd, waa tii MS Barre iyo Caydiid uu dagaal ka dhaxeeyay, MS Barrana uu baxay Caydiidna uu Gedo qabsaday... Aniga Nayroobi baan joogay markaas. Wadaaddada mucaskar ayay ku lahaayeen Beledxaawo... Macallin Maxammuud ayaa hormuud u ahaa. Macallinka waa nin aan aqoon badan isu lahayn. Xalane aan iskula jiri jirnay, macallimiin aan isla ahayn, ururkii Ahal aan ku wada jirnay... Markii Caydiid magaalada qabsaday, wadaaddadii mucaskarka ku lahaa way ka baxeen waxayna dageen meel 7KM u jirta oo Malkaariyeey la yiraahdo. Wadaddadii codsibay soo codsadeen; waxay usoo cid direen annaga oo Nayroobi joogna... [iyo] rag kale oo Marko joogey oo Xasan Daahir odey u ahaa. Waxay yiraahdeen ha naloo yimaado. Codsigoodaan ku tagnay meesha.*

---

105   C/laahi Faarax Cali. Cadowgeennu waa kuma. Bogga 386
106   Wareysi aan la yeeshay 9/10/2022

Aniga markaan tagayay waxaa i raacay sheekh Cabdullahi Ciise Cilmi, Cabdishakuur Gurey Warsame Mire. Waxaan iska sii hormarinnay laba nin oo kala ahaa Cali Daahir Aweys (Xasan Daahir walaalkii) iyo Cabdiqaaddir Nuune... Cabdishakuur [Marreexaan reer Diini] markii laga reebo afarteenna kale waxaa nahay Habargidir, seddex Sacad ah iyo mid Cayr ah. Sidaas ayaan meesha ku tagnay... Xasan Daahir iyo rag la socdo ayaa Marko nooga yimid... Laba Sacad ah iyo isaga oo Ceyr ah... Intanadaas ayaa meesha tagnay waxaa ku tagnay dacwadii ay walaalahu noo yeereen oo ay dhaheen nimankaan mooryaanta ahoo ninkaan uu wato Caydiid ah kaalaya nagala hadla.

Sheekh Cukaashe waxaa uu sheegay in ay caydiid la kulmeen iyaga oo aan ahayn hal qabiil. Wadaaddo Mandheeraa uga yimid oo Muralle, Ogaadeen iyo Raxanweyn ahaa iyo kuwii Marreexaan ee xerada sii joogay iyo iyagii safarka ku yimid oo wada socda in ay jananka u tageen ayuu sheegay. Laakiin isaga Cukaashe ah iyo Xasan Daahir keliya in ay la hadleen jananka ayuu sheegay waxaa uuna yiri isagoo ka warramaya wixii uu isagu yiri:

Waxay ahayd maalintii iigu horreysay iiguna danbaysay in aan arko Caydiid... Labo shay baan kala hadlay. Mid waxay ahayd. Waxaan iri, Maxammed Siyaadkii aad is cayrsanayseen ee dagaalku idinka dhaxeeyay waa baxay dalkana waa ka tagey. Meeshaan dadka deggan oo barakacay oo mooryaantaadu barakicisay duurkaas ayay taaganyihiin, biyo ma haystaan, cunno ma haystaan. Waxaa la rabaa dadkaas inaad u gurmato oo aad biyo u geyso magaaladoodina kusoo celiso, qaar Mandheere ayay u qaxeen halkaasey jiraan, inaad dalkoodi kusoo celiso, maamul u samayso, kala danbayn u samayso oo aad ka tagtid. Talada koowaad waa middaas.

Midda labaad waxaan kuugu nimid nimankaan wadaaddada ah adeerkood, ninkii qaraabada la ahaa oo aad iscayrsanayseen bay inta ka dhex baxeen yey meel duur ah dageen iyagoo fidno ka cararayo. Waxaan kuugu nimid mooryaantaada inaad ka ceshato nimankaan. Dadkaan hadday dagaal rabaan markii aad MS Barre is bursanayseen ayay dagaallami lahaayeen. Laakiin iyagoo aad ogtahay in ahalkoodi aad la dirirsantahay bay bannaanka u baxeen.... marka ninkaan inaad halkooda ammaan ku siiso ayaan kaa rabnaa... Xasan Daahir intaas iyo ka badan ayuu ku yiri.

Hadalka sheekha laba qodob ayaa nooga muuqanaya. Mid waa in uu ka marqaati kacayo in Itixaadkii Gedo isha ka dhawranayay ehelkiisii iyo maatadiisii oo guryahoodi loogu yimid oo tacaddiyo lagula kacayo. Intaan soo sheegnay ayuu xoojiyay sheekhu. Midda labaad waa inuu sharciyad siiyay Caydiid. Marka uu leeyahay waxaan iri dadka maamul u samee waxaa uu sinayaa sharciyad ah maamul ama madexweyne oo xaq u leh in uu dadkaas uu qabsaday u taliyo. Haddii uu u arki lahaa qabiil soo duuley oo mid kale qabsaday ulama muuqateen in caydiid xaq u leeyahay in uu dadkii uu qabsaday maamul u dhiso ee waxaa uu ku dhihi lahaa dadka dhulkooda uga bax.

Hadalka sheekha markii niyadsami lagu eego waxaan dhahaynaa waxaa uu nacayay fawdada oo waxba wax ayay dhaamaane wax un maamul ah Caydiid ha dhiso intuu fawdo ku joogi lahaa ayuu ula jeeday. Laakiin dadka qaba in culimadii Habargidir dedaal u galeen in Caydiid la aqoonsado hadalkaan iyo kuwo la mid ah ayay cuskadaan oo waxaa ay leeyihiin culimadaasu Caydiid madaxweyne sharciyad haysta ayay u arkayeen. Caydiid waxaa uu shir u qabtay odayaashii Beledxaawo 29- 30-kii Abrill 1992 [107] . Shirkaan waxaa ka hadlay AUN-tee Maxammed Cali Cabdi. Shirka oo si toos ah loo duubayay, Maxammed waxaa uu yiri "waxaan aamminsanahay haddii aan SNF sheegto in aan nin Marreexaan ah sheegtay, haddii Jannaraal caydiid ii sheegto USC-na nin Habargidir ah inuu yahay oo Hawiye ah markii si saraaxad ah oo aan been ahayn u wadahadalno." Hadalkaan waxaa ay ula jeedeen odayaasha Marreexaan Caydiid ka yeeli mayno inuu noo dawladeeyo oo maamul baan dhisi iyo sheeko noocaas ah noola yimaado. Waa qabiil na qabsaday sidii qabiil na qabsaday ayaana u wada hadlaynaa. Taas oo lid ku ah dalabka sheekh Cukaashe iyo culimadii Itixaad ee jananka ku oosha ahayd.

Sida ay doonto ha noqotee arrinta loo keenay Jananku waxaa uu u arkay oggolaansho loo siiyay xadgudubyada uu wado maaddaama ciidankii masaafo ahaan ugu dhawaa aqbalay inuu isha ka dhawrto. Sidaas darteed waxaa uu soo dhaweeyay waanwaanti waxaa uuna amar ku siiyay ciidankiisi in ay ammaan galiyaan xerta deggan Malkaariyeey.

---

107 Youtube ayuu ku jiraa

Magaalooyinka kale ee gobolka waxaa ka socday dagaallo dhexmarayay USC iyo ciidammadii *Somali National Front* (SNF). Baardheere, Buurdhuubo, Ceelwaaq ilaa Garbahaarreey ayay dagaal kaga bixinayeen USC-da. Inta aannan faahfaahin dagaalkaan qaybihiisa danbe oo noqon doona dunta isku xirta SNF iyo Itixaad aan wax ka ogaanno cidda ay tahay SNF.

SNF

Ururkaan waxaa uu ka mid yahay ururradii S-da ka billawda ee beelaha Soomaaliyeed samaysteen si ay qaybtooda uga helaan hilbaha la goosgoostay ee Maandeeq. Ururka SSDF[108] ayaa ugu horreeyay inta S-da ku abtirsata kaas oo la alkumay 1978-kii. Sidaas ayuu hooyada ururrada magacyda qabiilka sita ku noqday sida Puntlandba u noqotay hooyada maamullada qabiilka ku dhisan. Samaynta SNF waxaa sabab u ahaa shirkii ka dhacay Jabbuuti 15-21-kii July 1991-kii ee lagu ansixiyay madaxweynennimadii Cali Mahdi. Shirkaan waxaa matalaad ka helay qabiil walba oo Soomaaliyeed markii laga reebo Marreexaan. Shirkaan waxaa maamulkiisa iyo maalgalintiisa gacanta ku hayay Qarammada Midoobay. Odayaal iyo siyaasiyiin Marreexaan ahaa oo codsaday in ay shirkaan tagaan ayaa si cad loogu diiday laba arrimood dartood: 1) Maxammed Siyaad ayaa wali Gedo joogo iyo

2) Ma lihidin urur idin matala oo aad uga qayb gashaan shirkaan. Dawladda halkaas lagu ansixiyay waxaa ay horay u dhistay xukuumad ka koobnayd 80 wasiir oo uusan ku jirin qof Marreexaan ah. Intaas oo keli ah maahee, qodobbadii shirka ka soo baxay waxaa ka mid ahaa in Soomaali oo dhan u midowdo duullaan lagu qaado Gedo. Taas ayaa sabab looga dhigay in Maxammed Siyaad uu markaas ku sugnaa Gedo. Arrimahaan isbiirsaday waxaa ay keeneen in reer Gedood tashado iskuna dayo inuu la mid noqdo Soomaalida kale. Tallaabada koowaad ee la qaadayo, sida la filan karaba, waxaa ay noqotay in la iska difaaco cid walba oo soo weerarta. Arrintii ahayd Gedo Soomaali oo dhan weerar ha ku qaaddo, Marreexaan waxaa uu u fasirtay dadka deggan ha la ciribtiro. Abaabul, habar-wacasho iyo kicin shaqo u abuurtay dad meel ay ka qabtaan la'aa ayay dhalisay arrintaasu. Sidaas ayaa waxaa ku dhashay

---

108 SSF buu ahaa magacii jabhadda lagu aasaasay. Xilliga ay SSDF la baxeen waa 1981. Markii ugu horreysay se magacii loogu wanqalay waxaa uu ahaa SODAF

ururkaan aafooyinka reebi doona. Waxaa markiisi hore looga dhawaaqay, 1991-kii, magaalada Nayroobi ee dalka Kiinya iyada oo guddoomiye loogu doortay AUN-tee Cumar Xaaji Masalle oo Soomaalida dhegaheeda aan ku cusbayn. Dhisiddii ururkaan, waxaa ay dedajisay bixiddii Jaalle Siyaad oo ciidankii furimaha hore ka difaacayay aagagga soo banneeyay dagaal la'aan. Soo bixidda ciidamadaas waxaa lagu eedeeyay jannaraal Cummar Xaaji, oo isaga oo madax ka ah ururkii SNF, heshiis hoose la galay jannaraal Caydiid sida ku qoran buugga *Cadowgeennu waa Kuma*. Laakiin waxaa jirta warin kale oo tilmaamaysa in uusan jirin xiriir ka dhaxeeyay Cumar iyo Caydiid. Beddelkeeda Cumar waxaa uu xiriir la lahaa Cali Mahdi oo uu aqoonsaday madaxweyne. In laga wada shaqeeyo bixinta Jaalle Siyaad dalkuna yeesho dawlad loo dhanyahay oo Cali Mahdi madaxweyne ka yahay ayuu qabay Jan Cumar. Waxaa kaloo se jiray rag xubno ka ahaa SNF laakiin aragti ahaan u dhawaa ururkii Itixaad [109]. Kooxdaan oo uu hoggaaminayay Axmed sheekh Cali (Buraale) ayaa qabay aragti ah in ciidanka Marreexaan lagu soo celiyo Gedo oo iyada difaac laga galo. Aragtidaan waxaa qaatay Itixaad bishii Maarso 1991- kii. Waqtigaan oo ku aaddan markuu Caydiid Kismaayo qabsaday ayaa waxaa shiray madaxdii Itixaad ee Gedo joogtay. Waxaa ay isla qaateen in Marreexaan joojiyo duullaanka ka baxsan deegaannadiisa iskuna difaaco xadka Gedo. Haddii intaas Marreexaan laga helo, Itixaad waxaa uu ballanqaaday inuu difaaca qayb ka noqon doono. Kooxda Buraale hoggaaminayay oo aragtidaan la dhacsan, Itixaadna ka wada hadleen dhinacna SNF ka tirsanaa ayaa gaaray furintii ciidanka oo Wallaweyn ahayd. Waxaa ay kala furfureen ciidankii iyaga oo intii wax ka maqlaysay ku qanciyay in ay dib ugu noqdaan deegaannadoodi halkaasna difaac ka galaan. Dad aan waraystay ayaa ii sheegay in Itixaad wax ku lahaa talada raggaas ku tageen Wallaweyn iyaga oo sidaa oo kale la socodsiiyay Jan. MF Caydiid qorashahooda. Qorshuhu waxaa uu ahaa in jaalle Siyaad baxo kaddibna dalka dawlad loo dhan yahay loo dhiso. Jan Cumar si toos ah ugu jiryaa iyo ka ogaal-la'aanyaaba, ururki SNF ee uu madaxda ka ahaa ayaa fududeeyay in Caydiid loo furo waddo uu Gedo ku qabsado iskacaabbin la'aan.

Ma ahan mid la biciidsado in Cumar Xaaji minjoxaabiyo Jaalle Siyaad. Labadan nin, qabiil haba wadaageene, xurguf weyn ayaa u dhaxaysay in muddo ah. Ku dhashay Badadweyne 1937-kii, Cumar waxaa uu ka mid ahaa saraakiishi fara-ku-tiriska ahayd ee magaalo ku dhalatay, waxbaratay kaddibna ciidammada

---

109 Xogtaan waxaa ka qorey Cabdullaahi Warsame (Waranle) oo aan taleefan kula hadlay 26/08/2022

ku biiray. Si dhaqsa ah ayuu u dallacay ilaa u qaatay janannimo wax yar ka hor dagaalkii 77. Cumar waxaa uu darajooyin sare ka qabtay, sida abaanduulaha ciidanka iyo wasiirka gaashaandhigga, dawladdi uu keenada u hayay Jaalle Siyaad. Tuhun la xiriiray inuu dawlado qalaad siraha dalka u gudbiyay dartiis, ayaa Cumar loogu soo eedeeyay danbi 'qaran-dumis'. 1982-kii ayaa isaga oo wasiirka Caafimaadka ah oo booqasho ku jooga magaalada Baydhabo xabsiga loo taxaabay. Waxaa lala xiray Cumar rag badan oo darajooyin sare ka hayay dawladda. Cumar lix sano oo xabsi ah ayuu liqay. Markii la soo daayay wax yar kaddibna dawladdi ayaa dhacday. Sidaas ayaysan calool-fiyoobaan u dhex ollin MS Barre iyo Cumar Xaaji oo Gedo u soo wada qaxay.

Hasa-ahaatee, wajigabaxii ugu weynaa waxaa uu dhacay markii jannaraal Caydiid ka baxay ballantii ahayd in Marreexaan dib ugu laabto Gedo Caydiidna uusan soo weerarin. Ciidankii furimaha ka soo baxay ee uu hoggaaminayay jannaraal Maxammmed Xaashi Gaanni waxaa uu toos u aaday Gedo kumase uusan hakane waxaa uu u sii gudbay Galgaduud isaga oo dhex maray Soomaali Galbeed. Jannaraal Caydiid ciidankii ayuu soo dabagalay sidaas ayuuna gacanta ugu dhigay gobolka oo dhan. Arrintaan waxa ay maradhac ku noqotay jannaraal Cumar oo dadka u sheegi jiray in Jaalle Siyaad keliya la bixinayo gobolkuna uu ku baaqi ahaan doono gacanta SNF. Wajigabaxaan ayaa keenay in jannaraal Cumar muddo sannad ah laga waayay meelaha Marreexaan ku shiro. Middaan ayay, dad badan qabaan, in ay ahayd dibindaabyadii ugu horraysay ee lagu galay magaca SNF.

Yeelkeede, SNF waxaa uu noqday ururka matala beesha Gedo, ciidankeedu ku dagaallamo, odayaasheeda ku garramaan madaxdeedana lagu yaqaan. Mar hadduu Jaalle Siyaad baxay, Caydiidna halkii uu maamul dhisi lahaa, xasuuq iyo xaalufin abaal uga dhigay gobolka, Kiinyadii loo qaxay naxariisdarro lagala kulmay, Itixaad dadkii dhibka ku eegtay, ciidanki qabiilka xooggiisi hubkii Galgaduud la aaday, xaalku waxaa uu noqday "waxba dhowran maynee Allow dhagaxyo soo daadi." Midkii qori heli kara, kii bamboo helo karaba qof walbow soo dhaqaaq ayaa lagu habar wacday. Sidaas ayaa waxaa ku billawday dagaal dhuumaalaysi ah. Degmooyinka gobolka ayaa midba maalin laga saaray malleeshiyaadkii jananka.

Intii uu socday dagaalka, sabab keentayba, jannaraal Caydiid ma oofin ballantii uu la galay Itixaadkii Malkaariyeey fadhiyay. Iyaga oon warheyn ayuu weeraray horraanti bishii May 1992-kii [110]. Itixaad uu ka mid yahay qoraha *Cadowgeennu waa Kuma* waxaa ay sheegeen in SNF masuul ka ahayd in Caydiid weeraro Itixaad. Waxaa ay leeyihiin koox ka ka tirsan ciidanka SNF ayaa weerar ku qadday ciidanka Jan Caydiid oo meel deggan. Kaddib ciidankii SNF ee weerarka qaaday waxa uu cararay dhinaca Itixaad. Malleeshiyaadkii Caydiid waxaa ay u qaateen in Itixaad oo ballantii ka baxay uu soo weeraray. Si ay ahaydba, weerarkaan lagu qaaday waxaa uu gacan siiyay koox ay ku danbaysay wax uun dareen rixin ah. Waxaa uu qoray Cabdullaahi Faarax Cali:

> *Rag ayaa qabay jenneraalku ciidankiisu in ay qabsadeen guryahayagii, waxaa ayna qixiyeen haweenkayagii, xoolahayagiina way bililiqaysteen, naftayadiina way noogu yimaadeen, dugsiyadii iyo dadkii aan waxbaranaynay way kala cayriyeen, in ay wax fasahaadiyaan maahane waxba ma toosiyaan, sidaas darteed waa in aan la dagaallo (bogga 386).*

Hasa-ahaatee raggu dareenkaas ma wada qabin. Qaar ayaa iyaga oo arkaya waxaas oo fasaad ah wali u arkayay in dagaalku yahay mid fitan sidaas darteedna dib looga joogsado. Waa kan Cabdullaahi mar kale:

> *Rag kale [oo] figraddaas diiddanaa ayaa lahaa, duullaanka ay Caydiid iyo USC wadaan wuxuu ka mid yahay dagaallada fidnada ah ee ummadda maantay ka dhex oogan wuxuuna qayb ka yahay duullaamadi ay dad reer Gedo ku tageen gobollada Bay, Bakool iyo kuwo ka sii xaggeeya, haddaan ka qayb galnaa waxaan noqonaynaa dulmiyowlayaal la mid ah kuwaas (Cadowgeennu waa Kuma bogga 386).*

Weerarki jananku ku qaaday Malkaariyeey, waxaa uu gacan sare siiyay raggii lahaa aan isdifaacno maaddaama haatan aysan sinnaba ku badbaadayn. Kuwii awal shakiga qabayna hadda waxaa loogu yimid naftooda oo waa in ay dagaallamaan ama in la laayo iyaga oo fadhiya. Itixaad, oo aan wali gacan qaadin, ayay ciidammadii SNF-tu qabsatay Beledxaawo 30-kii May 1992-kii. Ciidankii jananka ee degmadaan laga saaray ayaa isugu tagay Luuq duleedkeeda dhinaca gobolka Bakool ah. Waqti yar kaddibna waxaa Caydiid laga saaray

---

110   C/laahi Faarax Cali. Cadowgeennu waa kuma, bogga 385

Baardheere bishii Juun dhexdeeda. Hasayeeshee, dagaal rogaalcelis ah ayuu ku qabsaday Baardheere. Haataan SNF awooddeedi oo aan xoog badnayn waxaa ay u dhaxaysaa, Beledxaawo, Baardheere, Ceelwaaq, Buurdhuubo iyo Luuq. Waa masaafo aad u ballaaran oo uusan difaacan karin ciidan aan haysan taakulo joogta ah. Tani waxaa ay keentay in SNF, oo ogaatay in jananku weeraray Itixaad, la xiriirto Itixaad si ay iskaashi u samaystaan. Laba jeer ayaa wafuud loo diray Itixaad kan danbana uu hoggaaminayay ugaaskii beesha ugaas Cumar ugaas Xirsi AUN-tee. Odayaashaan, oo saddex keliya ahaa, waxaa ay Itixaad ka codsadeen in ay gobolka wax ka difaacaan. Itixaad waxaa uu doonay inuu fursaddaan uga faa'iidaysto ujeeddooyinkiisa isballaarinta iyo ismuujintu qaybta ka ahaayeen. Waxaa ay u arkeen fursad qaali ah in ugaaskii beesha fadhigooda uga yimid oo uu cudud ka codsaday. Waxaa ay waydiisteen odayaashi in laga warsugo taasoo loo yeelay. Go'aankii uu Itixaad qaatay waxaa uu noqday in ay shiriyaan waxgaradkii gobolka wixii Beledxaawo ka agdhawaa si ay u soo bandhigaan shuruudaha ay dagaalka qayb uga noqon karaan marqaati badanna ugu yeelaan. Shirkaan, oo ay ka qayb galeen dad gaaraya boqol qof oo isugu jira odayaal, saraagiil ciidan iyo culimo, ayaa ka dhacay Bannaaneeyay oo darafka Koonfureed Beledxaawo kaga taal [111]. Itixaad waxaa laga codsaday in ay gobolka wax ka difaacaan maaddaama haatan Caydiid laga cabsi qabo inuu soo rogaalceliyo. Shirkaas waxaa ka soo baxay saddex qodob oo Itixaad shardi uga dhigay in ay dagaalka qayb ka noqdaan kuwaas oo kala ahaa:

In gobolka Shareecada lagu xukumo
1. In Shareecada la isku difaaco
2. In ay dadka gobolku is nabadgaliyaan, dersikoodana nabadgaliyaan [112].

Halkaas waxaa ka dhashay guur dhex maray Itixaadkii Gedo joogay waqtigaas iyo ururkii SNF. Waxaa xusid mudan in shirkaanu uuusan goobjoog ka ahayn guddoomiyaha ururka SNF mudane Cumar Xaaji. Waxaan sidaa oo kale aan caddayn inuu wax ka ogaa kulankaan ama lagu wargaliyay. Hubaashi wax saamayn ah oo ku lahaa dagaalka xoreynta Gedo ma jirin.

Intaas waxaa dheer, sida ka muuqata shuruudaha kore ee Itixaad xirtay odayaashuna ku raaceen, kuma cadda cidda fulinaysa ama meel marinaysa

---

111   C/laahi Faarax Cali. Cadowgeennu waa kuma bogga 388
112   Isla tixraava kore

shuruudahaan. In Shareecada la isku dhaqo maaha arrin Soomaalidu marnaba diiddo. Xaqiiqdi shareecadu waa qayb weyn oo nolosha Soomaalida ka mid ah dhaqankeedana ka mid noqotay wax haba maqnaadeene. Waxa doodda keena dagaalna dhaliya ayaa ah yaa oogaya shareecada? Xarako, jamhad ama dhadhaqaaq soo kordhaba inuu diinta cuskado waxaa ay ahayd mid soo jireen ah. Qolada ka soo horjeedda in ay ku diideen iyaduna Soomaalidu kuma cusbayn. Sayid Maxammed dadkii dhaliilay waxaa uu ka dhigay kuwo diinta iyo jihaadka la dirirsan kala reeb la'aan iyada oo qaar badan siyaasad ahaan ama arrimo qabiil u diiddanaayeen, qaarna dacwadiisa iyo qaabka uu diinta u dabbaqayo walaac ka muujiyeen. Isaga oo doonayo inuu bannaysto dhiigga qof walba oo dhaliila siyaasaddiisa amaba ku diida sida uu doonayo ayuu Sayid Maxammed tiriyay geeraarkaan:

> *Nin u aqdaama Faranjiga maantiyo abuuriin*
> *Ama aaladda u sida, ama awrta u rara*
> *Ama arigaba u qala ama laba ugaarsada*
> *Ama uba ilaala ah ama uurka kala jira*
> *Ashahaado beeniyo, islaannimo ha lagu dhaqo*
> *Ilaahayna nama oran anna, ma oggolaan karo*

Dhinaca kale, intii ka hor timid waxaa ay calaama-su'aal saartay runnimada sheegashadiisa, daacadnimadiisa iyo diinta uu wado xaqnimadeeda. Afar nin [113] oo afar deegaan oo kala fog kala joogtay ayaa laga reebay tixo na tusaya waxa ay Sayidka uga horyimaadeen. Aan ku horreyno Cali-dhuux (Dhulbahante) oo carro Ciideed ka soo gabyay.

> *Allaahu Akbar Eedaanku waa kaa afkiyo beene*
> *Ashahaaday gaalkuba waase ehlu naarkiiye*
> *Ubbo wayso waan kugu arkaa agab salaadeede*
> *Eedaanna waan kaa maqlaa oogta waaberiye*
> *Ashahaada beenloow maxaa aaho kugu aasan*
> *Hadduu uurka kaa jiro wardigu kaama orodneene.*

Cali Jaamac Haabiil oo (Habar Awal) reer Berbera ahaa isaguna dhawr jeer ayuu Sayidka u gabyay. Cali Jaamac waxaa uu ahaa nin wanaag lagu bartay

---
113 Gabayadaan waxaan ka qorey Aw Jaamac Cumar Ciise weraysi uu siiyay BBC

oo sifooyin toolmoon ku caan baxay. Waa ninkii Sayidku u diray nin u soo jaajuusa ceebaha uu leeyahay maaddaama loo sheegi waayay iin muuqata oo Sayidku ku caayi karo. Sida la sheegay ninkii la diray wax ceeb ah waxaa uu ka soo helay in Cali Jaamac ilkihiisu dabar lahaayeen iyo in uu lahaa qooro dheer. Sayidka oo sifadaas qabsaday ayaa tiriyay gabaygi caanka ahaa ee ay ku jirtay "Huuraale Cali Jaamac iyo huluq dameer baa leh". Ninka sidaas wanaagga ugu caan baxayna gabay dheer oo u tiriyay waxaa ka mid ahaa:

Allahayoow middii uurlehiyo tii irmaan dumarka
Allahayoow ummulihii nin diley ubad jaqsiinaayey
Allahayoow mid aano iyo kibir Mu'min ku idleeyey
Allahayoow addoonnimo midaan kugu addeecaynin
Allahayoow midkaa ku inkiree diidey amarkaaga
Allahayoow mid oogada jirka aad insiga mooddo
Allahayoow misana aan ahayn awliyana sheegta
Allahayoow ibleys kaa u eg oonu garan weyney
Allahayoow nin aayaadka iyo diinta ku adeegta
Allahayoow amaba aan u odhan siday ahaayeenba

Allahayow ha nagu eegin kuu ergaa nahaye
Allayahow addoomaannu nahay diinta aaminaye
Allahayow baryada naga ajiib kuu ergaa nahaye

Cali Maxammuud Samatar oo lagu naanaysi jirey Cali Gurey (Dashiishe reer Boosaaso ahaa), waxaa uu ahaa nin aad loo tixgaliyo oo deegaankiisa amar ku leh. Garyaqaan iyo gabyaa sheegan ayuu ahaa. Gabyaa reer Bari ahaa ayaa mar la waydiiyay intuu rag arkay ninkii ula wanaag badnaa. Markaas ayuu ku jawaabay laba meeris oo uu ku tilmaamay Cali Gurey inuu ahaa ninkii ula cajiibsanaa intuu dad arkayay waxaa uuna yiri:

Gar la naqo guddoon la isu waco golo la meegaaro
Gur iyo toos nimaan gaal lahayn Cali Guraan sheegay

Sayidka oo, malaha, doonayay inuu soo dhaweysto ayaa farriin u diray uu leeyahay haddaad ii timaaddo waan kuu xoolayn. Cali farriintaas wuu ku gacansayray, xoolaha loogu yeerayana waxaa uu ku tilmaamay kuwo booli ah oo aan qaadasho lahayn. Tixdiisi waxaa ka mid ahaa:

Waxba yaan wadaad Doy ka yimid orannin yaabuu e
Waxba yuu isiin qalmuhuu soo ya'oobiyaye
Nin qabiiladiisi yu' tiri yuu ani rabine
Yuufuuna dhaha taladiisu waa yuuxan roob di'ine

Geylan Nuur Gurey (Tumaal) oo reer Hobyood ahaa ayaa isna gabay tiriyay. Tuducyo ka mid ahaa gabaygiisa ayaa ahaa:

In wadaadku ceeb hurinay oo camal kufaaroobay
Iyo inuu cilmi aan lala aqoon curiyay oo keenay
Caamuunu nahay oo qalbigu naga carruurowye
Iyagaa cibaadada hayee culimo waydiiya
Carruur dhalatay oo aan wali guryaha caaradna u dhaafin
In caloosha laga soo rido oo haadda la cunsiiyo
Rabbi iyo Nebaa la cuskaday ee caado ma ahayne
Iyagaa cibaadada hayee culimo waydiiya
Horta naag caloolloo jilbaha ciidda dhiganaysa
Oo waxay carsanlaysaba haddii dumarku soo ciidmo
Ciyaal aan maalintaas ka hor la arag oo aad ciidagale mooddo
Inuu caawimaa la arki jiray calaf nin haystaaye
Caanaha kan naasaha ku yaal canuggu yuu nuugin
Cadkana gooya gaalada cad bay camal wadaagaan e
Rabbi iyo Nebaa la cuskadaa ee caado ma ahayne
Iyagaa cibaadada hayee culimo waydiiya

Afartaas nin ee bulshada meekhaan kala duwan ku lahaa, deegaanno kala durugsan ku noolaa iyaga oon isu war hayn mid walba goonidiisa wixii u muuqday uga gabyay, waxaa ayna ka siman yihiin in ay dureen dacwadii Sayidku waday. Waxaan diinta Islaamka lagu aqoon, xeerkii dadku ku dhaqmi jirey aan ku jirin qof Muslim ahna aan ka suuroobin inuu ku kaco ayay Sayidka dusha uga tureen. Dooddaas dhabnimadeeda ma aha waxa na quseeya, ee barta aan u soconno waa in dadku waxa ay diidanaayeen uusan ahayn Jihaadka iyo la dagaallanka gaalada. Balse ay tuhmayeen in diinta uu ku oodogoosanayay iyo tacaddi aysan taageeri karin inuu socday.

Sidaas oo kale, ayay shacabka Soomaaliyeed marnaba waligood u diidin ku dhaqanka shareecada. Had iyo goor se cidda fulinaysa ayaa la isku qabtaa. Ma

Itixaad ayaa looga danbayn oogidda shareecada mise SNF? Ma culimada SNF raacsan ayaa hormuud ka noqon dhaqangalinta shareecada mise culimada Itixaad? In aan heshiiska arrimahaan lagu qeexin waxaa laga akhrisan karaa, in labada dhinac mid walba qorshe kale u qarsoonaa. In laga niqaasho iska daaye, in meeshaba la keenay shardiga ah diinta aan isku xukunno ayay odayaashi gef u arkeen sida uu qoray Idaajaa 1994-kii:

> *Dhacdadaasi waxay Ugaaska ku ahayd, isna uu u qaatay quursi iyo aflagaaddo, waxayna uga dhignayd sidii iyadoo, haddeer iyo da'daan, loogu yeeraayo in la muslimiyo oo ashahaadada loo qabto. Waxay kaloo waxgaradka gobolka qaarkood u iftiimisay ujeeddooyinka Itixaadka middood oo ah dhammaan madaxda bulshada dhexdeeda magaca ku lihi – Ugaaskana alla ha ka dhigee – inay iyaga soo hoos-galaan. Haddii aysan maanta noqon, berri*[114]*!*

Waa la kala irdhoobay laakiin la isuma muujin oo danbaa isku qasbaysay. *"Tuhmaa lagu ridaa niman hadday kala tagaayaane, tubta toosan waa laga duwaa tuurintii jabiye."* Dinaca Itixaad, waxaa uu rabay keliya qalinka odayaasha si ay ula wareegaan awoodda gobolka. Dhinaca SNF waxaa ay maanka ku hayeen in markii Caydiid la fogeeyo ay iyagu maamulka la wareegaan Itixaadna shacabka ka mid noqdo, haddii shareeco la oogayana ay iyagu hormuud ka noqdaan ee aysan noqon awood Itixaad. Laba wada jirta oo kala jirta ayaa halkaas heshiis ku galay.

Waqtiba iyada oo uusan ka soo wareegin (24/07/1992), waxaa Luuq qabsaday ciidammadii Caydiid oo awalba dul kulaalayay. Warkaasi markuu Itixaad soo gaaray, waxaa ay isla maalintaasba direen ciidan afartameeyo ah oo sahan ahaa. Warbixintii sahankii uu fooneeyaha ku soo sheegay waxaa ay noqotay in ciidanka xooggan Luuq qabsaday. Julaay 26-keedi ayuu ciidankii Itixaad u ruqaansaday Luuq si uu uga hortago in ciidanka Caydiid uu soo gaaro Beledxaawo. Jananka dhankiisu waxaa uu ku talogalay inuu durba gaaro Beledxaawo waxaa uuna soo dhaqaajiyay ciidankisii oo aanan ogayn in ciidan jidka ugu jiro. Shaatalow oo 18km u jirta Luuq ayay isku farasaareen ciidankii Caydiid iyo afartameeyadii sahanka loo diray ee Itixaad. Waxaa la jiiray ciidankii Itixaad oo awalba aan dagaal xooggan ku talogalin. Waxaa halkaas

---

114 Idaajaa (1994).

Itixaad uga dhintay sagaal nin oo uu ku jiray madaxii Itixaad ee gobolka Gedo AUN-tee sheekh Yuusuf sheekh Maxammuud Axmed Tiirri ahaana ninkii ugu horreeyay ee alkumay mucaskarka Beledxaawo [115]. Ciidankii Caydiid oo socodkiisi sii wata iyo Itixaadkii ka soo guuray Malkaariyeey ayaa foodda isku daray Geedweyne oo qiyaasti 35KM u jirta Luuq. Dagaal qaraar oo halkaas ka dhacay kaddib malleeshiyaadkii Caydiid, oo laga awood-roonaaday, waxaa ay dib ugu laabteen Luuq.

Itixaad waxaa soo gaaray ciidan SNF ka socday oo aan aad u badnayn. Ciidaankaan waxaa watay Yuusuf Dhuumaal. Is-araggi koowaad haddii Itixaad adkaaday, waxaa ay qabeen kalsooni ah in ay isku filan yihiin oo aysan kaalmo uga baahnayn SNF. Sidaa oo kale, sida aan soo sheegnay, Itixaad dadka ka soo haray waxaa ay u arkayeen kuwo diinta ka fog. Suuragalnimada in ciidan ay u arkaan faasiqiin ay iyaga oo garba siman ah wada dagaal galaan waa mid aan suurogalayn. Intaas waxaa weheliyo ujeeddooyinka u qarsoonaa labada dhinac oo mid walba doonayay inuu noqdo kan qaata dheefta qabashada kaddib. Itixaad oo dareesan in SNF hawsheedu tahay *"ninkii xabbada masaggada ah reerka ku darsaday"* ayaa shuruudo soo hormarsaday. Haddii aad si hoose u eegto waxaa kuu muuqanaya in ujeedku ahaa liqidda ciidanka SNF oo aysan jirin laba ciidan oo wadajir Luuq ku qabsada taas oo soo ifbaxday qabashadii degmada kaddib.

1. In ciidanka la isku dhafo
2. In la oofiyo waajibaadka Eebbe oo ninkaan tukan jirin salaadda billaabo
3. In ay joojiyaan qaadka iyo sigaarka
4. In uu nin walba ka ammar qaato hadba ninkii ammiirka u ah [116].

Ciidankii yimid oo tiro ahaan yaraa iyo ku-xisaabtan in dhawr cisho gudahood la kala bixi doono, saraakiishii hoggaaminaysay waxaa ay aqbaleen shuruudihii Itixaad. Lix bari kaddib dagaalkii hore, kuna beegan 30/07/1992, ayay ciidammadii Caydiid mar kale soo tijaabiyeen nasiibkooda. Dagaal qaraar oo labada dhinac dhex maray kaddib malleeshiyaadkii Caydiid quus ayay la gaddoomeen kumana hakan Luuq. Dagaalkaas ayaa noqday ningaxii dagaalki lagula jirey USC iyo ibafurkii loollan ka curan doono gobolka. Itxaad, oo

---

115 C/laahi Faarax Cali. Cadowgeennu waa kuma, bogga 390
116 C/laahi Faarax Cali. Cadowgeennu waa kuma bogga 391

yaqiinsaday in dharbaaxo gaartay dhinaca USC, ayaa ka daba jaqaafiyay kolkaas oo habayn Jimce soo galayso ay dul degeen buundada magaalada laga galo. Waabarigii taariikhdu ahayd 31/07/1992 Luuq waxaa u billowday bog cusub oo taariikheed kuna suntanaan doona Imaaradi Luuq ama Imaaradii Gedo.

SNF markii uu gaaray khabarki ahaa in magaalada si buuxda loo qabtay, waxaa ay u dhaqaaqeen in ay maamulkeeda la wareegaan Itixaadna la hubiyo inuusan is fidin. Maalintii xigtayba (1/8/1992) waxaa degmada loo diray saraakiil sare oo ay ka mid ahaayeen: Barre Hiiraale, Khaliif Qoryooleey, kornayl Xasan Qurux, Axmed Cibaad, kornayl Xasan-Deer iyo kornayl Diiriye Xirsi Cali-base. Labada nin ee danbe, waxaa ay noqon doonaan kuwo qoriga aan dhigin ilaa ay hubiyeen in Itixaad gobolka laga idleeyay.

Tallaabadii koowaad ee ay qaadeen saraakiishaan waxaa ay noqotay in ay hubiyaan xaaladda uu ku jiro ciidankii iyaga ka socday. Waxaa ay la kulmeen amakaag iyo filanwaa! Waxaa uu yiri Xasan-Deer oo tilmaamaya wixii ay u tageen: "Waxaan u tagnay ciidankii oo ay shaaribada ka gureen, timihiina ka rifeen oo inta la wacdiyay lagu yiri xaqa ayaad fahanteen.[117]" Erayada uu isticmaalay, (rifid, gurid, xaq baad fahanteen), Xasan-Deer waxaa ay tilmaamayaan fogaantiisi iyo sidii u xaqirayay dacwadii Itixaad. Haddii ay, madaxdi SNF, isku dayeen in ay ciidankii ku yiraahdaan dhinac uga baxa Itixaad, jawaabti ay heleen waxaa ay noqotay in ay haatan wixii ka billawdo ka mid yihiin Itixaad dhinac ay u socdaanna uusan jirin. Saraakiishii waxaa ay u jeesteen madaxdii Itixaad in ay kala hadlaan ciidankoodi gurmad ugu yimid iyo ilaalinta wadajirka. Hasayeeshee, hadalkii ay ka maqleen madaxdii Itixaad quusin oo keliya ma ahayn e waxaa uu ahaa mid ay saraakiishu u qaadatay aflagaaddo iyo quursi. Sheekh Maxammed Xaaji Yuusuf, oo noqon doona madaxweynaha Imaaradi Luuq dhalashadeedii iyo dhimashadeedii, ayay halkaas kula kulmeen. Waraysi uu siiyay sheekhu C/laahi Faarax Cali[118] ayuu ku sheegay jawaabtii ay ka bixiyeen codsigii saraakiisha SNF ee ahaa ciidankii aan idiin soo dirnay na siiya:

Marka hore ma jiro ciidan summad gaar ah leh oo aan idinka hayno. Ninkii idin raacaya kaxaysta cidina idinkama hor joogto, waxaan se

---
117 Waraysi uu siiyay qoraha Cadowgeenna waa kuma. Eeg bogga 393
118 Cadowgeennu waa kuma bogga, 393

idinku waaninaynaa waxaan nahay dad isku mid ah waxa aan ku kala duwannahayna waa akhlaaqiyaadka, waxaana idinku yeeraynaa in aad iska dhaaftaan waxa aad ku jirtaan, akhlaaqiyaadkiinana aad ka dhigtaan mid Islaamka waafaqsan.

Saraakiishi u yimid la wareegidda maamulka degmada iyo ciidanka qabtay ama ugu yaraan qayb ka ahaanshaha dib u dhiska Luuq iyo maamulkeeda ayaa loo sheegay in ay dhaqan toosin u baahanyihiin. Waxaa ay ahaayeen erayo diblomaasiyad iyo nabadayn ka arradan oo aan sinnaba ugu habboonayn rag la doonayo in la soo xero galiyo ama wadashaqayn lala yeesho. Ragga sidaasi loola hadlayo waa saraakiishii gobolka xoreyntiisa naftooda u hurtay. Waxaa ku jiro Barre Hiiraale, oo goortaas loo arkayay faraj gobolka loo soo diray. Isaga oo lug ka soo billaabay Balliddoogle, oo uu furinta kaga jiray markii ciidanki Gaanni la soo baxay, ayuu soo gaaray Gedo oo si buuxda Caydiid u qabsaday. Hal tigniko ah, dhaqaale iyo ciidan diyaarsan isaga oon haysan ayuu wiilal AK47 ku hubaysan inta urursaday dagaal galay. Dagaal-galintiisa waxaa ka muhiisamsanaa inuu dhisay moraalka shacabki reer Gedo oo markaas xaalad quus ah ku jirey. Hadallada maanta Itixaad kula hadlay waxaa ay u muuqdeen farriin cad oo Itixaad u diray SNF iyo inta raacsan taas oo ahayd wax ma wadaagi karno mana wada noolaan karno haddii iidan na soo raacin. Kulankaan waxaa uu noqday dhardhaarki koowaad ee loo dhigay dheriga lagu karin doono colaadda gobolka. Haatan Luuq waxaa si buuxda u hantay, maamulna ka dhisay Itixaadkii amar-diiddo darteed ugu haray Beledxaawo maantii Boosaaso loo guurey. Dhinaca Dhoobleey waxaa ku danbeeya sheekh Xasan Turki oo isaguna madax-adayg dartii uga horyimid go'aankii ururka ee Bari lagu aaday. Xagga Bari waxaa socdo dagaalkii Itixaad iyo SSDF oo aan la ogayn waxa uu ku dhammaan doono. Gedo waxaa ay u muuqatay mustaqbalka nolosha Itixaad, sidaas darteed waxaa uu ururku u soo magacaabay sheekh Maxammed Xaaji Yuusuf madaxa imaarada Gedo iyada oo ku xigeen looga dhigay AUN-tee sheekh Maxammuud Macallin Nuur.

Isqabashadii Itixaad iyo Xasan-Deer

(Semtember 1992-1993)
Nin walaalki geed ugu jiraa geesi noqon waaye
(Cabdillaahi Suldaan Tiamacadde)

Dhammaadki 1992-kii dalku wuxuu galay marxad rajo dagaalkii USC kaddib. Waxaa soo gaaray gargaar ballaaran oo ka yimid aadanihii u adkaysan waayay macaluusha iyo diihaalki lagu soo bandhigay shaashadaha dunida. Meel walba ayaa laga dhigay raashin noocyadiisa kala duwan. Waxaa aan xasuustaa iyada oo in muddo ah galab walba diyaarad soo istaagto hawada gagida diyaaradaha ee Garbahaarreey. Diyaraaddaan ayaa daadin jirtay jawaanno badan oo qammadi ah ilaa kiishkii qammadiga ahaa uu ka qiime yaraaday qarashka lagu qaado. Maalmihii danbe waxaa la waayay cid meesha lagu daadiyo ka qaadata. Daad-wararacdani waxay ahayd mid Koonfurta wada gaartay. AUN- tee Cabdiqaadir Oromo oo ka warramaya dharagtaas waxaa uu qoray:

Intii aan ifka soo joogay, sanad sanadka ka danbeeya ka fiican waligeey halmar baan arkay. Wuxuu ahaa 1991-1992 koonfurta waxaa ka jirey gaajo ba'an oo qolofta mooska la cuno. Sanadkii 1993 raashin tiro badan oo ICRC ay keentay ayaa ciidankii UNITAF qeybiyay. Raashinkii xad-dhaafka ahaa kiishka bariisku wuxuu gaaray shan kun oo shilin, markii dadku ka dhergay malaha xoolahana waa la siiyay [119].

Meelaha qaar raashinka waxaa ka qiime badnaa jawaanka uu ku jiro oo dadku inta iska daadiyaan ayay jawaannada qaadanayeen. Scot Peterson waxaa uu ka mid ahaa wariyayaashi sagaashamaadki ka hawlgalayay Koonfurta Soomaaliya. Isaga oo ka warramaya sida cunno looga dhargay gaajadii kaddib waxaa uu yiri [120]:

Raashinka dheeraadka ah waxaa uu gaaray ilaa xad aan arkay goob quudin oo Muqdisho ku taallay haweenay ka xadday loor bur ah oo inta burkii dhulka ku qubtay la tagtay jawaanki bambiirada ahaa sababtoo ah jawaanka ayaa uga qiime badnaa burka ku jirey.

Meelaha gargaarkaanu ka yimid waxaa ka mid ahaa dalalka Carbeed. Hay'ado dhawr ah oo ay ka mid ahaayeen Wakaalatu- raxma iyo Ibrahim-Al-ibraahim ayaa keenay cunto timir u badan oo lagu lammaaniyay risaalooyin iyo kutub yaryar oo doomo buuxiyo. Hay'adahaan gobolka waxaa ay ka degeen

---

119 C/qaadir Oromo. (2005). Hadimadii Gumeysiga bogga 233
120 Scott Peterson: Me against my brother. bogga 76

Luuq oo Itixaad gacanta ugu jirta iyo Beledxaawo oo amnigeeda odayaal u dhiibeen Itixaad laakiin maamul kale aan lahayn. Sidaa oo kale meelaha ay saamaynta ku lahaayeen ayuu Itixaad deeqdaan gaarsiiyay. Tuulobarwaaqo, oo 18km keliya u jirta Garbahaarreey, ayay buuxday mucaawinada Itixaad la soo mariyo haddana uma aysan gudbi jirin Garbahaarreey oo aysan isku wanaagsanayn.

Degmooyinka Baardheere, Ceelwaaq iyo Garbahaarreey waxaa dagay hay'ado badan oo UN-tu leedahay sida UNHCR iyo INICEF iyo qaar reer Galbeed, sida Care International. Mashaariic badan oo shaqo-abuur keenay ayay billaabeen. Waxaa la tiimbaday barwaaqo, dadkiina dhaqso waxaa uu u illaaway wixii uu soo maray. Waxaa durba muuqday maqnaanshaha hoggaan suubban. Marxaladda cusub ee la galay, waxaa la waayay hoggaamiyihii dadka uga faa'iidayn lahaa oo inta gobolka isku xiro u maamuli lahaa dhaqaalaha badan ee yimid aminigana u hanan lahaa. Saraakiishii ciidammada ee gobolka Caydiid dagaalka uga saartay bannaanka ayay ku soo dhaceen maaddaama shaqadoodii dhammaatay, dhisid maamul iyo hoggaamin nabadeedna aysan xirfad u lahayn. Dadkii ma aysan xasuusan xurmayntooda iyo xuquuqdooda, iyaguna meel u bannaan arki waaye. Ragga sidaas u ajartoomay waxaa ugu koofiyad dheeraa Barre Aadan Shire oo lagu garan ogyahay Barre Hiiraale oo buul ahaa ilaa laga soo gaaray 1997- kii goorti Kismaayo looga gacan haatiyay. Hasa-ahaatee, ajartoonkaas waxaa ka badbaaday Xasan Cabdi Xiireey oo ku caan ah Xasan-Deer.

Sida Cumar Xaaji, Xasan-Deer ma ahayn mid magaalo ku dhashay, waxbartay kaddibna ciidan qortay ee waxaa uu ciidammada u maray jid kale. Ku dhashay miyiga Gedo qiyaasti 1943-kii, Xasan waxaa uu Xamar u aaday xeraysi diin barasho 1958-kii. Waxaa uu raacashada kutubta u fadhiistay masaajid ku yaallay xaafadda Waabari oo barigaas la oran jiray Ansalooti. Luuqadda Carabiga ayuu sidaa oo kale ka bartay iskool bareefad ahaa intuu ku jirey barashada diinta. 1964-kii ayuu, malaha isagoo jihaaddoon ah, ku biiray jamhaddii la oran jiray Somali- Abbow ee Itoobiya dagaalka kula jirtay. Dawladdii Soomaaliyeed ayaa doontay 1971-kii in ay dhisto ciidan tayo leh oo u hawl-gala xoreynta Soomaali Galbeed. Raggii ka mid ahaan jirey Soomaali-abbow ayaa noqday kuwo aan laga maarmayn khibraddooda sidaas ayuuna Xasan- Deer uga mid noqday rag loo qaatay xoogga dalka Soomaaliyeed Janaayo 1971-kii. Waxaa loo tababbaray guutada kumaandoosta ee Danab.

Xasan waxaa uu ahaa nin u bisil askarinnimo daacadna u ah halganka loo diyaarinayo. Isaga oo cidna aysan dirsan, hawshii uu iskiis isugu xilqaamay ayaa maanta tabantaabo loogu darayaa. Xoreynta Soomaali Galbeed mid aan laga wada hadli karin ayuu u arkayay. Sidaa darteed, 1976-kii ayaa madax looga dhigay jamhaddii Soomaali-abbow ee dhinaca Gedo dagaalka ka gali doonta. Dagaalki 77-kii kaddib, waxaa u tababbar u galay kulyaddii ciidammada ee Jaalle Siyaad, oo halkaas ayuu layli sargaalnimo ugu jirey ilaa 1980- kii. Maaddaama hadafkiisu ugu weyn ahaa Soomaali Galbeed xor ah, mar kale ayaa lagu celiyay isaga oo kornayl ah inuu ka jamhadeeyo gudaha gobolkaas. 1984-kii waxaa uu noqday taliye qayb oo xafiiskiisu yahay Baydhabo. Guddoomiyaha degmada Doolow ayaa laga dhigay 1988-kii xilkaas oo uu hayay ilaa dawladdi ka dhacday. Xafiiskiisi degmada ayuu iska sii joogay kalahaadki kaddib ilaa ay ka cayrsheen malleeshiyaadki USC. Markii gobolka jamhaddaanu qabsatay Xasan- Deer waxaa uu ka mid noqday saraakiishii duurka gashay ee u guntatay xoreynta deegaammadooda. Goortii USC gobolka ka fogaatay, Xasan waxaa uu dib boorka uga jaftay xafiiskiisi Doolow, oo ahayd magaalada beeshiisu ku xooggan tahay, isaga oo jagadiisii guddoomiyenimo sii watay. Doolow waxaa ay ahayd magaalo aad u yar oo carshaan ma ogiye guryo dhagax ahi aysan ku badnayn. Waqtigaas dadka ku noolaa kama badnaan karin 2 ilaa 3 kun. Axmed Faarax Cali (Idaajaa) oo maray Doolow Sebtember 1994-kii ayaa tilmaantaan ka bixiyay sidii ay ahayd [121] :

> *Laba saacadood kaddibba, waa Doolow oo ku taal daanta bari ee Webi Daawo, soohdin-biyoodna la leh soomaalida galbeed ee raacsan Itoobiya. Waa magaalo magac dheer oo da' weyn, asii aan wax kale u dheerayn. Dhanka aan kaga nimid markaad ka soo gashaba, waxaa midigta kaa qabanaya dhismeyaal dawladeed oo, burburka dhowaan soo gaarey aawadiis, aad moodeyso inay boqol-jir yihiin, in kastoo aanay, da' ahaan, 30 sano wax qumman ka weyneyn. Magaalooyinka gobolku siday u badan yihiin, ganacsiga Doolow ka socdaana waa shaaha iyo caanaha buushashka lagu gado. Dhirta waaweyn ee webiga jiinkiisa ku sariiran ayaa iyagana hoostooda wax lagu kala iibsadaa. Malahayga, waxa ugu wanaagsan ee ay soomaalidu webiyaasheeda ka heshaa waa dhirta haraca ah ee ka ag-baxda, ayna kulaylka qorraxda kaga gabbato.*

121

Hasayeeshee, degmadu waxaa ay ku taal xudduud-beenaadka Itoobiya. Iyada iyo Doolow-addo oo dhinaca Itoobiya haysato ah waxa keliya oo kala teeda waa wabiga Daawo. Buundada isku xirta labada degmo labadeeda daraf ayay kala taagan yihiin ciidammada kala ilaaliya labada seere. Waxaa noo muuqan kara, in xariir wadashaqayn ama iskaashi xagga ammaanka ah dhex mari karo labada degmo maamulkooda maaddaama ay isa saaran yihiin dhinaca Soomaaliyana aysan dawlad lahayn. Hasa-ahaatee, lama oga jiritaanka xiriir noocaas ah oo horraan u dhexmaray Xasan-Deer iyo mamula Itoobiya ee Doolow-addo.

Meesha ay ku taal oo ka dhigtay deked qallalan, ayaa ahmiyad aad uga weyn araggeeda u yeeshay degmada Doolow. Itixaad, oo Luuq si buuxda u hantay, Beledxaawana saldhiggeeda gacanta ku haya ayaa guure ku qabsaday saldhigga booliska ee degmada Doolow bishii Sabtember 1992-kii. Marka Itixaad weerarka ku qabsanayo Doolow, Baardheere wali waxaa haysta Caydiid oo sheeganayo inuu ka arrimiyo gobolka Gedo oo dhan. Shir socday 15 cisho soona xirmay 10/08/1992 ayaa Baardheere waxaa ku yeeshay ururrada kala ah: USC (Hawiye, garabka Caydiid), SPM (Ogaadeen), SDM (Raxanweyn) iyo SSDM (Dir). Shirkaan waxaa looga dhawaaqay isbahaysi la magac baxay Somali National Alliance (SNA) waxaana guddoomiye loogu doortay jannaraal Caydiid. Afar cisho kaddib samayntii isbahaysigaas kuna beegan 14/08/1992 waxaa Baardheere ka soo degay u qaybsamihii QM arrimaha Soomaaliya Muxammed Saxnuun si uu ugala hadlo ururkaan cusub qorshihii QM ee nabad ilaalinta. Ku dhawaaqidda huwantaan oo Baardheere xarun ka dhigtay sheegatayna in Gedo ay ka mid tahay 11 gobol oo ay ka taliyaan, qabashada Baardheere waxaa ay SNF uga dhignayd dariiqa keliya ee u furan helidda Gedo xor ka ah gacanta Jannaraal Caydiid. Arrinku intaas waa uga sii cuslaa SNF. Baardheere waxaa ay ahayd magaalo ay wada degaan beelo badan oo mid walba sheeganaysay in ay kuwa kale uga xaq leedahay. SPM iyo SDM in ay ka mid noqdeen SNA waxaa ay ka dhignayd in Caydiid gabbaadsaday dad reer Baardheere ah, kuwaas oo dedaal ugu jirey in ay qabsadaan kana arrimiyaan gabi ahaanteedba. SNA oo aan dhaqso looga saarin Baardheere, SNF waxaa ay uga dhignayd Baardheere oo ay ka samirto ama aad ugu adkaato in ay ku soo celiso gacanteeda. Waxaa xasuusin mudan, in sababtii SNF ugu yeeratay Itixaad ay ahayd in ay gobolka kala saaraan malleeshiyaadki Caydiid. In marba degmo horay Caydiid looga saaray Itixaad sii qabsado, SNF waxaa ay u arkaysay docwareen iyo tummaati uu Itixaad dhabarka kala dhacay. Laakiin maaddaama awooddi SNF la isugu geeyay qabashada Baardheere, waqti iyo awood toona looma hayn in Itixaad laga ilaaliyo degmooyinkii horay loo qabtay.

Si kastaba ha ahaatee, qabsashada Doolow waxaa ay dareen gaar ah galisay Xasan-Deer oo ahaa ninkii Luuq sheekh Maxammed Xaaji Yuusuf ku soo yiri jidka keliya ee aan ku wada joogi karno waa inaad 'akhlaaqdaada' hagaajiso. Xasan-Deer waxaa u muuqatay in maamulka degmada oo ay kala wareegaan ay tahay tallaabada xigta ee Itixaad qaadi doono. Daahid la'aan ayuu Xasan muujiyay sida uu uga xunyahay weerarka Itixaad kula wareegay saldhigga iyo isballaarinta uu wado ururku. Durbadiiba halkaas waxaa ka billawday ismaandhaaf ku saabsan cidda maamulaysa degmada waxaana magaalada wada degay laba ciidan oo midna Itixaad ka amar qaato kaas oo haysta saldhigga booliska iyo mid Xasan-Deer ka amar qaata oo haysta xafiiska degmada iyo buundada. Arrintaan Xasan waxaa ay ku riixday inuu u dhawaado Xabashida oo iyaduna walaac ka qabtay ciidanka Islaamiyiinta ee kaadkooda soo dagay. Xasan, hadduu 28 sano ka hor, isaga oo mutatawic ah qori u qaatay xoreynta dhulka maqan ee Soomaaliyeed, maanta waxaa uu kaalmo weydiisanayaa kuwii uu karfanta u toshay inuu ka xoreeyo dhul Soomaaliyeed! Haddii uu horraan u ahaa gobonnimodoon haatan waxaa uu u kuurkuursanayaa billawga halgan gunnimodoon ah.

Odayaashi deegaanka, ayaan waqtigaan gabin doorkoodii. Si ay uga hortagaan halista ka imaan karta labada ciidan ee degmada wada deggan, waxaa ay dhexdhexaadin ka billaabeen labada dhinac. Wadahadallo badan kaddib, waxaa la isku afgartay qodobbadaan[122] :

5. In Itixaad hayo sugidda amniga kala danbaynti degmadana soo celiyo
6. In ay maxkamad Islaami ah degmada ka hirgaliyaan
7. In Xasan-Deer maamulka degmada loo daayo. Tan oo ka dhigan inuu yahay guddoomiyaha degmada Doolow
8. In Xasan-Deer loo daayo maamulka buundada oo ah halka canshuurta lagu qaado.

Afartaan qodob ee awood-qaybsiga degmada saldhigga u ahaa, waxaa ay u muuqdaan kuwo labada dhinacba dux ka raacday. Laakiin waxaa meesha yaal

---

[122] C/laahi Faarax Cali, Cadowgeennu waa kuma, bogga 437-438

laba awoodood oo aan amar kala qaadan. Sidaa oo kale, sida aysan heshiiska uga muuqan nooca wadashaqayn ee ay labada garab yeelanayaan, ayay u maqnayd is-garabsi ay yeeshaan iyo wadaagid dhexmarta labad garab. Waa heshiis kale oo aan si cad uga akhrisan karno qoto-gaabnida iyo turxaanbixin la'aanta heshiisyada Soomaalida. Ilaa maantada aan joogno, waxaa kuu muuqanaysa, heshiis walba oo la galo, in aan laga doodin caqabadaha ka imaan kara qodobbada qoran. Had iyo goor degdegsiimo ayaa lagu qoraa, dadka qorayana mid walba qorshe kale ayuu laabta ku haystaa. Sida ay u badan yihiin heshiisyada Soomaalidu gasho waa kuwo markaas lagu doonayo in xaaladda taagan lagu qaboojiyo. Ujeedkaas waa ku filnaaday heshiiskii Doolow ay ku galeen Itixaad iyo Xasan-Deer inkasta oo uusan baqtiin dhimbishii shidnayd. Hasayeeshee, khilaafku kuma ekayn Doolow ee ologgeeda Beledxaawo mid kale ayaa ka aloosmay.

Beledxaawo

(1993)

Beledxaawo waa magaalada ugu baallayso dhinaca Waqooyi ee gobolka Gedo. Waxaa ay degmo noqotay 1973-kii. Waxaa ay dawladdi u aqoonsanayd dekad qallalan, waxaa ayna soo saari jirtay dakhli badan oo dawladda hoose iyo middii dhexe ee Xamarba gaari jirey.

> *Waxaa beryahaas [dawladdi dhexe], subax noolba, suuqyadeedii waaweynaa u soo dukaansi-tegi jirey dadweyne faro badan iyo rag ka tirsanaa ciidammadii Keenya ee Mandheera fadhigoodu ahaa; halkaasoo ay ka heli jireen qalabka aan cuslayn, asii waxtarka leh, ayna soo ifbixisay teknoloojiyada Jabbaanku, sida saacadaha, raadiyeyaasha mawjadaha gaggaaban leh, kaamerooyinka, telefishannada iyo weliba dharka kala duwan oo ka kala imaan jirey Yurub, Hindiya iyo dalalka Carabta. Ganacsatada magaaladu waxay iyaguna dalka Keenya ka keeni jireen oo ay Muqdisho gaar ahaan Via Egitto ka soo buuxin jireen badeecooyinka kala ah sigaar, saabuun, joodariyo, barkimooyin, weelka*

cinjirka laga sameeyo ee biyaha lagu dhaansado, dharka nooca loo yaqaan buljiga iyo, sidoo kale, galleyda shiidan [123].

Markii ay dawladdii galbatay, Beledxaawo iyo Mandheera waa iswaydaarteen. Dadkii Xamar ka soo qaxay 1991-kii intii ugu badnayd waxaa ay degeen Beledxaawo. In ay tahay magaalo ganacsi iyo dekad qallallan ka sakow, xuddudka ay la leedahay Kiinya ayaa ka dhigay meel u munaasib ah dad qax ku yimid oo magangelyo-doon ah. Dadkii yimid aqiyaar ma wada ahayn. Marar badan ayay mooryaan ka tagtay Beledxaawo dhac iyo boob ka gaysteen dhinaca Mandheera. Dhacdadii ugu weynayd waxaa ay ahayd mid koox Beledxaawo ka tagtay ay gudaha u galeen Mandheera oo maalin cad banki u dhaceen. Halkaas ayay ku dileen askartii ilaalada bangiga ka ahayd wixii yaallayna horay ayay u sii qaateen [124]. Arrintaan waxaa ay keentay in Kiinyaanku xirtaan xadkooda oo ahaa meesha keliya ee u furan gobolka ee badeecooyinka uga yimaadaan. Baahidaas loo qabo ayaa dadkii ku qasbaysay in xadka oo xiran wali ay u kallahaan Mandheera. Askarta ilaalisa xadka ayaa fursad lacag abuur iyo awoodsheegasho ka helay halkaas. Waxaa ay billaabeen in ay dadka si xun ula dhaqmaan. Idaajaa oo sharraxaya wixii halkaas yaallay waxaa uu qoray [125]:

Halka keliya ee dadka u furrayd oo ay cunto iyo isgaarsiinba ka heli kareeni waxay noqotay Mandheera. Labadaba way ka heleen, hase yeeshee kharash badan bay ugu kacday: Quursi, laaluush, dil, jirdil, kufsi iyo dibindaabyo guud oo aan madax iyo manjo loo kala soocin. Maamulka iyo Booliska Mandheera waxay labaduba go'aansadeen, in badanna ay fuliyeen in soomaalida si wadajir ah loo ciqaabo, mar walba oo uu midkood ku galo dembi dhinaca Keenya! Dad yar bay la ahayd in arrintaas laga dacwoon karey, inta badanse waxay rumaysnayd inaan dacwo waxba tarayn, wixii ay askarta Keenya Reer-Beledxaawo ku samaynayeenna ahaayeen wax ay mudan tahay cid kasta oo dumisa derbigii dawladnimo ee ay ku tiirsanayd! Taas oo lagu qancay baa, malaha, sabab u ahayd, dhibaatada dadka ku dhacaysey xaddi kasta

---

123 Idaajaa (1994).
124 Kooxda wax dhacday waxaa hoggaaminayay nin ka mid ahaa dadkii soo qaxay horeyna loo yaqaannay inuu ahaa gaangister bangiyada dhaco
125 Idaajaa. (1994). GOBOLKA GEDO IYO URURKA AL-ITIXAAD AL-ISLAAMI: MAXAA RUN AH? MAXAANSE AHAYN?

ha le'ekaatee, inuu falcelisku yaraado, mar walbana maskaxda lagu hayo baahida weyn ee ay dadku u qabeen toddobaadkiiba labada maalmood ee ay albaabbada Mandheera u furraayeen, loona oggolaa inay gelinka hore ka soo adeegtaan.

Markii dadkii Caydiid ka qaxay degmada ku soo laabteen, sidaan soo sheegnay, Itixaad ayaa laga codsaday in ay ammaanka, oo khakhal badani ka jirey, sugaan. Si buuxda ayay aminga degmada gacanta ugu soo celiyeen. Gudaha Beledxaawo keliya ma aysan sugine, waxaa ay xiriir la wadaageen dhiggooda Mandheera. Waxaa dhex martay wada-shaqayn amni. Waxaa ay soo qaban jireen burcadda gawaarida ka soo dhacaysay Mandheera ilaa ay dhacday in Kiinyaanku si khalad ah u laayeen Itixaad ku hawlanaa soo qabashada gaari laga soo booliyay Mandheera. Dhacdada ugu muhiimsan waxaa ay ahayd mid rag jeebbaysan Itixaad ku wareejiyay booliska Kiinya. Ragga la dhiibay ayaa ahaa kuwo gaari ka soo dhacay Mandheeraa. Itixaad ayaa soo qabtay raggii iyo gaarigiiba. Halkii ay hantida celin lahaayeen, raggana lagu maxkamadayn lahaa ciid Soomaaliyeed, Itixaad waxaa uu doortay inuu danbiilayaasha ku wareejiyo Kiinya. Heshiis ah in amniga laga wada shaqeeyo waa jirey, laakiin ma jirin heshiis ah aan danbiilayaasha isku wareejinno. Haddii aan cuskanno sheegashadii Itixaad ee ahayd diin baan ku dhaqmaynaa, in dad muslimiin ah lagu wareejiyo gaalo oo lagu maxkamadeeyo sharci aan kan Islaamka ahayn iyada oo la heli karay in shareecada loo bandhigo, waxaa uu ahaa "la jiifiyaana bannaan". Intaas waxaa dheer inta aan ragga la dhiibin, lagama yeelan wax wada-tashi ah; shareecada maxay ka qabtaa la isma weydiin loomana bandhigin madaxdii sare ee ururka in ay go'aamiyaan. Go'aan gole ka fuul ah oo aan sharci Islaam, dastuur dawladeed iyo dhaqan Soomaaliyeed midna loo cuskan ayuu ahaa. Waa arrin kale oo ku tusaysa maamulxumada iyo kala danbayn la'aanta ka jirtay ururka dhexdiisa.

Jaamac Diiriye Rooble iyo Dalab Diiriye Khaalid, oo ahaa ragga gaalada loo dhiibay, waxaa loo qaaday Nayroobi halkaas oo lagu xukumay xabsiyo kala duwan. Tani waxaa ay u badantahay in ay tahay dhacdadii ugu horreysay ee rag Soomaaliyeed loogu wareejiyo dalalka deriska ah. Waa dhacdo madow oo aysan Soomaalidu ka warqabin. Shacabka Soomaaliyeed ee u haysta in Soomaalilaan ay billawday dhiibidda muwaaddiniinta Soomaaliyeed, dhacdadaan ayaa ka qarsoon. Si kastaba ha-ahaatee, dedaalki Itixaad ee xagga amniga waxaa uu horseeday degganaansho amni oo ay ku nasteen labada shacab ee Beledxaawo iyo Mandheera.

Shaqadaan wacan ee Itixaad ka qabtay amniga, sidaan soo sheegnay, waxaa uu ku yimid codsi ay gudbiyeen qaar ka mid ahaa odayaasha degmada. Waxaa aan se qayb ka ahayn garabka siyaasadda ee deegaanka iyo saraakiishi ciidan ee gobolka Caydiid ka saartay. Kooxdaan waxaa ay dareemayeen in la faramaroojiyay oo dhaxalkood ah la qaatay. Raggii isha ka daawanayay markuu Caydiid carrada ku gaardiyay in ay danbarka maalaan waa ay liqi waayeen. Waxaa ay ka joogtay *"nin i xooray maalintaan xumaa amase xaasoobay, ka xilli'i maantoon xoog iyo xoolo leeyahay."* Laakiin jid u furnaa oo ay isku muujiyaan ma aysan haysan. Gobolku xaalad xasillooni ayuu galay. Ciidammaddii Jimciyadda Qaramada Midoobay (JQM) ee UNITAF imaanshahoodi rajo noolayn iyo gurmad baaxad leh ayaa laga helay sidaan soo sheegnay. Waxaa soo noolaatay rajo ah in dawlad dhexe dalka loo dhiso. Shirkii Soomaalida loogu qabtay Adisababa bishii Maarso 1993-kii ayay ururradi matalayay beelaha, SNF-na ka mid ahayd, ku heshiiyeen in dalka dawlad loo dhiso dadweynahana hubka laga xareeyo. Waxaa halkaas lagu dhisay gole kumeelgaar ah oo ka koobnaa 75 xubnood (18-ka gobol oo mid 3 xubnood ah iyo caasimadda oo 5 xubnood ah iyo guddoomiyayaashi 16-ki ururka ee halkaas ku shiray). Qorshaha ciidanka loo keenay ayayba qayb ka ahayd in Soomaaliya dawlad hanato loo dhiso iyo hub ka dhigis la sameeyo. Wixii ka soo baxay shirkii Adis waxaa fulinteeda la wareegay UNOSOM. Qorshaha la dijiyay ayaa ahaa in hoos laga soo billaabo maamulka dalka. Degmo walba in maamul hoose loo sameeyo, kaddib heer gobol laga dhigo oo barasaab isku xiro loo sameeyo kaddibna 75-ka xubnood ee maamula gobollada la isugu keeno xarunta dhexe dalka waa Muqdisho e. Waxaa uu u muuqday qorshe toolmoon iyo hadaf miro-dhali kara.

Qabashada hawshaan, waxaa QM ugu xilsaarnaa xafiiskeeda siyaasadda ee UNOSOM. 1993-kii ayay billaabeen dhisidda guddiyo heer degmo iyo heer gobol. Degmo walba waxaa loo qoondeeyay in ay yeelato guddi ka kooban 21 xubnood oo midi dumar noqonayso (qoondada haweenka ee aan maanta maqalno waqtigaan ayay soo billaabatay). Wakiilka shaqadaan u qaabbilsan xafiiska UNOSOM waxaa uu ahaa nin u dhashay Gaana oo la oran jiray Dr Kabuundha. Degmooyinka Baardheere, Garbahaarreey iyo Ceelwaaq si dhaqso iyo dhib yaraan ah ayaa loogu dhisay guddiyadaas maaddaama aysan jirin awoodo ku loollamayay. Dhinaca Beledxaawo, waxaa halkaan fursad ka helay siyaasiyiintii iyo saraakiishii Itixaad berrinka ka tuuray. Dr Kabuundhe oo ogaa in Beledxaawo Itixaad haysto amnigiisuna halis gali karo haddii uu aado, ayaa farriin u soo diray odayaashi degmada. Waxaa uu u sheegay in ay si dhaqsa ah ku dhisaan guddi 21 xubnood ah oo midi bilcaan tahay. Waxaa uu ugu daray inuu imaanayo degmada dariska la ah ee Mandheera halkaasna loogu keeno liiska loo xushay maamulka degmada. Odayaashii waxaa ay isku dayeen in guddi loo dhanyahay oo Itixaad ka warqabo degmada loo dhiso. Taasi, laakiin, laguma guuleysan. Waxaa muuqatay in buurti Qaaf kala dhex taal labada la doonayo in wax la isugu daro. Itixaad haatan si buuxda ayuu gacanta ugu hayaa amniga degmada. Awood ciidan oo aan isaga ahayna ma joogto. UNOSOM waxa ay waddo, waxaa ay u arkaan faafin fasaad iyo gaalnimo. In iyaga ay duullaan ku tahay ayayba qaarkood aamminsanaayeen. Haddaba uma muuqan si ay ku aqbali karaan in ay guddi gaal ka soo yeeriyay Xamar qayb ka noqdaan oo waliba la qaybsadaan dad ay u arkayeen in ay gaalo u adeegayaan.

Dhinaca siyaasiyiinta uu horkacayay AUN-tee Xaaji Yuusuf Muuse, oo ahaa guddoomiyihii hore Beledxaawo jilibkiisuna beledka ku xooggan yahay, waxaa ay rabeen in ay ruun ka helaan maamulka degmada. Markii ay muuqatay in aysan shaqaynayn wax isku darsi, ayay gooni u shireen odayaashii iyo siyaasiyiinti isku dhinaca ahaa. Waxaa ay shir saacado qaatay ku qabsadeen guriga Macallin Xuseen [126] AUN-tee. Halkaas ayaa lagu dhisay guddigii Dr Kabuundhe uu sugayay. Sidii ay ballantu ahaydna waxaa Mandheera loogu geeyay 21 xubnood oo AUN-tee Xaaji Yuusuf Muuse goddoomiye u yahay taas oo uu si dhaqsa ah aqoonsi u siiyay. Itixaad waxaa ay uga jawaabeen arrintaas 'gurbaanki la xaday halkii lagu garaaci lahaa baa la iska rabaa'. Maxammed Aadan Buraale oo ka mid ahaa golaha shuurada Itixaad ayaa warraysi uu siiyay C/laahi Faarax Cali ku sababeeyay qodobbada hoose diidmadoodi la shaqayntii guddigii degmada loo aqoonsaday [127] :

Ma ahayn guddi loo dhanyahay oo dadka deegaanku iskuma raacin
1. Xubnaha guddigu ma ahayn dad diini ka muuqato
2. Guddiga laftiisa iyo hay'addii UNOSOM ee taageeraysay midna ma doonayn in ay la shaqeeyaan Itixaad.

---
126 C/laahi Faarax Cali. Cadowgeennu waa kuma bogga 430
127 Isla tixraaca kore bogga 431

Lama dhihi karo guddigu ma uusan doonayn inuu Itixaad la shaqeeyo waayo fursad lagu ogaadaba Itixaad ma siin. Tan labaad guddigu waxaa uu ahaa mid aanba lahayn tabar uu gooni isugu taago oo dhaqaale iyo cudud uu degmada ku hanto midna ma haysan. Qodobka ah dadku uma dhammayn isaguna meel adag ma haysto maaddaama uusan jirin shacab cid u dooran kara hoggaankiisa. Odayaasha beelaha matala intoodi badnayd waxaa ay dooreen guddigan. Haddii ay qaybi bulshada maqnayd waa Itixaad laamaddeedka muuqda. Haddaba midda rasmiga ah ee diidmada keentay waa faqrada labaad. Sida uu u leeyahay guddigu diin kama muuqan ayaa ka dhab ahayd oo waxaa ay u arkayeen hoggaan diinlaawayaal ah. Dad aan iyagu diin haysan ama ugu yaraan aysan ka muuqan bulshada ma hoggaamin karaan muran la'aan. Laakiin diinta halkaan looga hadlayo waa aragtidii Itixaad iyo siduu ururku jeclaa in dadku ugu dhaqmo diinta. Guddoomiyaha loo dooratay guddiga waa Xaaji Yuusuf. Iyada oon Itixaad la aqoon ayuu soo xajiyay waqti uu ganacsade ahaa. Markii uu siyaasadda galay meel uu xaajinnimadiisi kaga tagay lama soo warin. Guriga lagu shiray, sidaan soo sheegnay, waxaa lahaa sheekh ka mid ah culimadii magaalada laga yaqaannay Itixaad ka hor. Intaan waxaa ay na tusayaan in dadkanu muslimiin keliya aysan ahayne, ay diintu ka muuqatay laguna yaqaannay. Waase haddii isku diin loo jeedo!

Guddigaan UNOSOM aqoonsatay waxaa ay u oggolaatay qalabaynta boolis ammaanka ka caawiya iyo maxkamad dadka u xaqsoorta. Intaan, oo ay dalka oo dhan ka wadeen, ayay siinayeen mushaar iyo direys u gaar ah oo lagu yaqaan. Booliska iyo maxkamadda waxaa ay sidaa oo kale ahaayeen labada shay ee Itixaad degmada ku haystay. Haddii labadii qolo kale loo dhiibay iyaguna raacaan, maxaa gacantooda ku soo haraya? Laba maamul oo degmada wada deggan ayaa halkaas ka dhashay. Awood ahaan waxaa xoog badnaa saamayna badnaa oo amarkiisu shaqeynayay Itixaad. Si ay taas u muujiyaan dhawr goor ayay u diideen inuu degmada yimaado wafti ka socday UNOSOM oo doonayay inuu shirar la qaato guddigii uu aqoonsaday [128]. Intaas kuma aysan ekaane, Itixaad, oo doonaya inuu ka dhigo guddiga dhisan mid aysan beelaha Beledxaawo u dhammayn, ayaa si hoose u dhisay guddi kale oo 36 xubnood ka koobnaa kaas oo sheeganayay inuu yahay kan rasmiga ah ee degmada matala.

---

128 C/laahi Faarax Cali. Cadowgeennu waa kuma, bogga 432

Guddigaan waxaa si weyn uga dhex muuqday xubno Itixaad ka tirsanaa iyo qaar lagu yaqaannay taageerada ay u hayaan ururka [129].

Beledxaawo meelo badan ayay uga duwanayd Doolow. Tusaale, Doolow waxaa ay ahayd degmo aad uga yar Beledxaawo, amarkeedana waxaa lahaa hal jifo. Xasan-Deer iyo wiilasha booska ku haystay waxaa ay wada ahaayeen hal raas taas ayaana fududaysay in odayaashoodu si kumeelgaar ah u dhimaan halistii taagnayd. Dhinaca kale, Beledxaawo waa magaalo weyn oo dad badan; beelo isu awood dhowna wada deggan yihiin. Maamulka Itixaad ee jooga, sidaas oo kale, waa mid kala jaad ah dhalasho ahaan. Sidaas darteed ma jiri karin, sidii Doolow, wiilal odayaashooda la heshiisiiyaan adeerradood. Dedaalkii odayaashu waxaa uu noqday dhays bakayle oo natiijo labada garab ku wada shaqeeyaan kama soo bixin. Dhinaca Itixaad, oo u arkayay guddiga mid loo dhisay in iyaga lagu carqaladeeyo, ayuu ka socon waayay xalkii odayaashu doonayeen sida ay qabaan dadkii aan ururka ka mid ahayn. Dhinaca taageersanaa Itixaad, inkasta oo ay eedda saarayeen dhinaca SNF iyo odayaasha, haddana in Itixaad xaggiisa wax ka dhaqaaqi waayeen ayay qireen. C/laahi Faarax Cali oo ka tirsanaa ururki Itixaad waqtigaasna ahaa madaxa warfaafinta Itixaad iyo tifaftirihii wargays ka soo bixi jirey dhulka Itixaad ka arrimin jirey waxaa uu qoray:

> *Haddii arrinka laga eego sax iyo khalad, way dhici kartaa in khaladku u badnaa dhinaca guddiga 21-ka ee ay UNOSOM abuurtay oo runtii ahaa bilowga fidnada gobolka iyo dhinbishii hurisay mushkiladda dibadda laga soo abaabulay, balse culimaduna dhankooda ma tanaasul badnayn. Marar aan yarayn ayay waxgarad reer Buulo-Xaawo ah isku dayeen in ay isu soo dhaweeyaan wadaaddada iyo odayaasha guddiga 21-ka ah oo ay caddayd in ay maal iyo maskaxba ka helayeen gaaladii UNOSOM ee dalka haysatay. Wararka aan ka helayey isku-deygaygaasna waxaa fashiliyay madax-adayga iyo bisayl la'aan ka muuqatey maamulki culimada* [130]

Odayaashii markii ay ka quusteen xal kale, waxaa ay qoreen warqad cabasho caro weheliso ah taas oo ka koobnayd shan bog. Warqaddaan, oo ku taariikhaysnayd 9-kii Luulyo 1993-kii, ayaa nuxurkeedu ahaa in ururka Itixaad

---

129 Idaajaa, (1994)
130 C/laahi Faarax Cali, Cadowgeennu waa Kuma, bogga 435

uu faraha kala baxo arrimaha siyaasadda ee degmada kuna ekaado ballantii ahayd haynta amniga. Xaashidaan, oo ay saxiixeen 162 oday dhaqammeed oo ahaa kuwii ugu caansanaa degmada iyo nawaaxigeeda uuna ku jirey wakiilki ugaaska ee deegaannadaas, ayuusan Itixaad waxba ka soo qaadin[131]. Furintii Doolow ayay tani lammaanaysay, Beledxaawo ayaana noqotay magaalo leh, sidii Doolow, laba maamul oo uurka isaga buka. Itixaad haba awood badnaadee, kuma dhiirran karin inuu laayo ama xirxiro guddiga ka garab dhisan anafada qabiilka awaadeed. Labaduba mid walba waxaa uu gaadayaa fursad uu kan kale haadaan kaga tuuro. Dhardhaarki koowaad ee dabka colaadda Gedo loo dhigay waa innagii ku tilmaannay sheekadii Luuq ku dhexmartay saraakiishii SNF iyo guddoomiyihii Itixaadkii Gedo. Dhardhaarkii labaad waxaa uu ahaa murankii Doolow ee Xasan-Deer iyo Itixaad halka midka saddexaad uu noqday ismaandhaafkii ka dhashay guddigii Beledxaawo. Lixda degmo ee Gedo ka koobnayd waxaan guddiyadii ururrada Soomaalidu ku heshiisay wali aan laga dhisin Luuq.

Luuq

(1993-1996)
Haddii sababu dhici maanka waa la iska suushaaye
Soli maysid taladii Eebbe seeg ku leeyahaye. (Qamaan Bulxan)
Muslin kuma cabiidsamo walloon madaxa kaa goyn e
Weel muggii ma dhaafee Allow mooska yan jabinnin.
(Saahid Qamaan)

Maalintii saraakiisha SNF Itixaad u sheegay in ay '*akhlaaqdooda*' toosiyaan wixii ka danbeeyay, Luuq waxaa ay ahayd magaalo dibadda ka ah gobolka Gedo. Itixaad waxaa uu Luuq ka dhigay caasimaddiisa. Sifooyin badan, oo ay kala gooni ahayd degmooyinka kale ee gobolka, ayaa u saamaxay Itixaad in aysan gorgortan ka galin qabsashada degmadaas. Luuq, waa meesha keliya ee, malahayga, Xamar markii laga reebo, qofkii yiraahdo waan ku dhashay uu noqon karo hayb walba oo Soomaali ah. Markii ay dawladdi dhacday dagaallo kala riixasho ahaa waxaa ay gacanta sare ku raacday Marreexaan. Hasa-ahaatee, ma jirin jifo Marreexaan ah oo si gooni ah, sida Beledxaawo iyo Doolow, Itixaad

---

131 Idaajaa, (1994).

idan uga baahnaa la wareegidda Luuq. Qodob labaad ayaa ah in degmadu tahay mid leh irdo ciriiri ah oo suurogalin kara in la hubiyo cidda soo galaysa iyo tan ka baxaysa. Haddii la doonayo xarun aruursan, siraha lagu keydsan karo, lana difaaci karo haddii la soo weeraro Luuq waxay ahayd xulashada koowaad. Abuuristeedi hore, oo ahayd labo webi dhexdood ka sakow, waxaa furimaheeda sii suubiyay gumeystihii Talyaaniga oo ku wareejiyay darbi adag oo u oggolaaday inuu ilaaliyo cidda soo gasha iyo tan ka baxda. Idaajaa oo tilmaamaya sida ay ahayd Luuq 1994-kii waxaa uu yiri [132] :

> *Ruuxii milicsada goobta ay ku taallo ee ay dadkii hore ka askumeen, sida uu webigu ugu hareeraysan yahay, sida ay u leedahay surin, sooggelid iyo kabbixidba, keligiis loogu adeegsan karo iyo sida ay maamuleyaashii Talyaanigu, bilawgii qarniga, dusmada derbiyada xoogga badan leh ugu sameeyeen; intaasba ruuxii dhab ugu fiirsadaa wuxuu gar u leeyahay inta uu yaabo inuu isweydiiyo, '... tolow, muuqaalka iyo maamulka iswaafaqay, ma kutaloggal Eebbaa?'*

Maamulkii Itixaad ee Luuq, sida Idaajaaba ku sheegay, waxaa la waafajiyay muuqaalkii degmada. Itixaad waxaa uu si dhaqsa ah ugu soo rogay awaamir ku ad-adag dhaqankii dalka markaas ka jirey. Ciddii u hoggaansami wayda waxaa la dul dhigay xeer-ciqaabeed dadka ku cusbaa sida karbaash fagaare ah. Waxaa si dhaqsa ah loo mamnuucay dhagaysiga heesaha, ruugidda qaadka iyo dhuuqidda sigaarka. Qoraha buugga *Cadowgeenna waa Kuma* oo ka mid ah dadka la dhacsanaa tallaabooyinkaas la qaaday waxaa uu yiri:

> *Waxaa la joojiyay dhammaan waxyaalaha mukhaaddaraadka ah ee ay dadku isticmaalaan sida jaadka, sigaarka IWM. Sidoo kale, waxaa la joojiyay dhegaysiga muusikada iyo heesaha iyo waliba cayaaraha loo dheelo si aan waafaqsanayn asluubta shareecada Islaamka.*

Isaga oo ka hadlaya cidda shaqadaan loo diray waxaa uu yiri C/ laahi Faarax [133] : "Xaafadaha magaalada ayay u qaybiyeen ciidan si joogta ah kormeer ugu haya, kana qabta tuugada iyo jirrida dhaqanka ka xumaaday." Ciidankan, oo loo baxshay *xasbo*, waxaa kale oo shaqadooda ku jirtay iliaalinta suuqyada

---

132 Idaajaa, (1994).
133 C/laahi faarax Cali, Cadowgeennu waa kuma, bogga 395

iyo eegidda cidda jamaacada waqtigeeda meheraddeedu sii furnaato. Mar kale C/laahi Faarax oo bogaadinayo arrintaan waxaa uu yiri "waxaa suuqyada loo sameeyay ciidan si joogta ah amnigooda u ilaaliya, xilliyada salaaddana dadka ogeysiiya, kuna boorriya in ay jamaacada masaajidda ku tukadaan." Waxyaabaha kale ee ay qaban jireen waxaa ka mid ah ilaalinta labbiska dadka (raggu inu xirto dhar ka waaweyn iyo inuusan shaatiga hoos marin), habka timajarashada (jeega xiirka, foodda dheer IWM) iyo hubinta in raggu dharkiisu anqowyada ka korreeyo. Booliskaan iyo shaqadiisa waxaa laga soo minguuriyay Sacuudiga. Waa tusaale na tusaya hab-fekerkii ardaydii matoorka laga soo beddelay ee dalka ku soo noqotay ee aan ku soo tilmaannay cutubka dhalan-roganka.

Xeerarkaan waxaa ay noqdeen summadda Luuq ka soocda dalka intiisa kale. Ma jirin, horayna uma soo marin, magaalo qofkii sigaar lagu qabto jeedal lala dhaco. Si loo hubiyo in aysan cidina jabin sharcigaan waxaa irdaha degmada la dhigay dad baara cid walba oo soo galaysa degmada. Idaajaa, oo intuu sharcigaan jiray Luuq tagay, ayaa ka warramay sidii loo baaray, wixii laga baaray iyo wacyigii ay qabeen dadkii uu la socday ee yaqaannay waxa ka jira iyo sidii ay u arkayeen sharcinnimada Itixaad:

> *Waxaan gurguurannaba, siddeeddii fiidnimo iyo xoogaa markay ahayd oo aannu, malaha, magaaladii Luuq ku dhownahay ayaa qoladayadii shirka fadhiday wax iska beddaleen, gaar ahaan wadihii iyo adeerkiis oo, mindhaa, xanuunkii hayey daayey kolkii uu dhab u marqaamay! Labadiiba qaadkii afka ugu jirey ayay iska tufeen, kii noolaana waa qarsadeen... sigaarkii ay cabbayeen ayay iska baqtiiyeen, kii baakadyada ugu jireyna waxay gashadeen kursiga hoostiisa, ugu dambaystiina heesihii bay iska damiyeen. Luuq oo aan intaasba laga oggolayn, qofkii lagu helana lagu ciqaabo, ayaa isha baalkeeda ah. "Waa magaalo la haysto... waa meel gacan-gashay." waxaa yiri wadihii oo, ay hubaal ahayd, inuu ka xumaaday inuu qaadka tufo oo, uu sidaas ku marqaan-jabo! Intii aanan haaraankiisii ka faalloon ayaan soo joogsannay kaabaddii weyneyd ee webiga labadiisa jiin iyo magaalada isku xirasey. Labada dhinacba waxaa ka fadhiya oo qoriga AK—47 ku ilaalinaya dhallinyarada ka tirsan Al-itixaad; kuwaas oo qaar ka mid ah gaarigayagii la soo saaray, si ay u hubiyaan in aannaan ka leexan rugtii hore ee Booliska Degmada oo qasab laga dhigay ruux kasta oo socoto ahi maro, ka hor inta aan gelidda magaalada loo oggolaan!*

Dunidu waa gudcur maararruugle, waxaana xerada dhexdeeda wax looga ifsanayaa dhawr toosh oo loo kala amaahanayo baaridda abxadihii tirada badnaa ee dadkayagii sodcaalka ahaa ay siteen. Waxaa naloo sheegay qof waliba inuu abxaddiisa furo, una diyaariyo in la baaro. "Maxaa laga baarayaa?" ayaan weydiiyey inankii aniga baaristayda loo qaybiyey. Sidii isaga oo aad moodo inuu ka jawaabayo arrin wax badan la haybiyey oo uu jawaabteeda qaybsan yahay ayuu yiri, "Qaad iyo sigaar!".[134]

Sidaas oo kale waxaa Luuq safar ku maray waqtigii Itixaad haystay Cabdiraxmaan Cabdishakuur Warsame oo ah siyaasi caan ah iyo hoggaamiyaha xisbiga Wadajir. Waxaa uu yiri isaga oo ka warramaya caddibki yaallay halkaas:

> *...Luuq markaan joogay, Luuq markaas niman wadaaddo ah baa haystay oo hubeysan... waxay sameynayaan marka boorsooyinkay baaraan, sawirrada iyo albamyada ayay dadka ka qaadaan, cajaladaha rikoor, dadka waagaas taleefan ma jirine, cajalado ayaa la isu diri jirey, buraanburro iyo waxaas baa lagu duubi jirey. Cajaladdii ay buraanburka ka maqlaan way jajabiyaan oo ay ka qaataan. Marka magaalada Luuq baan soo istaagnay, aniga Suudaan baan ka imid, midyaroo kurey ahbaa igu yiri... surwaal yaroo jiinis ahbaan iska qabay "surwaalka kor u qaado"... waayahaan dhahay adeer. Kurey waaye qori yuuna heystay. Surwaalki waan iska laalaabtay. Meel yaroo buush ahbaan cunto u raadsaday. Ninkii buushka lahaa dabkii buu qoryo badan ku daray. Qiiqi baa aad u batay markaa. "War maxaad noo qiiqinaysaa" baan ku niri. Markaasuu yiri "xabbad sigaar ah baa ku dhex qarin rabaa*[135]*."*

Baariddu kuma ekeyn baraha koontaroollada iyo marinnada degmada laga soo galo iyo waddooyinka magaalada ee sidaa oo kale waxaa si joogta ah loo fatashi jirey guryaha la deggan yahay. Marar badan ayaa loo dhici jirey dad hurda ama xilli danbe jooga sababo la xiriira in looga shakiyay in gurigaas lagu qayilo, qaad ama sigaar lagu iibiyo ama laga maqlay hees ka baxaysa. Dhaqankaan, oo aan shareecada raad ku lahayn, ayaa ahaa mid caadi ka ahaa degmada oo

---

134 Idaajaa, (1994). GOBOLKA GEDO IYO URURKA AL-ITIXAAD AL-ISLAAMI: MAXAA RUN AH? MAXAANSE AHAYN?
135 Muuqaal internetka ku jira ayaan ka daawaday

ay fulin jireen booliska loo xilsaaray ilaalinta anshaxa. Waqtigii Cumar RC ayaa loo sheegay inuu jiro nin deggan Madiino oo khamriga cabba. Warkii loo sheegay ayuu rumeystay Cumar waxaa uuna darbiga uga dhacay ninkii oo gurigiisa jooga. Ninkii danbiga lagu qabtay ayaa Cumar la garnaqsaday waxaa uuna yiri: Anigu hal danbi ayaan ku jiraa laakiin adigu dhawr ayaad gashay si aad halkayga u saxdo. Kow, guryaha dadka ha galina idan la'aan ayaa la yiri adigu se waad iska soo gashay anoon kuu fasixin. Labo, guryaha irdaha ka gala ayaa la yiri adigu se gadaal ayaad ka soo gashay. Saddex, waad na soo jaasuustay ilaahay waa naga xarrimay inaan is jaajuusno. Afar, Ilaahay ayaa nagu asturay adiguna waad na fadeexaysay. Cumar RC garqaate ku-joogsi badan Shareecada ayuu ahaa sidaas ayuuna ku aqbalay gartii ku go'day. Halkaan dadka shaqada loo diray waa kuwo uusan dabrin kitaabku, meel looga dacwoodo iyo xeer qabtaa uusan jirin, shaqada loo dirayna aan dhab u aqoon; keliya ku socda fulinta awaamir aan xaddidnayn, habraac iyo seero lagu joogsadana aan lahayn.

Sheekh Xasan Axmed-Nuur waxaa uu waqti badan saaxiib lahaa sheekh Axmed oo ahaa qaalligii guud ee Luuq. Sheekhaan oo awalkiisi ahaa culimadii Ahlu-Sunna xagga Salafiga u digarogotay ayaa aqoon fiican u lahaa fiqhiga intii Luuq joogtayna ugu koofiyad dheeraa xagga axkaanta. Sheekh Xasan waxaa uu ii sheegay in sheekh Axmed aad uga caban jirey dadka maxkamadda la keenay iyaga oo lagu soo eedeeyay danbiyo qaad iyo sigaar ay ka mid yihiin oo si qaldan loo daba galay. Waxyabaaha uu ku tilmaamay kuwo uu ka gam'i waayay waxaa ka mid ahaa in qof socda inta la istiaajiyo afka toosh looga qabto si loo hubiyo in uusan qaad afka ugu jirin [136]. Sheekh Maxammuud Shible [137] oo ka mid ah culimada Salafiyada ugu caansan waxaa uu sheegay in soo helidda dad la karbaasho ay noqotay mid loo tartamo. Middaas oo horseedday in baadi-goob dheer loo galo qof lagu qabto qaad, sigaar, daroogo ama sino, ilaa ay gaartay in haddii la arko wiil iyo gabar meel taagan la sugo, la daba galo iyada oo la iska qarinayo si loo arko iyaga oo faaxisho ku jiro.

Waxaa jirtay in arrinta noocaan wiil yar ilkaha looga riday degmada Beledxaawo. Ammin fiidki ah ayuu arkay wiil iyo gabar wada socda. Waxaa uu aaminay inay iska faraxalan doonaan. Waxaa uu is yiri labadaan soo dacwee

---

136   Aadan sheekh Cabdille oo ka mid ahaa madaxdii Itixaad ee Luuq joogtay waxaa igu yiri waayadii danbe waan joojinnay baaridda guryaha oo foolxumooyinka xasbadu geysanaysay ayaa ciidda ka batay. Laakiin wixii dariiqa lagu arko oo munkar loo arko tallaabo ayaa laga qaadi jirey

137   muxaadaro uu kaga hadlayay xadgudubyada magaca diinta lagu galay

marka ay is fuulaan si xadka looga oofiyo. Isaga oo toosh wata ayuu raadraacay. Markii ay dareemeen inuu iyaga daba socdo ayay jidkii beddesheen. Kama harine cagta ayuu cagta u saaray, oo markii ay istaagaanna wuu istaagaa markii ay dhaqaaqaanna raad- raacaa isaga oo is yara qarinaya oo aanan doonayn in ay arkaan. Haddii in door ah sidaas lagu jirey, wiilkii inanta la socday, oo meel xun ay ka marayso, ayaa inta ku soo laabtay tooshkii ka fara-maroojiyay oo ilkaha kala dhacay ilaa uu labada fool liqsiiyay. Muddo ayuu afdulaaqnaa oo waa danbe oo uu dibadda tegay ayaa ilko loo geliyay.

Itixaad iyo intii raacday waxaa ay u fahmeen shareeco la oogo keliya inta la xiriirta xudduudda. Haddii wadaaddadii iyaga ka horreeyay ay ku soo koobeen diintii nikaaxa, dhaxalka iyo tufta dadka xanuunsan, Itixaad waxaa uu Shareecadii ku koobay keliya gacangoyn iyo karbaashka qof sino lagu tuhmay. Wiilkaas yar halkaas ayuu ka duulayay. Labadaan soo sheeg oo berri ha la karbaasho sidaasna ajar uga hel shareecadaas la oogay ayuu is lahaa. Nasiibdarro se, waa la baray in shareecadu tahay karbaashka labadii sinaysata laakiin lama barin in loo baahan yahay afar marqaati si loo fuliyo xukunkaas. Lama barin in ay xaaraan tahay raadinta foolxumada iyo basaasidda Muslimiinta. Lama barin in xadka sinada loo jideeyay in looga hortago faaxishada ee aan loo soo dajin in dadka lagu fadeexeeyo. Haddii dadka si sax ah wax loo bari lahaa, waa kala baryi lahaa bulshaduna waa ay bullaali lahayd.

Dhaqangalinta shuruucdaan adag Itixaad waxaa uu u maray jid walba kol ay ku tahay naf la gooyo. Haddii aad maanta la yaabbantahay in Al-shabaab dadka ku dilo qaad buu gadaa, ficilkaa waa looga horreeyay. Qaadka oo hal magaalo laga joojiyo in loo dilo toban qof iyo ka badan Itixaad waxaa uu u arkayay mid faa'iidadeedu ka badan tahay qasaaraheeda. Cabdullaahi Faarax Cali oo arrintaas ka hadlayo waxaa uu qoray[138] :

> *Wax kasta oo wanaag ah oo lagu dhaqaaqo, waxaa fulintooda ka yimaado cillado, waxaa jira dad aan wanaagga jeclayn oo la dagaallama iyo khaladaad ay sameeyaan kuwa wanaag doonka ahi. Sidaas daraateed hawshaas khayrka badan ee ay dhallinyaradu qabteen, muddo gaabanna ku qabteen, wakhti gaabanna loo baahnaana ay qabteen, waxaa jirey dad ka biya diidsanaa oo dhaqankoodi hore ku*

---

138 C/laahi Faarah Cali. Cadowgeennu waa kuma. Bogga 395

dhegganaa taasina waxaa ay keentay in ay dad dhawr iyo toban qof gaaraya ay wadaaddada gacantooda ku dhinteen ayadoo inta badan la isaga hor imaanayay soo-dhicin xoolo ay dabley dhacday, ka ganacsiga jaadka iyo guud ahaan sugidda amniga IWM.

Dad aan la hadlay ayaa ku dooday in Shareecada Itixaad iyo inta kale aysan u sinnayn oo ay qaban jirtay keliya dadka aan ururka ku jirin. Danbiyada ay galaan ciidanka Itixaad ee ururku qirto in ay gef ahaayeen sida dilalka uu Cabdullaahi tilmaamay, sida laga yeelayo waxaa go'aamin jirey madaxda ururka ee looma soo bandhigi jirin shareecada iyo dadka la dulmiyay toona. Tusaale, afar wiil ayaa Baardheere kala soo baxsatay gaari booyad ahaa oo ay lahayd hay'ad samafal 1995- kii. Waxaa ay la yimaadeen booyaddii Beledxaawo. Waxaa ku baxay odayaal isku dayay in ka qaadaan booyadda si loogu celiyo hay'addii lahayd. Balse wiilashii waa ay isku dhajiyeen. Odayaashi oo aan wali quusan ayay dacwadii gaartay Itixaad. Isla markiiba waxaa ay ku bixiyeen ciidan oo dul dhigeen gurigii gaariga lagu haystay. Waxaa uu yiri Ismaaciil Muxummed Faarax oo ahaa goobjooge iiga warramay dhacdaan:

Maalin Jimce ah aniga oo masaajidka ku jira ayay xabbad billaabatay. Khaddiibkii minbarka ayuu saaran yahay oo khudbadu waa socotaa. Waxaa i garab fadhiyay odey aanan aqoon. Xabbado xooggan ayaa dhacay. Markii odaygu maqlay xabbadaha ayuu yiri "Belo idinku dhacday wiilashii waa laayeen." Markaan salaaddii ka soo baxnay ayaan ogaannay in Itixaad weeraray wiilashii oo afarti mid ka mid ahaa uu halkaas ku dilay si uu gaariga uga qaado.

Haddii dhib dhaco dhaqabo meel beeshay. Arrintii la isku qabsay. Wadahadal ayaa wiilasha lagula jiray. Lagama quusan in si nabad ah looga qaado gaariga. Odayaashii ku jirey Itixaad uma tagin oo ka quusannay ee shaqo ka qabta ma aysan dhihin. Itixaad cudurdaar u waayay qaadidda weerarkaas. In khalad dhacay ayay qirteen. Laakiin, sidii nin tadhahay lagu yaqaannay, ayay diideen in ciidankii wiilasha laayay la maxkamadeeyo oo shareecadu waxa ay qabto la marsiiyo. In ay mag bixinayaan ayay soo bandhigeen. Cid ku diidi kartaa ma jirin oo in aysan waxba bixin ayay yeeli kareen! Dhacdooyinka noocaan aad ayay u badnaayeen. Waxaan xasuustaa nin kale oo cayaar ay ugu dileen tuulo u dhaw Beledxaawo (Carracase) oo sidan oo kale mag qaata ay dhaheen. Go'aannada iyo ficillada la fulinayo ayaan, sidaa oo kale, loo bandhigi jirin waxa ay shareecadu ka qabto inta aan la gudagalin ka hor. Tusaale, waa taan soo marnay rag loo dhiibay Kiinya iyada oo aan markii hore maxkamad shareeco la horkeenin kitaabkana laga eegin xaqnimada in la dhiibo.

Waxaan isku dayay inaan madaxdii Itixaad ka helo wax beeniya in Itixaad uusan shareecada uga dhaqmi jirin sidii ay shacabka ugu fulin jireen. Waxaan si toos ah u weydiiyay Sheekh Aadan sheekh Cabdille [139], oo xilal kala duwan ka soo qabtay Luuq, in ay jirtay mar shareecada la horkeenay qof ama ka badan oo ciidankii Itixaad ka mid ahaa danbi ay galeen awgiis. Sheekh Aadan hal kiis Alle ha ka dhigee waa uu ii xaqiijin waayay [140]. Kaddib dad kale ayaan la hadlay kuma se guuleysan in aan helo cid warkaas beenisa ilaa aan kala hadlay sheekh Xasan Axmednuur [141]. Sheekh Xasan, oo ah facaadyahan marjac u ah dhacdooyinkii dalka gaar ahaan Gedo, waxaa uu ii sheegay in uu jiro hal nin oo sharciga la horkeenay. Ninkaan waxaa uu ka shaqaynayay maxkamadda. Waxaa uu ahaa nin aqoon fiican leh. Dadka qaadka lagu qabto ayuu ku xukumi jirey in la karmaasho. Itixaad qaadku waxaa uu ila sinnaa khamriga. Sidaa darteed qofkii lagu soo qabto qaad waxaa lagu dhufan jirey afartan jeedal oo ah xadka qofka khamri cabba. Ninkaan, oo lagu naanaysi jirey Abuu Lixya [142] (garweyne) dhinac dad ayuu ku jeedli jirey qaad in ay cuneen dhinaca kalana isagaaba qayili jirey. Cabashooyin badan oo ka imaanayay dad leh ninkaan intuu nala qayilo ayuu haddana na karbaashaa, ugu danbayn si cad ayaa loogu qabtay isaga oo marqaamaya. Maxkamad ayaa la keenay afartankii uu dadka ku dhufan jirey ayaana lagu jiiday.

Afar sano maamul jirey, dhacdooyin tiro beel ah la kulmay, dad aad u badanna marsiiyay sharcigiisi, qirsan inuu galay gefaf aad u badan, in la waayo marar uu dadkiisi sharciga mariyay waa mid ku tusaysa inuu jirey sharci gooni iyaga u ahaa. Haddaad si dhab ah ugu fiirsato halka qiso ee aan helnay, waa mid ay adkayd in si hoose loo xalliyo iskuday walba oo lagu doono in lagu qariyana sumcaddarro weyn gaarsiin lahaa ururka. Wixii sidaas oo kale aan ahayn xeer hoosaad u degsanaa iyo si hoose ayaa lagu xallin jirey iyada oo la

---

139 Waxaan taleefan kula hadlay 23/09/2022
140 waxaan ka hadlayo ma aha xubin Itixaad ahaa oo uu soo dacweeyay qof shacab ah. Marar badan ayay dhacday in dad shacab iyo xubno Itixaad ah oo wax isku qadsaday loo garqaaday. waxaan sheegayno waa ciidan hawlgal loo direy oo gef galay ama xubno gelay gef diimeed oo ururka ka tirsanaa
141 waxaan taleefan kula hadlay 23/09/2022
142 magaciisa oo dhan waa la i siiyay laakiin waxaan doortay in aan naanaysta keliya isticmaalo.

leeyahay ceebaha culimada ha la asturo iyo sirta Islaamka yaan la faafin. Sida ceebaha wadaadadu asturaad ugu baahnaayeen, sow kuwa caamaduna uguma baahnayn asturaadda?

Ha u qaadan in maamulkii Luuq ahaa shar soocan. Markii dhinacyo gaar ah lagu eego wanaag badan ayuu lahaa. Xaqiiqdi dhinaca amniga waxaa uu gaaray meel aad u sarraysa oo gaal iyo Islaamba ku nabad galay taas oo ahayd mid aan sinnaba uga suurogalin dalka intiisa badan. Hay'adda AMREF oo fadhigeedu ahaa Luuq waxay warbixin sannadeedkii 1994-kii ku tiri:

> *Ka shaqaynta Luuq hay'aduhu kuma qabaan dhib badan. Degmadu waxa ay ka faa'iidaysatay amniga wanaagsan ee ka dhashay gacanta adag ee ururka Islaamiga ah ee gacanta ku haya. Si kastaba ha ahaatee, gobolka intiisa kale, hay'dahu waxay wajahayaan dhibaatooyin ah cabsigalin, afduub iyo gacan ka hadal* [143].

Sidaa oo kale, xagga maamulka goobaha ay gacanta ku hayeen waxaa uu ahaa mid ammaanan. Waxaa uu yiri Ken Menkhaus [144]:

> *Isbitaalka degmada, oo uu Itixaad gacanta ku hayay, ayaa in badan loo qaadan jiray tusaalaha toolmoon ee maamulka iyo isla-xisaabtanka goor dhammaan isbitaallada Soomaaliya oo dhan ay hareeyeen musuqmaasuq iyo xatooyo.*

Wanaaggaas badan waxaa qariyay habdhaqankii kale ay la yimaadeen. Hubaashi dadku kama aysan dideen dacwada Salafiga oo barax la' ee waxa la diiday waxay ahayd dhaqanka dadyowga kale ee la diimeeyey, manhajka ciriiriga iyo gacanta naxariista ka arradan ee dadka lagu dhaqay. DR Cumar Iimaan Abuukar oo tilmaamaya arrintaas waxaa uu yiri [145]:

> *Waxaa iiga baxay walaalihi Itixaad waa in ay ka maqnayd, marar badan, qaadashada go'aan ku habboon waqtiga ku habboon, iyo adadayg iyo qallafsanaan meel aan looga baahnayn, iyo in ay dadkoo dhan ka dooneen in ay noqdaan hal ul oo siman manhaj ahaan iyo*

---

143 Ken Menkhuas (2002). Political Islam in Somalia. Bogagga 112-3
144 tixraaca kore bogga 112
145 Dr Sheekh Cumar Iimaan: تجربة المحاكم السالمية في الصومال bogga 77

hadaf ahaabna iyo in ay dadka ku fogeeyaan in yar oo gef ah. Agtayda waxaa jira midabbo aan ahayn caddaan iyo madow, dadkuna sida midabbadoodu u kala geddisan yihiin ayay garaadka iyo garashada ugu kala tagsan yihiin. Qofkii aan tixgalin kala duwanaanshaha dadka ee hal doon wada saara ummadda oo dhan waxaan dhibaato ahayn ma kororsado.

Dr Abuukar isaga oo isku dayayo inuu sababeeyo waxa ku qaaday Itixaad hab-dhaqankaan ummaddi nacsiiyay waxaa uu yiri:

Arrintaas sababteeda, sida ay aniga ila tahay, waa in ay [Iyaga Itixaad ah] isku qaseen Salafinimada iyo akhlaaqda reer Najdi ee ayaamihii danbe ahayd guriga Salafinnimada, taas oo ah mid ku dhisan qallafsanaan iyo adadayg. Midda danbe [akhlaaqda reer Najdi] weeye midda dadka ka cayrisay midda hore [Salafinimada].

Naxariisdarrada shacabka lagu dhaqay iyo xabsi gurigaan dadka la galiyay waxaa uu keenay in dadkii u qaybsamo qof isaga cararo magaalada Luuq, qaar Itixaad raacay oo kifaax iyo karaamo u arkay ciqaabta saaran iyo qaar hoosta ka karho ilkahana u caddeeya. Ceynad gooni ah oo ku suntan Itixaad iyo calaamad lagu aqoonsado ururka ayay isu beddeshay magaaladi qaddiimka ahayd. Taageerayaashi Itixaad iyo inta ka maqsuudday ficilladoodi ayuu warkii gaaray. Waxaa la baahiyay in Luuq islaamkii laga qaatay, dawlad Islaami ahna laga dhisay taas oo ka dhignayd inay tahay magaalo Islaamku u siman yahay. Waxaa ay durba noqotay laxdii xoonka jihaaddoonka dunida, kuwaas oo xeryo tababbar iyo godad dhuumaalaysi looga sameeyay goonyaha degmada. Intaas waxaa dheeraa in Itixaad diiday in Luuq yeelato guddiigi 21-ka ahaa ee laga doonayay dhammaan degmooyinka Soomaaliya si loo dhiso dawlad loo dhan yahay. Sida darawalkii waday gaariga Idaajaa saarnaa sheegayba, Luuq beeshii Gedo waxaa ay u arkaysay meel la qabsaday oo gacantooda ka meertay. Qabsashadi Itixaad qeybo ka mid ah Doolow iyo Beledxaawo iyo is-hortaaggii ay ku sameeyeen maamulladii UNOSOM ee loo dhisay, iyo dhaqdhaqaaqyo uu ka waday ururku degmooyinka kale ee gobolka, SNF waxaa ay u aragtay in gacanta beeshu aysan tuulo ku soo hari doonin. Mar haddii awooddii gobolka Itixaad yeeshay Soomaalina maanta qabiil wax ku qaybsato waxaa u muuqatay oosha Marreexaan in ay lama huraan tahay in xal loo helo ururkaan la wareegay.

Garbahaarreey

(1994)
Tuhmaa lagu ridaa niman hadday kala tagaayaane
Tubta toosan waa laga duwaa tuurintii jabine (Qamaan Bulxan)

Isticmaalka awoodda ee Itixaad ka waday Gedo, waxaa garab socday shukaansi uu ku hayay shacabka reer Gedo ee bannaanka ku noolaa. Madaxda Itixaad waxaa ay ku dedaaleen in ay isu muujiyaan kuwa matala beesha Gedo ugana fiican yihiin SNF. Si ay isaga iibiyaan shacabka ka maqan Gedo, bartamihii 1994-kii qaar ka mid ah madaxdi Itixaad ayaa shir ugu qabtay xaafadda Islii jaaliyaddi Marreexaan ee Nayroobi. Shirkaas, oo ay soo xaadireen ilaa 130 qof, Itixaad waxaa uu uga warramay waxqabadkiisa iyo harumarka uu gobolka keenay iyaga oo aad ugu tiiqtiiqsaday nabadda iyo kala danbaynta ay gobolka ku soo dabbaaleen [146]. Dadkii meesha yimid, oo aan wacaal u hayn xaqiiqada horumarka Itixaad sheegtay, asii ka garaabay in ay lama huraan tahay heshiis dhexmara labada urur ee gobolka isku haysta, ayaa soo jeediyay in la isu keeno madaxda labada urur ugu danbayna heshiis ay ka gaaraan awood qaybsiga gobolka. Shir ka dhacay gurigii Cabdi Xoosh ee Nayroobi ayaa la isugu keenay labadii Guddoomiye ee labada urur oo ay weheliyeen Alle ha u wada naxariistee Shire Suudi iyo Maxammed Cali Cabdi [147]. Wadahadal laba cisho qaatay, waxaa lagu gaaray heshiis horudhac ahaa waxaana la isla gartay in Garbahaarreey lagu qabto shir loo dhan yahay goobtaasna lagu saxiixo. 23-ki Desember 1994-kii ayaa la iclaamiyay shirweyne loo dhan yahay oo loogu yeeray mid qabiilada Marreexaan aayaheeda uga tashanayso. Ajendaha shirka waxaa ku jiray "in shirka lagu dhiso maamul gobol oo dhammaystiran oo ay labada urur ku midaysan yihiin [148] ". Dadka ku casuuman ayay ka mid ahaayeen madaxdii Itixaad. Waxaa hawlwadeen ka ahaa SNF oo ahayd midda qabiilada matasha waxaana shirguddoon loo doortay ugaas Cumar ugaas Xirsi AUN-tee oo ahaa ugaaska guud ee Marreexaan.

Sida caadada u ah Soomaalidaba, dib u dhac 7 cisho ah kaddib waxaa uu si rasmi ah shirkii u furmay 30/12/1994. Maalinti koowaadba, Sheekh Maxammed Xaaji Yuusuf oo ahaa madaxii Itixaadka Gedo inta hadalkiisi

---

146   C/Laahi Faarax Cali, Cadowgeennu waa kuma bogga 443
147   Isla tixraaca kore
148   Tixraaca kore bogga 453

jeedsaday ayuu yiri ha la i fasaxo, Beledxaawo ayuuna ku laabtay. Waxaa meeshii ku haray Cumar Xaaji oo SNF guddoomiye u ah, wakiillo sheekh Maxammed ka tagay iyo odayaashii beesha. Wakiilladii Itixaad, oo aan jeclaysan sida uu shirku u socday, ayaa caddeeyay in aysan aqbali doonin natiijada shirka iyada oo aan wali la ogayn waxa soo bixi doona. Wadatashi kaddib, waxaa shirkaas loo doortay Cumar sheekh Maxammuud sheekh Cabdullaahi (Cumar Yare) inuu noqdo barasaabka gobolka taas oo qayb ka ahayd dhammaystirka golaha deegaanka iyo heer gobolka si loo helo dawlad dhexe. Waxaa kale oo xilkii guddoomiyennimo loo cusboonaysiiyay jannaraal cumar Xaaji. Warmurtiyeedkii ka soo baxay shirka waxaa, kale oo, ka mid ahaa in gobolku si buuxda ugu dhaqmayo isuguna xukumayo shareecada taas oo u muuqatay in lagu doonayay in Itixaad laga soo xiro marmarsiinyo walba oo uu natiijada ku diidi lahaa. Hadal keliya loogama tagine, waxaa la magacaabay laba guddi oo xaqiijisa in ku-dhaqanka shareecada la hirgaliyo. Labadaan ayaa midna loo xilsaaray fulinta ku dhaqanka Shareecada. Midkaan waxaa loo doortay 7 sheekh oo ka koobnaa Itixaad iyo Ahnu-Sunna iyada oo guddoomiye looga dhigay sheekh Maxammed Siraad, oo Ahlu-Sunna ahaa, ku xigeenna loo magacaabay sheekh Maxammuud Macallin Nuur. Guddiga labaad ayaa loogu magac-baxshay "Guddiga Hirgalinta Shareecada". Midkaan waxaa loo saaray 21 xubnood oo odayaal dhaqan iyo siyaasiyiin ahayd si loo hubiyo in laga dhabeeyo ku dhaqanka shareecada oo ahayd mid noqotay halka Itixaad cuskado markii uu dan leeyahay.

Itixaad waxaa uu soo dhaweeyay in Cumar Yare loo doortay barasaab iyo sidaa oo kale in shareecada la isku dhaqo. Laakiin waxaa uu si buuxda u diiday inuu aqoonsado wixii shirka ka soo baxay oo ay ka mid ahaayeen guddiyadii loo magacaabay hirgalinta ku dhaqanka shareecada. Qaaddacaaddaan waxaa ay ka dhignayd in isu soo dhawaanshihii labada urur fashil uu ku dhammaaday odayaashii iyo Itixaadna kala tageen.

C/laahi Faarax Cali gadoodka Itixaad waxaa uu, buuggiisa *Cadowgeennu waa Kuma,* u aaneeyay in masiirki shirka Cumar Xaaji la wareegay taas oo shirkii ka dhigtay mid aysan u sinnayn labada dhinac waxaa uuna aad u eedeeyay Cumar Xaaji oo ku tilmaamay inuuba shirka u yimid fashilinta Itixaad iyo burburintooda. Qodobka ka soo baxay shirka ee ah Gedo waxaa ay qaadatay ku dhaqanka shareecada ayuu, Cabdullaahi, ku tilmaamay marinhabaabin iyo been bulshada lagu khaldahayay oo aan dhab ka ahayn hoggaankii shirka[149]. Dhinaca kale, Axmed Faarax Cali (Idaajaa) waxaa uu maqaalkiisa aan inta badan soo xigannay ku sheegay in Itixaad uusan doonayn wadahadal iyo heshiis ee uu doonayay inuu marooqsado masiirka gobolka. In ay diideen dhisidda maamul iyaga ka madaxbannaan oo degmooyinka Luuq, Doolow iyo Beledxaawo yeeshaan iyo in ay si buuxda u diideen dhisidda dawlad UNOSOM garwadeen ka tahay ayuu sabab uga dhigay inuusan Itixaad marnaba doonayn inuu wax la qaybsado SNF iyo oosha Marreexaan.

Waxaa xusid mudan in labada qoraa ee aan soo qadannay ee isku lidka ah ay walaalo aabbe wada dhalay yihiin. In ay labada urur ku kala jireen ayaa keentay labada daraf ee ay kala taagan yihiin. Waa arrin ku tusaysa in dagaalku ahaa mid aydhiyooloji ee uusan ahayn mid ku dhisan qabyaalad. Qof walba waxaa uu u faalalay meesha uu arkayay maslaxo isaga oo aan indho qabiil ku eegin. Tani waxaa ay meesha ka saaraysaa been-abuurkii bulshada lagu kala dilay, sida aan gadaal ugu tagi doonno, ee ahayd SNF iyo Itixaad qabyaalad ayaa lagu kala raacsanaa iyo in urur walba qabiil gooni ah u adeegayay.

Haddii gunaanadka labadaan qoraa aan xagga iska dhigo, waxaa noo muuqan kara inuu shirku mar walba fashilmi lahaa oo aysan marnaba soo baxdeen natiijo labada urur awood ku qaybsan karaan. Cumar Xaaji waxaa uu watay in shirka loogu yeero 'shirweynihii SNF' taas oo isaga ka dhigi lahayd shirguddoonka, Itixaadna aan irridba u furteen. Laakiin taas waxaa ku diiday ugaaska oo yiri shirkaan waa mid qabiilo ee maahan mid urur waxaa uuna u furan yahay qof walba oo ku abtirsada qabiilada shiraysa. Dhinaca kale, qabiiladu ma aqoonsana urur ka kooban Soomaali oo idil. Qofkii Itixaad ah ee shirkaan yimaada waxaa uu imanayaa isaga oo qabiil ah kana talo- bixinaya danaha qabiilada shiraysa, sidaa darteed kama bannaanayn shirka kaalin uu leeyahay urur Itixaad la yiraahdo oo guddoomiyihiisu yahay nin Hawiye ah oo aan waligiis Gedo imaan. Itixaad dhinaciisa asal ahaanba dawlad UNOSOM dhisayso ayuu xaaraan u arkayay. Ciidammadii UNITAF iyo hawlaha QM ay wadday waxaa uu ururku u arkayay gaalo ku soo duushay la dagaallan mooyee, soo dhaweyna aan mudnayn. Haddaba shir UNOSOM ka danbayso in lagu dhiso maamul Itixaad qayb yahay xagga ururka waxay ka ahayd ugu yaraan hawo-raac haddiiba aysan gaarsiinayn riddoobid.

---

149 C/laahi Faarax Cali. Cadowgeennu waa kuma, bogga 453-4

Markii laga yimaado ismaandhaafkaas aasaasiga ah ee xagga odaayasha iyo ururka Itixaad ka jirey, waxaa noo muuqanaysa in labada guddoomiye, waa Jan. Cumar iyo sheekh Maxammed e, midna aysan daacad ka ahayn ujeeddada shirka. Jan. Cumar haddii uu xal rabo ma dooneen inuu yiraahdo shirka ha ahaado mid lagu qabto magaca SNF, sheekh Maxammedna haddii ay ka go'nayd ka miro-dhalinta heshiiskii Nayroobi, inta shirka kalmaddiisa ka yiraahdo maalinta koowaad iskama baxeen. Shir sidaas xasaasi u ah oo la doonayo in laga soo saaro arrimo saamayn mug leh ku yeelan doona aayaha ururkiisa, wakiillo aan xataa darajo cayiman Itixaad ka hayn uma uusan wakiisheen.

Intaas waxaa dheer, labada guddoomiye ee kala hoggaamisa SNF iyo Itixaadka Gedo ma ahayn kuwo leh sumcad hoggaamineed iyo dul dadka isu keena [150]. Cumar dadka yaqaan waxaa ay ku sheegi jireen, nin xaruuri ah oo dabeecadda xoor kala mid ah xagga kalana aan ka aammusin hadal gabari ku tiri. Dhirifkiisu heer waxaa uu gaarsiisnaa, haddii uu qof hadlo isaga oo hadal wada, uu shirkaba isaga baxo. Odey ay qaraabo yihiin oo aan kula kulmay Garbahaarreey 2022-kii ayaa igu yiri "waxaan waydiinnay Cumar sababta uu dadka ugula dhaqmo sidii carruur uu dhalay." Markaas ayuu noogu jawaabay "waxaa ii hormaray labo shaqo oo aan la iga dabo hadli jirin. Markaygii hore macallin ayaan ahaa oo fasalka intaan ku jiro canug hadli karaa ma jirin. Markii danbe askari ayaan ahaa oo amar kala qaadasho iyo kala danbayn ayaa ka jirtay."

Sidaa ayaa ka dhab ahayd jananka loo doortay inuu samatabixiyo dad dagaallo daashadeen, maamul aan lahayn, dawladnimo iyo kala danbayntii illaaway; inuu isku hayo bulsho kala qaybsan uuna isu keeno kuwo kala tagey. In aan lala doodin, marna aan la darraabin, hadalkiisa la diidin oo lagu dabafaylo ayuu doorka u qaatay. Soomaaliduna waligeed ma yeelan dad sidaa madaxdeeda u addeecda! Waxaa ka sii darnaa ninka sidaasi addeecidda u raba gargaar iyo adeeg bulsho toona laguma qabin! Dhiggiisa Itixaad Gedo, Sheekh Maxammed dadka yaqaan iyaguna waxaa ay ku tilmaamaan ajawar, hadal qallafsan, diblomaasiyad aan aqoon, hadalka aan dadka uga turin, madax adag oo meesha uu qabsado aan ka fuqin. Waa tilmaamo macne tira hoggaamiye oo dhan xagga kalana sharcigu uusan ammaanin.

---

150 Dhaliisha halkaan waa hoggaankoodi oo qoraalkeenna quseeya. Dabcan tilmaamo kale oo fiican iyo meelo ay ku wanaagsanaayeen waa jiraan laakiin buuggu ma qaado inuu ka warramo taariikh nololeedkoodi

Labada guddoomiye waxaa ay ka sinnaayeen in ay inta badan gobolka dibadda uga maqnaayeen oo Nayroobi iyo Xamar u dhaxeeyeen. Markii ay gudaha joogaan, labaduba ma ahayn kuwo bulshada soo dhex gala, shacabka dareenkooda la wadaaga si ay u ogaadaan dhinaca dabayshu u socoto. Taas beddelkeeda waxaa ay isku koobi jireen kooxaha tirada yar ee iyaga ayidsan. Intaas waxaa u weheliyay in labadoodu marar badan horay isu arkeen ayna u badan tahay in la is xiniinyo taabtay. Sidaas darteed, waxaa muuqanaysa in ujeedka shirka ay u yimaadeen uu ahaa in mid walba kan kale karkaarka waydaariyo. Markii la qiimeeyo falcelintii Itixaad iyo saamayntii ay odayaasha dhaqanka ku yeelatay, goolkii waxaa laga dhaliyay Itixaad oo u muuqday kuwo aan xal doonayn heshiiskana aan fursad siinin. Arrintaan ayuu ugaas Cumar u arkay gef loo geystay shaqsiyaddiisa iyo xad-gudub lagula kacay taladiisa. Waxaan horay u soo sheegnay in ugaasku ka carooday shardigii Itixaad ku xiray markii uu u tagay isaga oo ciidan doon ah 1992-kii.

Ugaasku waxaa uu ahaa nin afgaaban, dhawrsoon oo iska fogeeya siyaasadda. Waxaa uu sidaa oo kale ahaa nin oggol in talada la wadaago, tixgelin siiya odayaasha jilibbada iyo caaqillada, go'aan aysan wax ka ogayna aan qaadan. Deegaannada aadka uga fog, Baambo-Xaliimo oo deegaan u ahayd, waxaa uu ka wakiil yeeshay odaga ugu weyn deegaankaas inuu magaciisa ku hadlo magaciisa wax ku guddoomiyo magaciisana qabaa'ilka kale ee deriska ah heshiisyo kula geli karo. Laakiin, ugaasku, si xooggan ayuu u aamminsan inuu isagu yahay hoggaamiyaha dhabta ah beeshiisa in loo gacan dhaafana ma uusan aqbali jirin. Waxaa uu isku dayi jiray inuu isku wado dhinacyada kala fog ee qabiiladiisa hubiyana in ay iyaga oo isdiiddan nabad ku wada noolaadaan. Tusaale, markii AUN-tee Maxammed Siyaad Barre soo qaxay waxaa uu yimid Garbahaarreey oo uu saldhigtay bishii labaad 1991-kii. Joogiddiisa waxaa isku qabtay Marreexaan. Dad badan ayaa u arkayay in aysan suurogal ahayn in MSBarre Gedo joogo oo aysan qaadi karin. Kooxdaan oo u badnaa aqoonyahan aan ka xusi karno, Idaajaa, C/laahi Cilmi Sahal iyo sheekh Siraad Nuurre [151], waxaa ay qabeen in duqu dalka isaga tago oo uu carrada Ilaahay ee oggol magangalyo weydiisto. Markii ay arrintaas ugaaska gaartay "wuxuu Ugaas Cumar guddoomiyey M. S. Barre inuu yahay 'xubin tolka' ka mid ah oo sugidda nabadgelyadiisu ay dadweynaha gobolka saaran tahay, ilaa uu Soomaaliya ka dhismo talis sharci ah oo qabaa'ilku ku wada

---

151 C/laahi Faarax Cali, Cadowgeennu waa Kuma.

jiraan, garsoor madaxbannaanna horgeyn kara." Si, dhinaca kale, MSBarre u ogaysiiyo inuusan qaadan ga'aammo uusan ugaasku ogayn una dareensiiyo inuu la siman yahay kuwa leh 'ha iska baxo' "Shirarkii beryahaas la qaban jirey ee uu ka hadli jirey wuxuu Ugaasku ku celcelin jirey inuu 'tolka oo idil' Ugaas u yahay, guddoonka ugu dambeeyaana uu kiisa yahay. [152] " Diidmadi Itixaad ee go'aannadi shirka, waxaa ay kaloo ka caraysiisay cuqaashi jilibbada. Waqtigaan waxaa uu ahaa mid ay noolaayeen odayaal cajaa'ib lahaa oo lagu doodi karo in iyaga oo kale aysan gobolka Gedo soo marin. Sheekh Maxammuud sheekh Cabdullaahi, sheekh Xasan Iftiin, sheekh Maxammed-xaadle iyo kuwo kale oo culimo ahaa ayaa ka mid ahaa. Odayaal lixdan jir ugu yaryahay, culimo wada ah, caddaalad lagu bartay, xalaal-miirad aan oggalayn in ay cunaan cunno aysan hubin halka laga keenay oo nabadayntu ka dhab tahay ayaa jilbaha Marreexaan intooda badan cuqaal u ahaa. Aan tusaalayno sida aysan u fududayn in siyaasi iibsado odayaashii waqtigaas iyo halka ay addunyo ka joogeen.

Sannadkii 2001-dii, waxaa Ceelwaaq isugu tagay odayaashi ugu cuslaa Gedo. Waxaa ka mid ahaa AUN-tee Sheekh Maxammuud Sheekh C/laahi, oo ahaa duqa beesha reer Garaad, dhalayna Cumar Yare-hii shirki Garbahaarrey barasabka loogu doortay, Soomaaliduna ku garan karto, inuu la dhashay sheekh Aadan sheekh Cabdullaahi; iyo Axmed-Nuur Aadan Deer oo ka mid ahaa odayaasha reer Siyaad. Labadaan ayaa qol wada degay. Odayaashu waxaa ay marti u ahaayeen guddoomiyaha degmada Ceelwaaq maaddaama dan guud iyo xaajo caam ah la isugu yeeray. Guddoomiyahu xoolo gaar ah ma lahayn ee kuwa dadweynaha ayuu ku marti galiyay. Waxaa uu yiri Axmed- Nuur: sheekh Maxammuud ayaa i arkay anoo wax ka cunaya raashinki degmadu nagu martisoortay. Kolkaas ayuu igu yiri "Axmadow waa adigii lahaa waxaan ka cabsi qabaa canshuur waa hore wax iga soo gaareene, maxaad u cunaysaa raashinkaan?" Maxaa dhacay ayaan ku iri? buu yiri Axmed-Nuur. Sheekh Maxammuud ayaa yiri "Waxani waa canshuurta dadka laga qaado oo aan waxba loogu qaban." Gacan danbe uma celin, ilaa aan soo laabannayna aniga iyo sheekha waxaan cunaynay jeebkeenna ayuu yiri Axmed-Nuur [153].

Ugaasku qudhiisu waxaa uu ahaa nin is ilaaliya, hadduu awood kale waayana aan yeelin in magaciisa lagu fushado wax uusan xaq u arkayn. Maxammed

---
152 Idaajaa (194)
153 Waxaan ka qoray Xasan Axmed-nuur Feebaraayo 2019.

Cabdi Afey waa wakiilki gaarka ahaa ee Kiinya u xilsaartay shirkii Imbagaati. Waxaa uu ahaa shir laba sano socday oo dhib badan laga maray balse guul ku dhammaaday oo dawladda maanta jirta lagu yagleelay. Isaga oo ka warramaya caqabdihii ugu darnaa ee uu la kulmay waxaa uu yiri [154]:

> ....Laakiin midda ugu adkayd waxay ahayd ugaas Cumar, ugaaska cidda oo eh ugaas nadiif ah, nadiif, akhiyaar, aniga intaan ka arkay runtii Soomaalida, xigmad badan, ugaaskaas ugaas Cumar Alle ha u naxariisto, oo markii aan u soo bandhignay aan ku niri hawshi waa tan berrina waa la dhaarin rabaa berri maahee maantaanba dhaarin rabnaa baarlamaankii Soomaaliya xubnihii ka maqnaa ee familiga waa kuwaan, wuxuu yiri kuwaan kuma qanacsani. Haddee noo saxiix, mayee inaan idiin duceeyo haddii aad rabtaan waxaan wax aan saxiixayo maahee adinka kaca iska dajista haddaad rabtiin... ugaaskaas ma saxiixin listigaas... dadkaan qaarkood maaha dad u qalma in ay Soomaaliya hoggaamiyaan, aniga magacayga in meeshaas lagu qoro ma rabo... dawlad Soomaaliyeed baad dhisaysiin, aniga qaarkood ciddaydа xataa kuma aamini kari... Listiga keliya ee markaas aan gudbinnay ee magaca ugaas ku qornayn ayay ahayd...

Waxaa laga yaabaa in akhristuhu is yiraahdo bulshada odayaasheedu sidaas u wanaagsan yihiin, ugaaskeedu isku wadkaas leeyahay shacabkeeduna sidaas u qabowyahay maxaa haadaanta ka tuuray? Warcelinta ugu wacan ee waydiintaas waa oraahdi caanka ahayd ee laga guntay hoggaamiyihii reer Faransa ee Naboliyoon taas oo ahayd: "Ummad wada libaaxyo ah oo bakayle hoggaaminayo waxaa ka wanaagsan ummad wada bakayle ah oo libaax hoggaanka u hayo." Reer Gedo waxay ahaayeen libaaxyo bakayle horjooge u noqday. Waxa gabay kaalintoodi waa siyaasiyiintii labada garab ku jirey ee talada gobolka gacanta ku hayay sida nooga muuqan karaysa sadar walba oo uu buuggu uga hadlo xaaladda gobolka. Odayaasha iyo cuqaashu shaqadooda meel ay joogaanba, waxaa ay ku koobantahay nabadeyn, kala dhexgalid kuwa isdila, iyo u-kala dabqaadid kuwa isdiiddan. Halka shaqada siyaasigu tahay dajinta siyaasad dadka lagu maamulo iyo keenidda afkaar dadka jihaysa. Waa middaan danbe tan reer Gedo waayeen, gobollada Waqooyi Bari iyo Waqooyi Galbeedna samatabixiyay.

---

154 Wareysi uu siiyay Ayaanle Xuseen Cabdi (Ha Noolaato)

Si kastaba ha-ahaatee, kalataggi shirkii Garbahaarreey waxaa uu ahaa fursad la dayacay waxaa uuna sii shidaaliyay dabkii shidnaa. Hadalkii Luuq ku dhexmaray saraakiishi SNF iyo sheekh Maxammed Xaaji Yuusuf, khilaafkii Xasan-Deer iyo Itixaad iyo isqabashadii guddigii Beledxaawo iyo Itixaad waxay ahaayeen saddexdii dhardhaar ee loo dhigay dheriga lagu karinayo colaadda gobolka. Burburkii shirkii Garbahaarreey waxaa ka soo baxay buufinnadi lagu hurin lahaa dabkii shidnaa ee dhuxulaha waaweyn lahaa aad se aan u holcayn, labadii ururna mid walba waxaa uu billaabay diyaargarow dagaal.

CUTUBKA 5AAD

DIYAARGAROWGII DAGAALKA

Mar haddii ay soo yaraatay helidda gobol dadkiisu midaysanyahay oo madaxdiisu maamulkiisa qaybsan karto, labada urur ee iskuhayay mid walba waxaa uu guda galay sidii uu kooxda kale gobolka uga sifayn lahaa. Itixaad, oo ahaa labada garab kan cududda buuran, waxaa uu qaaday tallaabooyin isgarab socday oo u suurogalin kara qabsashada gobolka oo idil iyo ka sifaynta SNF masraxyada siyaasadda iyo matalaadda Gedo. Kow, waxaa ay billaabeen iibsiga wixii hub culus ahaa ee gobolka ku haray. Qoryaha BKM iyo Baasuuke u yaryihiin ayay baadigoob u galeen qofkii hayana lacag fiican uga iibiyeen. Tani waxaa ay uga gol lahaayeen in ay xaqiijiyaan in aan la helin dhallinyaro hub haysata oo hayb iyo tol-la'ayeey lagu kicin karo. Malaha waxay ahayd cashar ay ka barteen dagaalki Bari oo hubkii shacabka uu noqday midkii Itixaad la isaga caabbiyay. Meel walba, miyi iyo magaalo, meeshi lagu sheego qori macne lehba dad soo iibiya ayay u direen. Hubaashii waxaa jirey nin la oran jiray Hire Xaaji oo xil ahaan loogu magacaabay soo iibinta hubka guryaha yaal iyo keenidda midka meel fog jiraba. Waqti aad u yarba gobolka waxaa laga waayay qori AK47 ka weyn oo aan gacanta Itixaad ku jirin.

Middaan waxaa garab socday in ay isku hawleen soo dumidda dadkii ay is lahaayeen miisaan ayay gobolka ku leeyihiin sida odayaasha iyo siyaasiinta qaarkood. Dadka ay aad isugu hawleen in ay dhinacooda soo mariyaan waxaa ka mid ahaa kornayl Xasan-Deer oo ay si adag isu hayeen. Markii hore waxaa ay ku dhaheen guddoomiyaha degmada Doolow ahow, innagana aan ciidan kuu ahaanno. Awalba iyagaa haystay amniga degmada sidaan soo sheegnay ee waxaa ay doonayeen inuu kala diro ama ku wareejiyo wiilal koox ah oo jifadiisa ahaa oo la socday.

Markii uu taas diiday waxaa ay u soo mareen odayaal jifadiisa ah oo Itixaad ku garab ahaa. Odayaashaas ayaa Luuq ugu yeeray waxaa ayna ku yiraahdeen: Hayso jagada guddoomiyenimo ee degmada Doolow. Haddii aad ka baqayso in cudud lagu sheegto waxaan ku siinaynaa rag ciidan ah oo aad isku hallayn karto. Keliya waxaa lagaa rabaa inaad isaga baxdo SNF oo aad iska bari yeesho. [155] Waraysi uu Xasan-Deer siiyay qoraha *Cadowgeenna waa Kuma* ayuu ku xaqiijiyay in Itixaad u ballan qaaday lacag badan iyo gaari uu ku socdo haddii uu la shaqeeyo waxaa uuna yiri [156] : "Aniga gaari xaajiyad ah oo Toyota 4WD ah... iyo lacag 100,000 Kenya Shilling ah inta la ii keenay ayaa la igu yiri: Sheekh Maxammed Nuur Carab guddoomiyaha maxkamadda ka dhig."

Sababta ay sida gaarka ugu doonayeen Xasan-Deer waxa ay noqon karta: kow inuu ahaa ninka keliya ee haystay ciidan, haba yaradee, abaabulan oo isaga ka amar qaata gobolka oo dhan markii laga reebo Itixaad. Labo waxaa uu joogay Doolow oo u dhaxaysa Luuq iyo Beledxaawo oo ahaa labo magaalo oo Itixaad isa siiyay. Gobolka oo Waqooyi iyo Koonfur loo kala qaybiyo dhinaca Waqooyi, oo loo yaqaan Daawo, markii Doolow laga reebo, Itixaad ayaa maamulayay mana jirin meel kale oo awood ciidan ay ka muuqatay. Xasan-Deer haddii ay soo xero galin lahaayeen waxaa ay noqon lahayd in ay si buuxdo meesha uga saareen suurtagalnimada ciidan hubaysan oo uga kaca deegaannada Daawo. Hasayeeshee, dhammaan dedaalladi la galiyay soo xarayntsa Xasan ma mirodhalin. Xasan-Deer, ka sakow inuu ahaa nin mayal-adag, mowqif leh oo waxa uu aamminsan yahay aan si fudud uga tanaasulin, waxaa uu ka cabsi qabay in markii ay raggiisa ka dhex saaraan ay ku yiraahdaan "cirka warmo u jar." Waxaa uu si dhab ah u ogaa in Itixaad uusan doonayn wadashaqayn iyo wax wada qabsi iyada oo laba la kala yahay ee ay doonayeen inuu iyaga ku biiro. Tan waxaa sii xoojinayay cabsigalin, weerar iyo xurmo- darro ba'an oo uu kala kulmi jirey dhallinyaro Itixaad ka tirsanayd oo Doolow la joogtay jifana ay ahaayeen. Nin iga codsaday inaan magaciisa qariyo kana mid ahaa ururki Itixaad culimadiisi ayaa igu yiri "waxaan joogay iyada oo Xasan-Deer oo cashar wadaad Itixaad ah akhrinayay soo fadhiistay wiil yar ka cayriyay cid ka qabatana uusan helin." Haddii uusan diin ahaan ugu qancin waxa ay wadeen waa ay u cuntami wayday inuu hunguri ku raaco.

Soo dumidda odayaasha dhaqanka ayaa ka mid ahaa tallaabooyinkii uu qaaday Itixaad. Jid walba- sida gunno siin, wacdin, balanqaad awoodeed-

---
155 C/lahi Faarax Cali: Cadowgeenna waa Kuma. Bogga 442
156 Tixraaca kore bogga 443

oo ay u mari kareen in Itixaadeeyaan odayaasha ugu caansanaa gobolka oo uu ugaasku ku jiro ayuu qaaday ururku. Qoraha *Cadowgeennu waa Kuma* waxaa uu sheegay in ay marar badan deegaankiisa, oo aad uga fogaa xarunta Itixaad, ugu tageen Ugaaska. In badan ayay isku dayeen in ay u muujiyaan in ay ugaasnimadiisa dood ka qabin, haddii uu iyaga taageerana uu sidaasa sii ahaan doono. Si la mid ah ayay inta badan oday dhaqameedyada isugu hawleen. Qaar aan badnayn ayaa ku qancay diin ahaan, qaarna shar iyo kheyr toona kuma aysan darsan. In toos u taageertay iyo in kalaba qalbiga odayaashii gobolka ee la yaqaannay kuma jirin mid si buuxda u taageeray ujeeddooyinkii Itixaad. Cid kale ha joogtee odayaashii Luuq joogey ee ururka Itixaad la noolaa Itixaad kuma guuleysan inuu soo xerogaliyo. Sababta ugu weyn ee odayaashu uga carareen Itixaad waxaa ay ahayd inuu is khilaafsanaa ficillada iyo hadallada ururka afkaartiisa ka turjumayay iyo kuwa ay ku lahaayeen odayaasha iyo ugaaska. Tusaale, dhinac waxaa ay lahaayeen odayaasha iyo ugaaska waan aamminsannahay, waa loo baahan yahay waana la shaqaynaynaa. Dhinaca kale, waxaa ay lahaayeen, waa asnaam laga dhigtay ilaahyo loo xukun tago. Waxaa ay ku dhaqmaan dadkana ugu yeeraan xeer dhaqameed 'dhaaquud' ah iyo erayo la mid ah. Middaan ayaa ahayd afkaarta ay faafiyaan, carruurta baraan dadka raacana u sheegi jireen. Arrintaas waxaa noo caddaynaya sheekadaan dhex martay Axmed Faarax Cali (Idaajaa) iyo wiil dhallinyar oo ka tirsanaa Itixaad macalinna ka ahaa iskool Beledxaawo ku yaallay. Waxaa uu yiri Idaajaa:

> *In kastoo madaxda sare ee ururku jeclayn in iyaga laga maqlo, haddana hadaaqa dhallinyarada taabacsan ayaa laga ogaan karaa siyaasadda ay Ugaaska iyo isimmada la midka ah ay ka qabaan. Mid ka tirsan macallimiinta da'da yar oo wax ka dhiga dugsi ku yaal Beledxaawo oo ay iyagu maamulaan ayaa yiri, "Ugaaska ma aqoonsani, waxbana iiguma fadhiyo, marba haddii uusan kitaabka Ilaah wax ku xukumin." Waxaan u sheegay inaan Ugaasku 'garsoore' ahayn, hawlihiisana aan qaadiinnimo ku jirin. Wuxuu markaas yiri, "Waa inuu ku dhawaaqaa in gobolka Gedo kitaabka Ilaah wax lagaga xukumo." Waxaan haddana u sheegay inuu yahay nin, qof ahaan, sidaas aamminsan, asii aan awood u lahayn, intuu subax soo tooso, inuu arrintaas guddoomiyo, iyada oo aan marka hore waayeelka iyo waxgaradka degaanka laga dhammayn... Wuxuu yiri, "Haddii ay*

sidaa tahay, Itixaadka ha ku soo biiro oo annaga ha nala shaqeeyo... Markaas baannu aqoonsanaynaa."[157]

Dhabta ay odayaashu ka dharagsanaayeen ayaa ahayd in waxa Itixaad doonayay ay ahayd intaas macallinku sheegay taas oo ah 'ama i soo raac ama daadkaa lagu raacin'. Taasu waxaa ay keentay inuusan guuleysan dedaalki Itixaad ay ku doonayeen in ay soo dumaan odayaasha.

Dedaalka ay odayaasha ku raadinayeen waxaa ay ku kabeen ficil ay ku muujinayeen in ay ka dhab tahay ilaalinta danaha oosha Marreexaan. 1995-kii Jan. Caydiid ayaa Baydhabo qabsaday. Horteed Waxaa uu soo qabsaday Beledweyne iyo deegaanno kale oo hoos taga Hiiraan. Waxaa suuqa soo galay inuu duullaan soo yahay oo doonayo sidii 1992-kii inuu Gedo soo weeraro. Itixaad oo og welwelka haya odayaasha Gedo ayaa markiiba soo jeediyay in ay difaacaan buundooyinka laga soo galo Gedo. Waxaa lagu jiray waqti adag oo aad loo kala daadsanaa. Wixii hub la haystay intiisi badnayd waxaa uu galay gacanta Itixaad. Sidaas oo ay tahay walaaca laga qabay duullaanka Caydiid waxaa dadka uga darnaa dhulfidsiga Itixaad. Idaajaa oo arrintaa ka warramaya waxaa uu qorey[158]:

> *Laba jeer oo isu dhow ayay isla bishaas Agoosto gudaheeda ergooyin u kala direen labadaa magaalo, iyagoo sheeganaya ururkoodu inuu 'tolka' u dhisan yahay, xilna ka saaran yahay inay 'cadawga' ka daafacaan, marba haddii hubka ugu badani uu iyaga gacantooda ku jiro. Waxay noqotay dood aan laga hoos- qaadin oo si cad loogu diiday, iyada oo la wada dareensanaa dantoodu inay ahayd oo keliya 'dhulfidsi' iyo sidii ay mar uun, ciidan ahaan, ugu taabi lahaayeen degmooyinka aan gacantooda ku jirin, gaar ahaan xarunta Garbahaarrey.*

Hasayeeshee Itixaad diidmadii odayaasha ma dhegaysan. Fursad aan dayacaad mudnayn ayaa uga dhex muuqatay tagidda Buurdhuubo oo saamayn ku leh Garbahaarreey. Sidaas ayaa ciidan, aysan waxgaradka Gedo raalli ka ahayn, ay ku geeyeen Buurdhuubo. Ciidankii Itixaad geeyay halkaas waxaa uu

---

157 Axmed Faarax Cali (Idaajaa) 1994. GOBOLKA GEDO IYO URURKA AL-ITIXAAD AL-ISLAAMI: MAXAA RUN AH? MAXAANSE AHAYN?
158 isla tixraaca kore

abuurey xaalad dagaal oo ciidan magaca qabiilka lagu aruuriyay oo sii joogay iyo midkii Itixaad oo is qoonsanaya ayaa wada degay buundada Buurdhuubo.

Keer (CARE) guurtaye keyd ma kuu haray!

Waxaan soo sheegnay in imaanshihi UNITAF ay keentay barwaaqo. Lacag iyo raashin aan xisaab lahayn ayaa la maquurtay. Intii wax qori kartay mid walba NGO inta samaystay ayuu qandaraas dalbaday. Toban tuulo, oo aan jirin inta la qorto, ayaa lagu codsan jirey raashin iyo lacag. Qisooyinka yaabka lahaa ee baryahaas dhacay waxaa ka mid ahaa middaan: Nin ayaa diyaarsaday mashruuc uu tuulooyin koox ah dad deggan raashin ugu qaybinayo. Tuulooyinka magacyadooda, dadka deggan iyo qarashka ku baxaya ayuu soo qortay. Maaddaama ay wada ahaayeen tuulooyin aanba jirin waxaa uu dhoobdhoobay magacyo jeebkiisa ah. Cidda qorshaha loo gudbinayo, oo ajannabi ahayd darteed, ayuu isku qanciyay in magac walba la marsiin karo. Sidaas darteed tuulooyinki uu qoray mid ka mid ah waxaa uu u baxshay Buulo Been. Ninkii mashruuca loo geeyay markuu eegay kuna arkay Buulo Been waxaa uu yiri "waxa aad qortay oo dhan Buulo Been ayaa ka run ah. Marka keligeed ayaan wax kugu siinaynaa". Sidaas ayay hay'aduhu u ogaayeen in waxa la sheegayo been yihiin haddana wax ugu bixinayeen. Ujeedka hay'aduhu waxaa uu ahaa keliya qarash- gareynta miisaaniyadda ay haysteen si ay u helaan mid cusub. Inta aan qandaraasyada qaadan inta qaadata ayay u shaqaynaysay. Baabuurta ayaa la wada kiraystay ilaa xataa qaar fadhiya sidii iyaga oo shaqeeya lacag kiro ah bil walba looga dhiibay. Nin ka mid ahaa dadkii Baardheere degganaa ayaa u yimid ninkii xukumayay *Care International*. Waxaa uu ku yiri gaari ayaa ii yaale iga kiree. Meeyay? ayuu yiri. Gurigayga ayuu yaal buu ku jawaabay. Soo kaxee oo ii keen ayuu ku yiri. Gaari hallaysan ayuu ahaaye, waa uu soo jiiday oo keenay xeradii hay'adda horteeda. Ninkii caddaa markii ay u caddaatay in ninkani doonayo in laga kireeyo gaari qarrowsan ayuu ku yiri "gaariga halkaan ii dhig bil kastana kiradiisa iigu imow". Warsan iyo guddoon ayuu yiri ee ma dhihin lacagta aad i siiso ayaan gaariga ku samaysan kaddibna waan shaqo gali. Gaarigii halkii ayuu iska yaallay milkiiluhuna lacag ayuu bil kasta qaadan jirey ilaa ay habayn madow *Care International* iska guurtay.

Dadkii u shaqeynayay hay'adaha sida ninka gaarigaas leh ayay wada ahaayeen oo waxaan ayaa dhammaan doona isma aysan dhihin. Ruux walba markuu maqlay hay'adihi waa guureen ayuu waa ku baryay. Asbuucyo gudahood ayaa la arkay dadkii ay magaalooyinka u cammirnaayeen oo shaatigu ku caddaaday. Markaas ayay baxday oraahda leh *"Keer guurtaye keyd ma kuu haray"*. Gedo intii uu Itixaad haystay mooyee intii kale ayaa indhaha isku qabsaday. Shaqo la'aanti ayaa cirka isku shareertay. Magaalooyinka Baardheere, Ceelwaaq iyo Garbahaarreey oo ahaa meelihii aan soo sheegnay in ay degeen hay'adihii reer Galbeedka ayaa isu beddelay xero busaaradeed iyo guriga basaaseed.

Xaquu Fahmay

Kabbashada cilmiga yar waa lagu kadeedmaaye.
(Muuse Cali Faruur)

Guuriddii hay'aduhu waxaa ay fursad u ahayd Itixaad. Waxaa ay u gacan haatiyeen dhallinyaradii soo wareertay. Beledxaawo ayaa magned u noqotay dhallinyaradii wixii aan dibadda u cararin. Maaddaama sida keliya ee Itixaad waxooda lagu cuni karo ay ahayd in iyaga lagu biiro, qaar badan ayaa markiiba iska qoray. Dhinaciisa waxaa uu fududeeyay soo galidda iyo dallacsiinta ciddii ku soo biirta. Gar dhuuban, surwaal gaaban, cimaamad cas iyo rumey afka la surto ayaa ka xigtay mooryaankii shalay in la arko isaga oo dadka wacdinaya maanta. Waxaa batay dadki shalay mooryaanta ahaa maalinti xigtayna la leeyahay xaquu fahmay, oo intaas aan ku ekaane laga yaabo inuu noqdo kan loo dhiibo karbaashka qof qaad lagu soo qabtay ama edbinta ruux salaad ka daahay. Reer Beledxaawo, oo doonayay in ay muujiyaan sida ay u macne beeshay kalmadda *xaquu fahmay*, ayaa dameeraha jiidayay karreetada u xirey cimaamad cas, kaddibna ku yiri qofkii ka hor yimaada "ka leexo xaquu fahmaye".

Xaqiiqdi habdhaqankii dhallinyaradii sidaas Itixaad ugu biiraysay dhibka ay geysanayeen qeyb weyn ayay ka ahayd in dad badan Itoobiya isu dhiibo ama aad u fogaado. Horraantii 1998-kii aniga iyo wiil kale oo wada soconna xaafada Islii ee Nayroobi ayaa waxaa nagu soo baxay wiil Soomaali ah oo aanan anigu garan, ninkii ila socday se uu aqooday. Kii naga hor yimid aad ayuu isugu naxay salaan qalqal iyo naxdin ka muuqato ayuuna nagu boobay. Kaddib cudurdaarasho iyo raalligalin ayuu ninkii ila socday ka buuxiyay. Haddii aan ka tagnay xaalkiisana aan ka waraystay, ninkii ila socday waxaa uu ii sheegay in mar Beledxaawo lagu xiray uu waardiye ka ahaa. "Maalin ayaan aad u harraaday. Biyo aan cabbo ma i siin kartaa ayaan iri. Kaddibna jirgaan af go'an ayuu fuusto biyo iiga soo daray. Markii uu ii dhiibay ayaan aniga oo ku hayo gacanta bidix afka la aaday. Kaddibna inta igu laaday ayuu igu yiri "midigta ku qabso akhlaaq laguma barine." Biyihii oo dhan waa igu qubteen afkana waa i dhiigay oo bishin ayuu nabar iga gaaray. Aniga oo ciil la dhimanayo ayaan hiimaarsaday wixii ku soo haray caagga. Ayuu iigu warbixiyay wiilkii ila socday. Wiilkaas ila socday xariggiisa waan ogaa waxaa uuna ahaa xabsi gar ah oo danbi lagu mutaysto ayuu galay. Laakiin marnaba xaq looguma lahayn in sidaas loola dhaqmo inta uu xiran yahay. Dadka sidaas ula dhaqmay waxaa ay ahaayeen kuwii soo dhaweyn lahaa, u dhimrin lahaa, wax bari lahaa oo aadaabtiisa toosin lahaa kaddibna isaga oo diinta iyo dadkeeda jecel soo deyn lahaa. Nasiibdarro dadkii loo xilsaaray ayaa noqday wiilal markii hore isaga oo kale ahaa oo iyaga oon si qumman wax loo barin inta lagu yiri xaqaad fahanteen dadki laga adeejiyay. Taasi waxaa ay dhashay in markii la soo daayay uu ka mid noqday dadkii Doolow urugada la aaday ee iyaga oo hammuun aarsi qaba ka soo gaddoomay.

Kicintii Qabiilka

Haddii Soomaalidu cadaabta wada aaddo gaadiidka halkaas geynaya wuxuu noqon lahaa qabyaaladda. (Jaalle MS Barre)

Waxaa ammin hiimmamow ah geel ka fushaday hilada Dhakaaje ee webiga Jubba Xuseen Jaamac Barre oo lagu garan ogyahay Cagatiir. Waqtigaas waa nin dhallinyar ah oo aan wali guursan. Waa geeljire wax kale aan aqoon. Geelii, oo wali mayracanaya hilada agteeda isna uu dhinaca dhulka dhigay, ayay qaylo xagga webiga ka yeertay. Waa nin geel waraabsanahay oo uu yaxaas qaaday. Hiladu waxaa ay ku taal meel beelo badan oo Soomaaliyeed ku kulmaan. Ninka yaxaasku qaaday oo ogaa in Soomaali ku dhantahay ayaa habarwacashadiisi Islaannimo ka billaabay. "Yaa islaan ahaayeey" ayuu af-labadii yeeray. Cid se ma aysan diirin oo looguma dhaqaaqin eraygaas. Waa qof nafi haysee waxaa uu is yiri Soomaalidaas badan ee cabbaysa qof kuugu diir naxo Soomaalinnimo waayi mayside iyada cusko. "Yaa Soomaaali ahaayeey, war yaxaaska iga fujiya" ayuu ku calaacalay. Dheg se jalaq looma siin. Markaas ayuu, malaha, is yiri bal tolnimo raadi oo ha isku yarayne meel kore qabso. "yaa Daarood aheey" ayuu yiri isaga oo uga sii gudbay yaa Marreexaan aheey markii tii hore loogu diirnixi waayay. Hasayeeshee Marreexaan u yeerashadi xataa gurmad kuma uusan helin. Nin qoyan biyo iskama dhawree malaha waxaa ku soo dhacay in rag ku jifo ah maanta ceelka joogay. Inuu bal kuwaas nafta ku samriyo ayuu ku talogalay. "Yaa reer Diini aheey" ayuu ku dhawaaqay. Inta ninkaasu cabaadayo ee islaannimo iyo Soomaalinimo gurmad ku codsaday Xuseen-Cagatiir waa uu maqlayaa laakiin dan kama laha oo dadkaad ula simantahay ayuu is lahaa. Waxaa uu yiri Xuseen-Cagatiir [159] :

> *Waxaa miyir iigu danbaysay markaan maqlay yaa reer Diini aheey. Mar aan kacay, meel aan maray iyo goor aan tagay anoon ogayn ayaan is arkay aniga oo webiga dhex taagan oo ninkii gacanta jiidaya middi kalana yaxaaski ku ulaynaya. Waxaan dibadda soo dhigay ninkii oo lug baduugaha noqotay.*

Sida Xuseen-Cagatiir ayuu qabiilku miyir tiraa Soomaalida markii nin yaqaanno ku maalo. Islaannimadu ma diiriso dhiigga Soomaaliga. Soomaalinnimadu ma dhaqaajiso marka dalka la joogo. Arrinta uusan ka joogsan karin, iska xakamayn karin oo halkii ay doonto u kaxayn kartaa waa habarwacashada. Qofka Soomaaliga ahi mar hadduu dareemo in qabiilkiisi la daaray, wax u dhawran ma jiraan dhimasho ayuuna ka xigaa. Madaxdii SNF arrintaas ayay aad u yaqaanneen. Waqtigii la istaari lahaa in la joogo ayaana u muuqday.

SNF waxa keliya ee ay dadka u sheegi jirtay waxaa ay ahayd in ay iyadu keentay hay'adaha gobolka deggan, haddii Itixaad laga qaado gobolka intiisa kalana ay keeni doonaan hay'ado sida kuwaan looga dhargo. Guuriddii hay'adaha iyo bixiddii UNOSOM waxaa ay beenisay yaboohii SNF. SNF ma ahayn urur leh nidaam iyo kala danbayn. Dhawr oday oo caan ah kuwaas oo kala haystay jagooyinka ugu sarreeya ururka markii laga reebo, ma lahayn xubno iyo xafiisyo furan. Guddoomiyaha ururka waligiis bil kuma nagaan meel gobolka ka mid ah. Xiriir joogta iyo talo wadaag lama uusan lahayn odayaasha iyo aqoonyahanka. Sida uu u maqan yahay ayuu inta mar yimaado ku qudbayn

---

[159] Sheekadaan waxaan ka dhegaystay afka Xuseen Jaamac oo aabbahay ina adeerkii labaad ah isagoo meel fageero ah lagu waydiiyay bal inuu ka warramo habaynkii uu ninka yaxaaska ka dhigay. Ninkii waa dhaawac kacay, guursaday oo ilma dhalay. Xuseen waxaan ka maqlay isagoo leh gabar uu dhalay ayaa arrintaas darteed ugu dhaqaalaysay

jirey inuu dunida ugu maqnaa sidii uu dadkiisa horumar u gaarsiin lahaa. Ballanqaadyo badan, oo loo sameeyay, ayuu sheegi jirey. Waxaa uu se shardi uga dhigi jiray in gobolka Itixaad laga saaro qabiiladuna u midowdo middaas. Inta badan dadka meel fagaare ah ayuu kula hadli jirey. In loo sabciyo ma ogiye, su'aal laguma celin jirin. Waxaad moodaysaa inuu shirsaday dad loo xulay cammiraad keliya. Guuriddii hay'adaha waxaa ay soo xirtay rajo ku noolaantii. Haddii Itixaad dedaal ugu jiro inuu la wareego shacabkii iyo hubkoodiiba, SNF-na aysan hayn wax ay dadka ugu yeerto waxaa qasab noqotay in ay ku dagaal gasho si walba oo ay u arkaysay in ay Itixaad kaga adkaan karto. Siyaasiyiinta waa ugu yaqaan sida loo istaaro matoorka qabiilka markii ay dantoodu gasho. Sidaa aawadeed, dacaayadda qabiilka ayaa noqotay hubka ugu culus ee SNF ay ridi kartay.

Gobolka ayaa dhinac walba loogu faafiyay in Itixaad gobolka Gedo ka dhigay mid Marreexaan marti ku yahay. Soomaali oo dhan ayaa lagu soo aruuriyay dhulkiinni ayuu noqday halhayska madaxda SNF.

"Dhaqaalihi iyo shaqooyinkii waxaa u siman qof walba annaguna ma jirto meel kale oo aan tagi karno" ayaa ka mid ahaa erayadii la isla dhex mari jirey sannadahaas. Waxaa si gaar ah loo buunbuuniyay in Hawiye si dadban u qabsaday Gedo. Dadkii gobolka qabsaday ee gumaadka ka geystay ayaa shaatiga soo beddeshay oo iyaga oo Itixaad sheeganaya doonaya in ay mar kale na qabsadaan ayaa shacabka loogu qudbeeyay.

Run ayay ahayd in Itixaad gobolka u furay Soomaali oo dhan iyo Muslimiinta kalaba. Waxaa kaloo run ahaa in madaxda ugu sarreysa ururka ay Hawiye ahaayeen. Waxaa kaloo jirey ficillo markii si dhug leh loo fiiriyo shaki weyn abuurayay. Tusaale, sheekh Xasan Daahir Aweys waxaa uu ahaa madaxii gurmadka ee Itixaad. Waxaa uu u dhexeyn jiray Gedo iyo Xamar isaga oo ku sodcaala dhulka. Waxaa dhici jirtay inuu Xamar ka soo kaxaysto dhawr gaari oo istaafkiisa ah soona maro dhul ballaaran oo ay yaallaan isbaarooyin isu muuqda. Dhammaan isbaarooyinkaas waxaa lahaa rag ku beel ahaa qaarna ay raas hoose isku ahaayeen aadna isu yaqaanneen. Markii uu soo maro si xushmad iyo qaddarin leh ayaa looga qaadi jirey, wixii khidmad ahaa ee dadka socotada ah la saari jirayna waa laga dhaafi jiray. Lama soo werin mar uu kala hadlay in ay isbaarada joojiyaan dagaal uu ku qaado iskaba daaye. In uu dhinac walba u dhex maro isbaarooyinkaas reer tolkiis u yaal haddana uusan ka burburin,

Gedo oo aan hal isbaaro laga aqoonna ula yimaado shareecadaan ka oogaynaa waxaa ay ahayd fursad SNF meel dagan ay ka heshay iyo arrin si fudud shacabka loogu kicin karay.

SNF maaddaama uu ahaa urur qabiil ku dhisan mar walba nooleynta qabyaaladda ayuu u taagnaa. Soomaalidu si walba oo ay isu disho, waa ay isu damqataa markuu ajannabi dhibaateeyo. Dagaalkii dhex marayay taageerayaashii jannaraal Caydiid iyo huwantii UNOSOM waxaa lagu xasuuqay Soomaali badan. Inkasta oo isgaarsiintu xumeyd xogahana aan si dhaqsa loo helayn dhibka ku dhacayay reer Muqdisho, Garbahaarreey ayuu gaaray. Shacabka oo ka xun xasuuqaas ayaa Garbahaarreey ka dhigay dibadbaxyo lagu taageerayo Soomaalidii Xamar ka dagaallamaysay laguna cambaaraynayo Maraykan iyo UN.

Bannaanbaxaas waxaa hoggaaminayay culimada Ahlu-Sunna oo soo kicisay dugsiilowdii. Waxaan ku jirey maalintaas carruurtii dugsiga ka soo raacday muddaharaadka (kurey kuusan baan ahaa). Salaaddii Casar kaddib ayaan soo aadnay shaaracyada ugu waaweyn degmada iyada oo ardaydu loox madaxa u saarantahay. Bannaanbax xooggan oo indhaha dadka soo jiitay ayuu ahaa. Da'dayda awgeed, anigu wax intaas ka badan kama ogaan karin muddaharaadka iyo wixii ka soo baxay toona. Hasayeeshee, qoraha buugga *Cadawgeenna waa Kuma* Cabdullaahi Faarax Cali waxaa uu yiri:

> ... *waxaa magaalada u soo baxay carruurta dugsiyada dhigata, madaxa looxyo ku sita oo ay soo abaabuleen culimada suufiyadu... Bannaanbaxaas waxaa ka carooday odayaashi degmada. Habeen fiidkii ayaa shir la isugu yimid waxaana la fariistay qaybta danbe ee masaajidka weyn ee magaalada. Shirkaas raggii fadhiyay ayaan ka mid ahaa waxaana lagu canaantay culimada suufiyada oo ay ragga qaarkiis ku tilmaameen kuwo aan bislayn oo aan fahmayn siyaasadda gobolka iyo adduunka ka jirta..*

Canaantaas waxaa keenay waa gacaltooyada loo muujiyay walaalihii Xamar lagu xasuuqay. Dadka loo yeeray waxaa la xasuusiyay in cidda la laynayaa ay tahay Hawiye col ay la yihiin oo dagaalkii gobolka looga saaray wali sii qoyanyahay. Farriinta ugu muhiimsan ee la diray ayaa ahayd in aysan dadku illaawin qabiilka iyo qabyaaladda. Danta ugu jirtaa siyaasiyiinta warkaas jeediyay ayaa ahaa in ay iska gadayeen huwantii soo duushay. In Caydiid daalin nabadda diiddan yahay taageerana ay u hayaan cid walba oo wax ka qabanaysa ayay sheegi jireen.

Waxaa kale oo ay SNF madaxdeedu shacabkooda u sheegeen in gobolku noqday xarun looga duulo dunida kale. Itixaad inuu sameeyay xeryo lagu tabbabbaro ciidammo weeraro gaal iyo islaanba ayay sheegeen. Jihaaddoon oo dhan inuu isugu yimid Luuq ayna doonayaan in Gedo ay ka dhigaan xarun looga duulo waddamo kale ayaa meel walba la gaarsiiyay. Caaqibada taas ka dhalanaysa in ay tahay duullaan lagu soo qaado gobolka dadkiisana lagu dul dagaallamo ayaa laga digay. Itixaad, oo aan hadda iska qabannaa, ayaan kaga hortagi karnaa dagaallo gobolka ka dhaca ayay ku doodeen madaxdi SNF.

Hadalkaanu ma ahayn mid wada been ah. Itixaad waxaa uu Luuq ku lahaa xero lagu diyaariyo dhallinyarada doonaysa in ka dagaallamaan Itoobiya. Qaddiyadda xoreynta Soomaali Galbeed waxaa ay ka mid ahayd hadafyadii ururku lahaa. Waxaan soo sheegnay inuu jiray Itixaad Soomaali Galbeed oo xaruntiisu ahayd Halooyo. Garabkaan, oo la muday Abriil 1991-kii waayadii danbe wuu ka madax-bannaanaa Itixaadka guud ee Soomaaliya. Hasayeeshee si toos ah ayay isugu xirnaayeen oo afkaar iyo awoodba u qaybsan jireen. Dhallinyarada xoojisa garabka Soomaali Galbeed waxaa ay ka soo bixi jireen Raaskanbooni iyo Luuq oo Itixaadka Soomaaliya xarumo ciidan ku lahaa. Madaxdii Itixaad waxaa ka muuqatay daacad- miskiinnimo (Naivety) weyn. Waxaa ay aamineen in ay Itoobiya ku qancin karaa in Itixaadka Soomaali Galbeed iyo kan Gedo aysan waxba ka dhaxeyn. Nin ka mid ahaa saraakiishii dhexe ee Itixaad oo ii warramay waxaa uu ku dooday in ay dedaal badan galiyeen in aan Itoobiya laga weerarin dhinaca Gedo. "Inaan nabad kula noolaanno deriska waqti ayaan galinnay. Qof Gedo ka tagay oo xuddudka ka gudba inuu Itoobiya waxyeelleeyo ayaan diidnay" ayuu igu yiri. Saas oo ay tahay waxaa uu qiray in dhallinyaro iskood isu xilqaamay ay aadi jireen Soomaali Galbeed si ay jihaadka halkaas ka socda qayb uga noqdaan. Su'aashu waxaa ay tahay marba haddii dad Gedo ka tagay weerarro ka geysanayeen Itoobiya dhinaca ay ka galaan maxay macne leedahay? Haddii magacii la wadaago, iskaashi jiro, isu gurmasho iyo iska warqab meesha yaal sidee loogu qancin karaa waxba nagama dhaxeeyaan? Cidda lala hadlayaa sow maaha dawlad sirdoon leh oo ku mashquulsan ogaanshaha dhinac walba oo uu cadow ka jiro?

SNF walaacaas ay qabtay shacabkeeda waa qabadsiiyay. Cabsi iyo werwer badan ayay ku abuurtay waxgaradki gobolka awoodda sii kordhaysa ee Itixaad iyo hub ururiga uu ku jiro taas oo ay u arkayeen in ay meesha ka saari doonto awoodda qabiilka iyo dhinaca kale weerarro uga yimaada dalalka deriska ah.

Hurinta qabyaaladda halkaas kore kuma joogsan. Middaas waxaa ay ahayd tan sida muuqata loogu qudbaynayay. Waxaa se jirtay mid hoose oo labada dhinacba ay hoosta ka hurinayeen. Iyada oo la cuskisiiyay madaxda labada dhinac ayaa labadii urur laga dhigay kuwo kala matala laba isbahaysi oo qabyaalad ku dhisan. Dhinaca SNF waxaa loo sawiray urur reer Faarax Ugaas. Ujeedkiisa ayaa, hoosta laga faafiyay, inuu yahay in Marreexaan waligiis reer Faarax Ugaas hoos joogo. Dagaalka ay SNF kula jirtay Itixaad ayaa loo sawiray mid aan qaddiyad iyo dan gobol ahayn ee uu yahay mid lagu diiddanyahay cidda madaxda ka ah Itixaad. Jifooyinkii ay ka dhasheen labadii sheekh ee ugu sarraysay Itixaad ayaa hoosta looga laqinay in ay difaacdaan mansabkooda iskana dhiciyaan dadka u diiddan in ay wax noqdaan. Dhinaca kale, intaas oo kale ayuu hoosta ka waday. Itixaad ayaa laga dhigay mid ujeedkiisa oo dhan uu yahay in reer Faarax Ugaas, oo muddo dheer ahaa hoggaanka Marreexaan, lagu faramaroojiyo. Mansabkiinna iyo maqaamkiinna difaacda ayaa hoosta laga waday. Jid walba oo arrintaa lagu xoojin karo ayaa la qaaday.

Dhabtu se sidaas way ka duwnayd. SNF-ta xagjirka ahayd ee dagaalka doonaysay waxaa kaga jiray reer Faarax Ugaas Cumar Xaaji oo keli ah. Sidaan hoos ugu tagi doonno raggii dagaalka huriyay ee Amxaarada la shiray qof reer Diini ah kuma jirin reer Faarax[160] Ugaasna Cumar Xaaji ayaa uga jiray. Xoogga raggii hoggaaminayay dedaalki Tigreega lagu kasbaday waxaa ay ku hayb ahaayeen madaxdii Itixaad ugu sarraysay. Dhinaca kale, reer Faarax Ugaas aad ayuu ugu xoogganaa Itixaad. Xaqiiqdi intuu ku haystay Itixaad kuma uusan haysan SNF. Tusaale, maamulka Itixaadkii Gedo waxaa uu ka koobnaa 13 magtabadood (wasaaradood) iyo xog-hayn joogta ah (maamul goboleed wasaarado leh waqtigaan ayay billaabatay). Markii ay ugu yarayd 7 wasiir iyo xog-haynta ayaa reer Diini ahaa oo waliba wasaaradaha ugu muhiimsan hayay. Waxaan ka xusi karnaa: Xasan Fayooke oo hayay wasiirka arrimaha dibadda; Aadan Beebee oo hayay wasiirka arrimaha gudaha; Bashiir Jarato oo ahaa

---

160 Diini ayaa ina Faarax Ugaas ah. Dadku inta badan waxaa ay yaqaanneen reer Diini. Laakiin marar ayaa kor laga qabtaa oo reer Faarax Ugaas la yiraahdaa.

wasiirka sirdoonka; Khaliif Cabdi Geelle wasaaradda gaadiidka, Cabdullaahi Faarax Cali (taano) wasiirka warfaafinta iyo Cabdiwali Aadan Nuur oo ahaa xog- hayaha joogtada ah ee golaha wasiirrada [161].

Itixaad waxaa uu si buuxda uga arrimin jiray Luuq oo keli ah iyadana waxaa guddoomiye ka ahaa ilaa Amxaaro ku dishay AUN-tee Aadan sheekh Xasan Gaas oo isna reer Diini ahaa. Sidaas oo kale, meelaha jeenanka leh iyo hay'adaha gargaarka ee Itixaad hoos tagayay waxaa ugu badnaa reer Diini. Wakaalatu-Raxma oo ugu weynayd hay'adihii Gedo joogay, waxaa ugu sarreeyay Axmed Dheere oo reer Diini ahaa. Iyada oo xaqiiqdu sidaa tahay, Ilaahay amarki dadweynihii labada dhinacba waxaa ay iibsadeen huuhaadi qabiilka iyo reer hebel ayaa u socda kuraastiinna. Waa tusaale nool oo na baraya in dadweynuhu yahay weel maran oo wax walba aqbali kara.

Kicinta shacabka, abuuridda cuqdadda qabiilka iyo cabsida duullaan shisheeye, SNF waxaa ay ku feer wadday qaylodhaan ay u diraysay dawladaha shisheeye ee colka la ahaa Itixaad. Maraykanka, Midowga Yurub, Itoobiya iyo Kiinya in ay la wadaagayeen in halkani khatar uga soo socoto ayaa la sheegay. Digiddii SNF waxaa ay rumowday markii Itixaad weerarro ka billaabay magaalooyinka waaweyn ee Itoobiya. Bishii May 1996-kii bambo gacanta laga tuuray ayaa lagu weeraray suuq ku yaalla Dirirdhabe waxaana halkaas ku qurbaxay 15 qof tiro kalana waa ay ku dhaawacantay. Weerarkaas waxaa sheegtay Itixaad. Feebaraayo 1996-kii ayay huteel ku yaallay Dirirdhabe bambo ku qarxiyeen, hal qof ayaa ku dhintay saddex kalana waa ay dhaawacmeen. Isla bishaas waxaa ay gaadmo ku dileen jannaraal Hayelona Ara oo ahaa taliyihii hawlgallada wasaaradda gaashaandhigga ee Itoobiya. Dhacdooyinkaas waxaa ay sare u qaadeen saaxiibtinnamadi SNF iyo Itoobiya waxaa ayna walaac xooggan ku abuureen Maraykanka iyo Yurub oo cabsi weyn ka qabay kooxaha Islaamiyiinta ah. Cumar Xaaji iyo raggiisu iyaguna tani waxaa ay u arkeen fursad ay ku heli karaan cudud ay isaga caabbiyaan Itixaad, awooddii ka luntayna ay dib ugu soo ceshan karaan. Inta aannan gudagalin faahfaahinta isku milankii Itoobiya iyo SNF aan bal eegno sooyaalka Soomaalida iyo isu isticmaalka shisheeyaha.

---

161 Xogtaan waxaan ka qorey Xasan Fayooke 1/9/2022

Kaalmaysiga Shisheeyaha

Soomaalidu waxaa ay ahayd dad aan wax qorin. Sidaas darteed lama ogaan karo markii ugu horreysay ee ay billawday in ay isu adeegsato shisheeyaha. Waxaan isku dayay inaan helo bal goorti ugu horreysay ee Soomaali soo wadatay cadow si ay u weerarto walaalkeed. Bartamihii qarnigii 19aad ayaa iila fogaa intaan la kulmay. Sargaal ciidan oo Ingiriis ahaa lana oran jiray William Christopher ayaa maray xeebaha Soomaaliya 1840aadki. Sargaalkaan waxaa uu sheegtay inuu Afgooye kula kulmay suldaankii Galedi ee la oran jiray Suldaan Yuusuf. Intii ay wada joogeen mudane Christopher waxaa uu sheegay in suldaanku ka codsady inuu siiyo ciidankii la socday si uu ugu weeraro Baardheere. Sidaa oo kale, mar kale waxaa uu ku yiri "waxaan kaa rabaa inaad dhulka la sinto reer Xamarweyne, anaa iska leh fasax ayaana kuu siiyay. Saaxiib ayaan noqonnay. Suldaankooda iyo dadka reer Xamarweyne waa cadowgayga, adna waa cadowgaada [162]." W. Christopher waxaa uu sheegtay inuu diiday dalabkaas. Hasayeeshee waxaa noo cad sida suldaankaanu ugu xiise qabay inuu isticmaalo awood shisheeye si uu u muquuniyo Soomaali muran kala dhaxeeyay. Waqtigaas goor aan in badan ka fogayn mid kale ayaa ka dhacday xeebaha Jubbada Hoose. Waxaan is leeyahay waa hal qiso oo nooga filan in ay sawir buuxa naga siiso habdhaqankii Soomaalidii joogtay qarnigii 19aad, markii laga hadlayo isu-adeegsiga shisheeyaha. Sadarrada hoose waxaan ka soo raray Turton, Edmund R. (1970) *The pastoral tribes of Northern Kenya 1800-1916, bogga 80-86* [163].

1868-kii waxaa doon ku yimid Kismaayo tiro yar oo ka timid Bari maanta loo yaqaan Puntland si ay uga ganacsadaan. Kooxdaas waxaa ka daba yimid in kale oo dhulka soo martay. Waxaa ay sidaa oo kale taageero ka heleen Ogaadeenkii degganaa Afmadow. Intaas markii ay isla heleen ayay weerarro ku billaabeen Wardeey oo Koonfur ka jirtay iyo Tunni waqooyi ka xigtay kuwaas oo ay xanuujiyeen. Wardeey awood badan ma lahayn oo Daaroodkii horay u yimid ayaa naafeeyay. Balse Tunni ma ahayn mid xoog badan oo keliya ee sidaa oo kale, waxaa ay lahayd isbahaysiyo xooggan oo waqtiga baahi timaaddo ay u habarwacato.

---

162 W. Christopher (1843). Extract from a journal by Lieut W. Christopher. Commending the H. C. Brig of War Tigris on the E' Coast of Africa. Page 90.
163 Turjumaaddu maahan eray eray ku fasir ee macnaha guud ayaan ka qaatay. Sidoo kale, intii aan uga baahnaa ayaan kala baxay ee cutubka oo dhan ma soo rarin

Sannadkii xigayba (1869) waxaa ay Tunnidu, oo kaalmo ka helaysa beelaha Wasagua Wagosha [waa qabiillo reer Goleed ah oo ila hadda wax ka dhaqan yihiin] iyo Eeleey [Raxanweyn], weerar ku qaadday Ogaadeen iyo Harti. Laakiin Tunnidi jab kale ayaa markaana soo gaaray. Illowse goortaan, guushu ha raacdo Daaroodkee, awooddu waa isu dhawayd oo aad looguma kala adkaan weerarkaas. Tunni waxaa ay u weecatay dhinaca Suldaan Sheekh Axmed Yuusuf, markii isbahaysigii hore ay ku gaari wayday guushii ay rabtay. 1870-kii sheekh Yuusuf waxaa uu hoggaamiyay isbahaysi jabiyay Hartidii oo dib ugu celiyay Kismaayo.

Jabkaasu waxaa uu noqon lahaa mid aysan Hartidu ka soo waaqsan oo arladaas oo dhan looga saaro haddii aysan horay ugu sii cid dirsan waaligii Laamu[164] kaasoo si dhaqsa ah gurmad ugu soo diray una suuragaliyay inay xajistaan Kismaayo. [Waxay Hartidu meel sii dhigtay qorshe labaad (plan B) kaas oo ah in haddii ay iska celin waayaan Soomaalida in ay isbahaysi shisheeye caawimaad ka helaan sidaas ayuuna ku yimid gurmadkaas oo dabcan isaguna dano qarsoon lahaa]. Hartida oo si xirfadaysan u isticmaashay isbahaysiga shisheeye ayaa ku guulaysatay inay Tunni kaga adkaato loollankii kala dhaxeeyay iyo kontoroolka daanta koonfureed ee webiga Jubba.

Tunni, haddii loogu awood sheegtay cudud shisheeye, iyaduna waa inay heshaa gacan shisheeye sida dhaqankeennu yahay. 1875-kii dawladdii Masar ayaa Mckillop Pasha, oo ahaa jannaraal reer Iskoodlaan ah oo shaqada ka fadhiistay, u magacaabatay inuu hoggaamiyo duullaan ay ku doonaysay in ay dhulka Soomaaliyeed oo dhan iyadu ku qabsato. Mckillop waxaa u suurogashay inuu qabsado Baraawe oo si fudud dagaal la'aan isu dhiibtay. Labo oday dhaqameed oo Tunni ahaa ayaa joogay Baraawe. Labadaan oday ayaa u sheegay Mckillop inay gacan ku siin doonaan hadduu doonayo inuu qabsado Kismaayo. Labadaan oday ujeedkoodu waxaa uu ahaa inay dhexdhexaadiyaan Masaarida duullaanka ah iyo Hartida Kismaayo joogta ee gacanta ka helaysa Sinsibaar. Taas oo ay haddii ay ku guulaystaan u suurogalin lahayd inay Kismaayo iyo nawaaxigeeda awood kale ku yeeshaan.

Laakiin Kismaayo Masaaridu xoog ayay ku gashay. 350 asakri oo artilari iyo hub kale oo culus wata ayaa qabsaday. Intaas kuma harine, Tunnidi waxay isku

---

164 Waa wakiilkii Sinsibaar u joogay xeebahaas

dayeen inay Masaarida ku milaan isqabqabsiga Soomaalida dhexdeeda ah si ay Tunnidu u noqoto awoodda keliya ee Soomaaliyeed ee Masaarida la shaqaysa. Halkaas markaan joogno waxaa noo muuqanaya in shisheeyaha loo kala dhuumanayo ee dalka iyo dadka la dhaafsanayo uusan hadda billaaban walina cashar aan laga baran. Waxaa xusid mudan in dhulkaan, dhacdooyinkaan ka hor, loo yaqaannay dhul ka caaggan shisheeyaha oo ciddii isku daydaa aysan soo nabad noqon jirin.

Si ay u noqoto cidda keliya ee Masaarida ku xiran, Tunnidu markii hore waxaa ay shirqooleen Suldaanki beelaha Gosha. Waxaa ay ku qanciyeen Mckillop inuu u yeero oo uu waydiisto inuu saldhig siiyo Masaarirda. Markii uu Suldaanki yimid Kismaayo ayay haddana Tunnidu ka dhaadhicisay Mckillop in suldaanku khaa'in aan la aamini karin yahay sidaas ayaana lagu dilay. Laakiin, Tunni eerki ayaa la gaddoomay oo halkii ay guul ka sugayeen, reer Goleed waxay suldaan u doorteen Nasiib Buundo oo ahaa dagaalyahan la iska yaqaannay horayna u ahaa addoon Tunnida ka baxsaday. Hadda waxay la is hayaan ninkii ay shalay addoonsan jireen. Taas oo ka dhigan in asxaan dhammaaday.

Dhinaca kale, Masaaridu waxay go'aansadeen inay faraha kala baxaan muranka Soomaalida is haysata. Maaddaama Hartidu ahayd kuwa keliya ee Kismaayo ka ag dhawaa, Masaaridu waxaa ay goostay inay iyaga la tacaamusho inta ay ku xirnaan lahayd Tunni meel fog joogta. Sidaas ayay Masaaridu ku taageertay Hartida taas oo Harti u suurogalisay inay koontaroolaan Kismaayo ilaa Kiyaambu.

Hasayeeshee bilo gudahood, Masaaridii waa iska guureen, waxaana dib u soo laabtay saldanadii Sinsibaar. Dhinaca kale, Tunni iyo Daarood dagaallo ayaa dhex marayay ilaa laga soo gaaray 1878- kii. Cadow markaad soo dhawaysato adiga uun baa u ayaayiye, 1888- kii waxaa isku dhacay Carabtii iyo Harti. Isku dhacaan waxaa uu ka dhashay in waaligii Sinsibaar u joogay Kismaayo uu aqbalay calan uu siiyay markab Faransiis uu lahaa. Hartidu arrintaa aad ayay uga carootay waxaa ayna dareentay in iyaga oo taagan gacmo is dhaafsadeen. Waxaa ay gubeen calankii waxaa ayna dileen askari Carab ah. Sidaa oo kale, waxaa ay u hanjabeen ciidankii kale waxayna joojiyeen wadashaqayntii kala dhaxaysay Carabta dhulka haysatay. Dagaal toos ah ayaa ka dhex qarxay kaddib markii ay Carabtu si aargoosi ah u dishay nin Harti ahaa.

Cadowgu mar hadduu ku dhex dago hawsha u horraysa ee uu qabto waa inuu ku kala qaybiyo. Nasiibdarro Harti arrintaas ayaa ku dhacday. Harti qaarkeed sida Cusmaan Maxammuud (Majeerteen) ayaa isku dayay inay wanaajiyaan xiriirka waaliga. Iyada oo ay ugu kala tuuran tahay, saldanadii Sinsibaar iyo Soomaalidi Kismaayo ku soo dhawaysay, ayay saldanadu doontay 1881-kii inay Kiyaambu dib u qabsato. Waxaa ay gacan waydiisatay Harti. Laakiin markaan Harti fahantay dhibka uu leeyahay gacan-siinta shisheeyaha. Sidaas darteed way ku gacansayreen codsigii uga yimid Sinsibaar. Nasiibdarro waxaa codsigii aqbalay Maxammed Subeer (Ogaadeen). Arrintaas waxay ka caraysiisay Harti. Halkaas ayaa waxaa ka billawday colaad dhex martay xulufadii shalay waa Harti iyo Ogaadeen e.

Dib u milicso sidii uu ku yimid shisheeyuhu iyo halka uu hadda marayo. Isaga oo aan hunguri uga jirin gayi Soomaaliyeed ayay rag cawimaad u doonteen. Taas ayaa horseedday in lagu soo dhaweeyo, la dajiyo oo waliba awood dalka xukunta loo aqoonsado. Intaas waxaa lagu beddeshay beel kale oo Soomaaliyeed in la maquuniyo oo xoogaa deegaan ah laga riixdo. Waxaa ku xigtay in kuwii keenay uu kala qaybiyay oo qaarna uu colaadiyo qaarna uu soo dhawaysto. Waxaa ku xigtay in labadoodiba inta isaga guuray uu Soomaali kale oo hor leh xiriir la samaystay. Haatan, waxaa webiga Jubba afkiisa wada yaalla, Harti, Tunni iyo Ogaadeen midba kan kale inuu dhulka ka eryado doonayo iyo Carab doonaysa in ay intoodaan iyo dhullkoodaba gumeysato. Taas oo ay mahiibeen dhawr sano uun kaddib. Boqol sano iyo hodhodho ka bacdi, waxaan dul taagannahay Soomaali kale oo dedaal ugu jirta, sida kuwaas hore, helidda jidkii ay u mari lahayd midkii gumeyn lahaa waa SNF oo u habarwacanaysa Itoobiya.

Kulankii SNF iyo Itoobiya

Weerarradii uu Itixaad ku qaaday gudaha Itoobiya waxaa ay ku dareen in ay dileen dad badan oo Itoobiyaan ahaa. Dadkaan ayay Itixaad ku eedeeyeen in ay yihiin basaasiin loo soo diray in ay ogaadaan gudaha Itixaad. Dhacdooyinkaan waxaa ay walaac ku abuureen madaxdii Itoobiya. Hasayeeshee kuma dhiirran karin in ay weerar ku soo qaadaan gudaha Soomaaliya. Marka hore ma aysan ogayn waxa laga filan karo dadka deggan Gedo haddii weerar aysan ogayn Itoobiya ku soo qaaddo. Marka xigta, awoodda Itixaad war uma aysan hayn sidaas darteed weerar indho la'aan ma ogiye mid qorshaysan suurogal ma ahayn. Caqabadahaan dartood indho mirigleyn ayay muska la taagnayd ilaa ay irrid ka heshay saraakiil uu ka mid ahaa Xasan-Deer. Kulankii ugu horreeyay ee si rasmi ah labada dhinac u dhexmara ma helin goorta uu dhacay. Laakiin cabashooyin uu ula imaanayay Xasan- Deer oo deris lahaa ayaa jirey ilaa horraantii 1996-kii. Xasan-Deer oo ka warramay arrintaasna waxaa uu yiri:

> *Intii aannu Itixaad isku fiicnayn, waxaa socday dagaalki Itixaad ka waday Halooyo, waxay cuneen afar guuto oo ciidanka Xabashida ka tirsan. Waxaa Luuq lagu laayay rag badan, oo ganacsato Itoobiyaana ahaa. waxaa noo yimid Itoobiyaan ka cabanaya in dadkoodi Luuq lagu laayay iyo weliba in ay qabteen maxaabiis ka gudubtey Luuq oo ka dagaal galay gudaha Itoobiya, kuwaas oo sheegtay in ay Luuq ka soo gudbeen, ayada oo ay derisku sidaas dhibaato u sheeganayeen ayay annagiina maamulkii nagu qabsadeen* [165].

Bishii May 1996-kii Cumar Xaaji, oo doonayay inuu helo irrid aammin ah oo uu Xabashida u maro, ayaa waraaq u qorey maamulkii Doolow dhinaca Itoobiya, taas oo uu ku caddeeyay in Xasan-Deer yahay wakiilka SNF ee Doolow. Xasan-Deer markiiba waxaa uu u hawlgalay siduu u kulmin ahaa madaxda SNF ugu sarraysa iyo Xabashida. Warqaddaas kaddibna waxaa billawday dhawr kulan oo isu dhawaa oo irdaha u furay duullaankii Xabashida. Kan ugu horreeyay waxaa u dhacay 3-dii Juun 1996-kii. Kulankaan, oo ka dhacay Suufka oo ah Xudduud beenaadka saddex xagalka ah ee ay ku kulmaan Itoobiya, Soomaaliya iyo Kiinya, ayaa waxaa dhinaca SNF ku matalay Jan. Cumar Xaaji (guddoomiyihi SNF), Dr Cali-Nuur (ku xigeenkii Cumar), Xasan-Deer (guddoomiyihi Doolow ahaana isku xiraha Xabashida iyo SNF), sheekh Xuseen sheekh Cilmi (taliyihii saldhigga Doolow ee Xasan-Deer) iyo Xasan-ugaas (guddoomiyihi degmada Baardheere). Dhinaca Xabashida waxaa ku matalayay: kornayl Tukow (madixii ciidammada) iyo kornayl Gabredile (madaxii ciidanka Itoobiya qaybta Hawaase) [166].

Kulankaan waxaa uu ahaa mid ay codsatay SNF sidaa darteed Xabashidu waxaa ay iska dhigayeen dawlad loo yeertay inta badanna waxaa ay uun

---
165 C/laahi Faarax Cali. Cadowgeennu waa Kuma. Bogga 466-7
166 Isla tixraca kore, bogga 467

dhegaysanayeen cabashada iyo dacwada SNF ee Itixaad ka dhanka ah. Inkasta oo ay caddeeyeen in Itixaad halis ku yahay waddamada deriska oo dhan, SNF kulankaan kuma aysan codsan in lagu gacan siiyo ciidan iyo duullaan lagu qaado Itixaad. Keliya waxaa ay doonayeen in waddamada deriska ahi u aqoonsadaan in cidda ka talisa Gedo ay SNF tahay. Waxaa ay codsadeen in wadashaqayn lala yeesho; in la tixgaliyo waraaqaha ay soo qoraan ee lagu doonayo in loogu gudbo Itoobiya iyo Kiinya; in wixii looga baahdo gobolka iyaga uun loo soo maro iyo arrimo la mid ah. Waxaa xusid in xiriir noocaan ah uu ka dhaxeeyay Itixaad iyo waddammada deriska ah. Waa taan soo marnay in wadashaqayn amni ay ka dhaxaysay Kiinya iyo Itixaad. Sidaas oo kale, gawaarida laga soo booliyo Itoobiya Itixaadku waa uu celin jirey. Wasiirka arrimaha dibadda ee Itixaad shaqadiisu waxaa ay ahayd la tacaamulka dalalka deriska. Sidaa darteed dadka xanuunsan ee doonaya in ay Kiinya aadaan wasiirka khaarijiga ayaa warqad u qori jirey. Waa booskaas meesha hadda SNF ciriirsanayso.

Saraakiishi Itoobiyaanka, oo malaha fahmay daciifnimada iyo hanyarida SNF, ayaa codsaday in kulan kale labada dhinac isagu yimaadaan. Kulankaas ayaa loo guntay inuu ka dhaco Nagayle oo ah xarunta laga xukumo Doolow Addo. Kulankii labaad waxaa uu dhacay 26-kii Juun 1996-kii. Jan Cumar Xaaji, oo ay ahayd inuu ka qayb galo, wuu xeeladaystay oo si lama filaan ah ayuu u aaday Garbahaarreey. Waxaa shirkaas SNF ku matalay Dr Cali-Nuur, Xasan- Deer iyo Xasan-ugaas. Markaan Itoobiyaanku waxaa ay doonayeen warbixin faahfaahsan oo ku saabsan awoodda Itixaad. Madaxdii SNF waxaa ay ku warbixiyeen in ciidankii Itixaad uu dhan yahay 4050 askari. 1500 Beledxaawo joogta, 2500 Luuq deggan oo ajaanib iyo Soomaaliba leh iyo 50 askari oo Doolow joogta in ciidanku yahay ayay gudbiyeen. Markii la waydiiyay maxaad ku filan tihiin, waxaa ay ku jawaabeen Beledxaawo iyo Doolow waan ku filannahay. Intaas waxaa ay ku dareen codsi ah in ciidan loo tababbaro. Saraakiishii Xabashidu dalabkii SNF waxaa ay kaga jawaabeen in ay codsigooda u gudbin doonaan dawladda Itoobiya. Waxaa ay se shardi uga dhigeen in ay rabaan oggolaansho ka timid odayaasha dhaqanka ee Gedo. Saxiixa odayaasha dhaqanka iyo la kulanka Cumarka Xaaji ayay wadajir u codsadeen [167].

Xiriirrada SNF ay la wadaagaysay Itoobiya waxaa ay ku garab wadeen in dadka laga iibiyo Tigreega. Soomaalidu xasaasiyad ayay ka qabtay Itoobiya.

---

167   C/Faarax Cali. Cadowgeennu waa Kuma. Bogga 469

Cadowgooda koowaad ayay u aqoonsanaayeen. Xumaan ma ogiye, waligood wanaag kama aysan arag. Dadka sidaas gobolka looga neceb yahay inaan habayn madow la dul keeni karin ayay ogeyd SNF-tu. Si taasi meesha looga saaro, madaxdii SNF waxaa ay billaabeen faafinta ammaanta madaxda Tigreega. 'Itoobiyada cusub' oraah la yiraahdo ayay gobolka keeneen. Waxaa ay sheegeen in madaxda markaas talada haysay aysan la mid ahayn kuwii Soomaalida cadowga u ahaa. Erayada aan xasuusto ee barigaas Gedo lagu faafin jiray waxaa ka mid ahaa: "Itoobiyadan ma ahan tii hore. Malles waxaa uu wax ku bartay Soomaaliya; waxaa uu ku dhoofi jiray baasaboor Soomaali ah; waxaa taageeri jirtay Soomaaliya; sidaas darteed Soomaalida wuu jecel yahay waxaa uuna doonayaa inuu u abaalgudo hadduu fursad helo". Kuwaan iyo kuwo ka daran ayaa la waday ilaa la gaaray in Tigreega loo baxsho Faceye [168] Sade taas oo loola jeeday in ay la dhasheen Marreexaan.

Codsigii Xabashida, ee ahaa aan la kulanno mar kale Cumar Xaaji, waxaa uu suurogalay 12/7/1996. Kulankaan oo, mar kale, ka dhacay Suufka, waxaa dhinaca SNF goobjoog ahaa: Cumar Xaaji Masalle, Xasan-Deer, Dr Cali-Nuur iyo Cabdi Buulle (barasaab ku xigeenki gobolka Gedo ee waqtigaas). Afar cisho ka hor duullaankii ballaarnaa ee Xabashidu soo qaadi doonto kuna beegan 5/8/1996 ayuu dhacay kulankii afraad ee labada dhinac. Mar kale kulankaan waxaa tagay: Cumar Xaaji, Xasan-Deer, sheekh Xuseen sheekh Cilmi, kornayl Kulili iyo kornayl Mukhtaar Aadan Shalaqle [169]. Labada nin ee danbe kulammadi hore midna ma aysan joogin. Ninka keliya ee kulan walba joogay waxaa uu ahaa AUN-tee Xasan-Deer. Dhinaca Xabashida waxaa joogay saraakiil sarsare oo uu hoggaaminayay nin la oran jiray Waldom Aadan. Sida uu Xasan-Deer, oo shirkaas joogay, u sheegay Cabdullaahi Faarax Cali, Itoobiyaanku maalintaas waxaa ay la yimaadeen qorshe duullaan oo aysan doonayn in ay la wadaagaan SNF. Waxaa ay rabeen in ay fahmaan sida looga falcelin doono haddii ay weerar kaligood ah gobolka ku qaadaan. Yoolbaar iyo su'aalo maran ayay la yimaadeen. Markii danbe waxaa ay, buurta Leef-leef oo xudduud beenaadka dhinaca Itoobiya kaga taal, la fuuleen toorabiin. Ragga SNF matalayay oo wada askar ahaa waxaa ay fahmeen in raggaanu bidhaaminayaan Beledxaawo. Halkaas waxaa ay ka fahmeen in ay doonayaan

---
168 Facaye waa qabiil yar oo la dhashay Marreexaan. Facaye Sade iyo Marreexaan Sade.
169 AUNtee Mukhtaar wuxuu ahaa reer Diini reer Dalal. Waa ninka keliya oo reer Diini ah oo kulamadaas ka qayb galay

in ay magaalada duqeeyaan. Muran iyo is-afdhaaf ayaa dhacay siduu sheegay Xasan-Deer. Saraakiishii Itoobiya markiiba waxaa ay dhisteen ateeno raadiye ay kula xiriiraan madaxdoodi. Warkii ka soo baxay waxaa uu noqday in madaxda SNF lagu casuumay mar kale Nagayle ayna la kulmi doonaan madax kuwaan ka sarraysa oo Itoobiyaan ah. Hubaashi ballamintaasu waxaa ay ahayd shirqool oo markii la arkay in ay fahmeen qorshaha Xabashida ayaa la maleegay sidii la xiri lahaa.

Cadowgu inta uusan helin xogtaada hoose kuma dhaco inuu ku soo weeraro. Si walba oo aad u tabar yar tahay cadowgu wuu ka maagi in uu toos kuu soo abbaaro. Horraanti qarnigii 20aad Itoobiyaanka ayaa carrada ku gaardin jiray sida ay nagu ahaayeenba horraanti qarnigaan. Laakiin xog la'aan darteed waa ay ku dhici waayeen Marreexaanki Gedo degganaa. Waxaa uu qoray Turton [170]:

> *The Marehan were undoubtedly the strongest Somali clan in the region of the Juba/Daua confluence. In fact they were the only people who successfully defied the threat of Ethiopian hostility. About March 1905, some 600 Ethiopians under Wolde, and accompanied by Geydu visited El wak and Muddo Arele. Geydu had been brought to point out the limits of his country and when, on the edge of the Garre territory, the Ethiopians threatened the Marehan, the latter sent back a bow and poisoned arrow. This was a challenge to fight and the Amhara wisely chose to ignore it* [171].

> *Marreexaanku shaki la'aan waa kan ugu xoogga badan qabiilooyinka Soomaaliyeed ee Jubba/Daawo. Xaqiiqdi waa kuwa keliya ee gaashaanka u daruuray khatarti Itoobiyaanka. Qiyaasti 1905-tii ciidan gaarayo 600 oo askari oo hoostagay Wolde uuna weheliyay Geydu*[172] *ayaa booqday Ceelwaaq. Geydu waxaa la tusay tabartiisa iyo midda dalkiisa, markii uu marayay cirifka dhulka Garraha. Itoobiyaanku waxaa ay u hujuumeen Marreexaanka. Markaas*

---

170 Turton, Edmund R. (1970) The pastoral tribes of Northern Kenya 1800-1916, bogga 452
171 Halkaan waa meesha keliya ee aan soo raray erayadii Ingiriiska ahaa. Sababta ayaa ah in haddii magac qabiil la soo qaado, ay Soomaalidu farriinta abbaarine dood kale gasho. Si qofkii erayadayda ammaan u qaata uu u helo xogtii rasmiga ahayd ayaan halkaan ugu qoray erayadii Ingiriiska.
172 Waxaa ay ahaayeen laba sarkaal oo waqtigaas Gebra oo kale ka ahaa Itoobiya iyo Soomaalida deriska la ahayd

Marreexaankii ayaa u soo diray qaanso iyo leeb. Tani waxaa ahayd casuumaad dagaal. Laakiin Amxaaradu si xigmadaysan ayay isaga dhegotireen.

Waxaan leeyahay in Marreexaan laga baqo waxa keenay ma ahayn geesinnimo, dadnimo iyo awood ay dheeraayeen Soomaalidii kale. Sababta Ingiriis iyo Xabashiba uga heybaysteen waxaa ay ahayd inaan wax war ah laga heyn gudaha dhulkooda iyo awooddooda ciidan. Dhawr sano kaddib markii la ogaaday in aysan waxba hayn, Ingiriiska ayaa ku durduriyay.

Si taas la mid ah Xabashidu intii hore waa ay ka baqaysay Itixaad. Kulammadoodi SNF waxaa ay heshay xogtii ugu muhiimsanayd ee Gedo: awoodda ciidan, mooraalka shacabka, sida loo arko, hab-fekerka madaxda gobolka iyo macluumaad kale. Waxaa kale oo ay heshay oggolaanshaha SNF iyo odayaasha. Xaqiiqdi lama hayo meel odayaashu ku saxiixeen casuumaad Itoobiya inkasta oo bilihii May iyo Juun ay kulammo isdabajoog ah ay odayaasha iyo madaxda SNF ku dhexmareen dhowr degmo oo gobolka ah. Laakiin waxaa ay u badan tahay in madaxdi sare ee SNF been farriintay una sheegeen Xabashida in odayaashu raalli ku yihiin is kaalmaysi dhexmara Itoobiya. Markii Xabashidu ay heshay xogtii ay u baahnayd, waxaa ay go'aansatay in ay qaaddo weerar aysan cidna ku wargalin. Madaxdii SNF ee walaaca ka muujisay qorshaha qarsoon ee Itoobiya ayaa markiiba shirqool loo abaabulay. Sidii loo sheegay Shantii Agoosto, safar dhulka ah ayay ku aadeen Nagayle. 7-dii bishaas ayay gaareen Nagayle. Waxaa loo sheegay in hawadu xun tahay oo madaxdii u imaan lahayd ay diyaaraddii qaadi lahayd ka cabsadeen. Markaa waxaa laga codsaday in ay ugu tagaan Hawaase. Xasan-Deer waxaa uu yiri "Intii aan sii haynay jidkii Nagayle maalinti Talaadada (6/8/1996) waxaa naga hor yimid 76 gaari oo ciidan sida." Markii lagu yiri Hawaase taga iyo ciidanki dhaafay shalay waxaa ay fahmeen in la shirqoolay dhulkiina lagu duulay. Waxaa ay diideen in ay aadaan Hawaas. Beddelkeedi waxaa ay codsadeen in lagu celiyo Gedo. Laakiin haatan waa maxaabiis oo iyagu ma dooran karaan meesha ay tagayaan. Kowdii duhurnimo, maalin Khamiis ah, ayaa gaari lagu guray oo Hawaas loo qaaday. Jumcadii (9/8/1996) sagaalkii fiidnimo ayay Hawaas galeen. Intii la sii waday ayaa la weeraray dadkii ay doonayeen in ay u taliyaan. Subixii Sabtida ahayd, oo shaloo kale weerar ballaaran Gedo lagu qaaday, ayaa loo sheegay in Adis Ababa la geynayo. Wixii intaas ka danbeeyay wixii war ah oo ay soo saaraan waxaa uu ahaa mid loo yeeriyay. Cumar Xaaji, oo waraysi siiyay BBC-da, wuu qiray inuusan duullaanka waxba kala socon, inuu joogay buuraha Nagayle markii weerarka la qaadayay iyo sidaa oo kale in siduu rabay aysan wax u dhicin. Laakiin maaddaama uu ahaa nin maxbuus ah waxaa uu diiday inuu canbaareeyo weerarkaas waxaa uuna difaacay weerarkii bahalnimada ahaa isaga oo yiri:

> "... sidee baan u canbaareeyaa? Marka u horreysa dad talo diid ah oo aan annaga ahayn oo adduunka darafka u shisheeya iyo kan u sokeeya ka yimid in ay na qabsadaan, qasna ku sameeyaan maamulkannagi noona abuuraan cadaawad sideen u canbaareeyaa?"[173].

Weerarki Jumcada

Ciidammada Itoobiya waxaa ay weerareen degmooyinka Beledxaawo, Luuq, Doolow iyo Bohol-Garas maalin Jimce ah oo ku beegan 9/8/1996. Luuq ayay si gaar ah u duqeeyeen iyaga oo diyaarado ku rusheeyay goobo dad shicib ah deggan yahay. Maalintaas waxa weerarka geystay waxaa ay ahaayeen ciidammada Itoobiya oo keli ah. Ma jirin Soomaali garab socotay ama hagaysay. Xaqiiqdii waxa Soomaalida ka reebay waxaa ay ahayd in aysan aammini karin. Milaygaas wali Soomaalida in ay sidaan u dulloobeen ma aysan fahmin. Mid dammiir leh oo sirta fashiliya laga waayi maayo ayay is lahayd. Sidaan horey ku soo sheegnay, madaxdi SNF ee arrinkaba u keentay, xabsi guri ayay ku haysay intii hawlgalku ka dhammaanayay. 11-kii Agoosto raadiyaha ku hadla afka dawladda Itoobiya ayaa xaqiijiyay in ay weerareen gobolka Gedo. Waxaa ay qireen in ay cir iyo dhulba ka weerareen haddii loo baahdana loo biisi doono. Itoobiya waxaa kale oo ay sheegatay in ay dishay 232 dagaalyahan oo Itixaad ah 20-na qafaalatay. Dhinaceeda 20 dhimasho ah iyo 17 dhaawac ay ayay qiratay. Itixaad ma sheegin inta rasmi ahaan uga dhimatay dagaalkaas. Waxaa uu se sheegtay inuu dilay 150 askari oo Itoobiyaan ah. Cali Mahdi Maxammed AUN-tee, oo ka mid ahaa dhawrkii nin ee sheegan jirtay in ay madaxweyne yihiin, ayaa 10-kii Agoosto sheegay in weerarkaas Itoobiya ku dishay boqollaal shacabka halka kumannaan qoys ku bare kaceen[174]. Cabdullaahi Faarax

---

173 Wareysi dheer oo Cumar Xaaji uu siiyay BBC. Waxaa weraystay Cabdullaahi Xaaji. Isagoo qoran waxaad ka bogan kartaa buugga cadowgeenna waa kuma bogga 478-9
174 Refworld (1/9/1996). Somalia: Information on the current situation in the Gedo region following the arrival of Ethiopian troops. Waxaa laga heli karaa: https://www.refworld.org/docid/3ae6ad8e1c.html

Cali buuggiisa *Cadowgeennu waa Kuma* waxaa uu ku qorey magacyada 122 shahiid oo Soomaali ah iyo shan ajaannib (3 Turki ah, mid Faransiis ah iyo mid Aljeeriyaan ah).

Waxaan joogay maalintaas Garbahaarreey. Waxaan ahaa kurey aan waxba kala socon siyaasadda gobolka ka jirtay iyo xaaladda aloosan sidaa darteed lama socon wararkii dhabta ahaa la isla dhexmarayay. Waxaan se xasuustaa in dad aad u badan Garbahaarreey qax ku yimid. Waxaan kaloo xasuustaa in maalintii in weerarki Xabashidu ku dishay shan nin oo aan isku jilib nahay. Intaan oo la isu geeyay waxaa ay ku tusaysaa inuu qasaaruhu aad u xooggana. Waayo Garbahaarreey inta u qaxday waa toban jeer ka badnayd inta Mandera u carartay ama miyiga Beledxaawo iyo Luuq galay. Sidaa oo kale, haddii hal jilib shan nin looga dilay, waxaa dhab ahaa in tira aad u badan ku le'atay dagaalka.

SNF dhinaceeda maalintaas waxaa ay xaqiijisay in aysan dagaalka qayb ka ahayn. Laakiin waxaa ay ammaaneen halaaggii Xabashidu geysatay. Waa ay inkireen in shacab la laaayay iyo in duqaymo loo gaystay goobo shacab degganyahay. Aroornimadii 9-kii Jannaayo 1904-tii Daraawiishtii ayaa soo weerartay xero ciidan oo Ingiriisku lahaa. Waa goobtii la baxday Jidbaale. 7000 oo Darwiish ayaa halkaas la dhigay. Waxaa uu ahaa qasaare noociisa aan horey Soomaalida u soo marin. Jabkaas Daraawiish gaaray waxaa ku farxay dad badan oo Soomaali ahaa. Nin dadkaas ka mid ah, oo la oran jirey Ismaaciil Xayd Aflow, ayaa tiriyay tix gaaban oo digasho ah. Ninkaan, sida Cumar Xaaji, ayuu dhibka dhacay ku eegay ookiyaale maangaab. Dadka le'day in ay Daarood ahaayeen ciddii dishayba cadowgiisa oo la laayay uu yahay ayuu sheegay. Waxaa uu yiri:

Daarood Ismaaciil ninkii doonayow dhimaye
Dooxada Jidbaalay lafuhu dibedda yaallaane
Anna waan ku diirsaday Ilaah darajo siiyow e

Cumar Xaaji maalintaas halka ninkaas ayay u joogtay. Wiilasha muslimiinta ah, Soomaalida ah, qaarkood tolkiis dhaw yihiin leyntooda ayuu ku diirsaday. Sidaan kor ku soo sheegnay, Cumar Xaji waxaa uu yiri Xabashi lama aannan socon laakiin cadow dhib nagu wada hayay ayay shaqo ka qabatay. Weerarki dhacay Jumcadaas, qasaaruhuba ha badnaadee, waxaa uu ahaa mid kooban oo ujeeddo cayiman laga lahaa. Markii laga gaaray danti iyada ahaydna ciidammada

Xabashidu isla maalintiiba waa guureen. Duullaan dabadheeraaday oo ma hadhooyin reebay ayuu se u gogolxaaray.

Diyaargarowkii Duullaankii Labaad

Nin ambaday halkuu aaday waay ula ekoonayde (Axmed- Dirir)

Madaxdi SNF haddii la daba maray, dadkoodi la laayay iyaga oo maxaabbiis ah, ma aysan noqon kuwo fahma hagardaamada cadowga. Goor danbe, oo Xabashidu ay cayrisay Cumar Xaaji, waxaa uu sheegtay in sababta ay ku dirireen isaga iyo Itoobiya ay tahay "Xabashada oo aan rabin qof ayada fahmaya, aniguna waan fahmay. Waxay yiraahdeen Cumar ma rabno sababtoo ah waxa aan rabno ma fulinayo, aniguna waxaan ogaaday in ay Amxaaro saqajaan tahay" [175]. Haddii janannadi sidaas dammiiniin u yihiin oo saddex sano ay ku qaadatay in ay fahmaan in Amxaaro 'saqajaan' tahay kuwii ka hooseeyay waxa laga fisho waa iska caddahay.

Intii Addis Ababa lagu hayay, Cumar iyo raggii lala waday, waxaa loo dhiibay mashruuc cusub oo Xabashidu diyaarisay. Waxaa lagu qanciyay in la naafeeyay Itixaad, loo tababbari doono ciidan kaddibna ay si buuxdo ula wareegi doonaan gobolka. Waxaa xero tabbabar ciidan laga furay degmada Doolow waxaana odayaal loo diray dhammaan degmooyinka gobolka si ay dadka ugu dhiirrigaliyaan in qayb ka noqdaan ciidanka loo diyaarinayo qabsashada gobolka. Waxaa la faafiyay in mashruucaan uu taageerayo Midowga Yurub lacag badanna ku bixinayo. Waxaa sidaa oo kale dadka loo sheegay in adduunku diyaar u yahay inuu garab qabto reer Gedo haddii ay iska saaraan Itixaad. Dadka, oo xasuustay nimcadii laga helay hay'adihii 1992-1994, ayuu warkaasu hiyi kiciyay. Abaabulkaas waa lagu guuleystay. Waxaa billawday in dadku torobtorob ugu xaroodo xerada laga furay Doolow. Dhallinyaro badan ayaa xerootay. Sidaa oo kale waxaa aaday saraakiil ka mid ahaa ciidankii hore ee xoogga dalka. Inta badan dadka aadayay waxaa ay is lahaayeen fursaddaan yaysan in dhaafin. Waxaa loo arkayay in Itixaad kaddib la dhisi doono maamul wanaagsan. Nin walba waxaa uu is yiri qeyb ka noqo halganka si aad nacfiga sed buuran ugu yeelato.

---

175 Cabdullaahi Faarax Cali. (2019) Cadiwgeenuu waa Kuma. Bogga 486

Itixaad weerarkii 1996-kii waxaa uu ku ahaa lama filaan. Intii uu diyaargarow ku jiray isuma diyaarin weerar uga imaan doona xagga Xabashida. Xagga sirdoonka aad ayuu uga liitay. Ciidan ahaan waxaa uu ahaa mid tabar, tayo iyo tiro yar. Waraysi uu siiyay macallin Maxammuud Macallin Nuur, oo ahaa ninkii labaad ee Itixaadkii Gedo, Cabdullaahi Faarax Cali [176] waxaa uu ku sheegay in ciidanka Itixaad uusan lahayn diiwaan oo aysan sixi karin caddadkiisa rasmiga ah. Waxaa uu sheegay in ciidanku ahaa mid isxilqaan ku dhisnaa oo qofki raba iska tago kii doonana uu joogo sidaas darteed malaf ay ku qornaayeen uusan jirin. Tiro ahaan waxaa uu ku qiyaasay shan ilaa lix boqol oo askari. Sida Itixaad u kala daadsanaa waxaa aad ka garan kartaa in Itoobiyaanku habaynimo qabsaday Beledxaawo Itixaadna uu ogaaday markii uu u soo kacay salaadda subax sida dadka intiisa kale. Xasan Fayooke waxaa uu ahaa madaxa magtabka (wasaaradda) arrimaha dibadda ee Itixaad maalinta Xabashidu Beledxaawo qabsanayso. Isaga oo tilmaamaya sida ay uga xog la'aayeen weerarka ku soo fool leh waxaa uu yiri [177] :

> *Subixii markii Xabashidu Beledxaawo qabsanayso, meeshii aan Kiinyaanka ku ogayn bay degtay. Kiinyaankiina waa ka baxeen. Anoo Kiinyaan u qaba baan u tagay subixii. Nasiibwanaag, wali waagu si fiican uma baryin, markaa waxaa lagu amray in aan qofna u imaan xabbadna aysan ridin. Lowlaa aysan amarkaas ahayn intuu kaalay i yiraahdo buu i qaban lahaa. Noqo noqo noqo ayuu igu yiri. Markaas ayaa inta aan is waalay oo aan Ingiriis kula hadlay baan ku socday anoo leh "hebel aaaway [sargaal Kinyaan ah magacii] waxaan ka socdaa saldhigga Beledxaawo." Markii uu jaqjaqdaydi maaro u waayay ayuu qori koongaraystay. Marka xog iyo sahan saasaan ka ahayn.*

Hubaashi arrinku sidaas waa ka sii liitay oo siduu habaynkaas Itixaad u yaallay waxaa uu diirka ka qaadayaa tabaryaraan iyo taloxumo isbiirsaday. Qoraha buugga *Cadowgeennu waa Kuma* ahaana masuul ka tirsanaa ururkii Itixaad waxaa uu yiri isaga oo tilmaamaya sida uusan Itixaad diyaar ugu ahayn dagaal kaga yimaada dhinaca Itoobiya:

---

176 Cadowgeenna waa kuma bogga 473
177 Waraysi aan taleefanka kula yeeshay 1/9/2022

Subaxdii 9/8/1996 markii aan salaadda subax tukanney oo aan ogaannay in intii la hurday magaalada la qabsaday ayaan u tagey Aadan Cilmi Jaamac (Aadan Beebee) Alle ha u naxariistee oo ahaa ninka saddexaad ee Itixaadkii gobolka. Waxaan weydiiyay, maxaa ciidan ah oo cadowga horjooga iminka. Wuxuu iigu jawaabay ciidan ayaad i weydiinaysaa, aniguna waxaan waayay xalay wax saldhigga waardiyeeya.

Waxa meesha ay ku hayeen waxaa uu ahaa laab-la-kac ay wehelisay aqoondarro, khibrad la'aan iyo fudeyd. Saas oo ay tahay wixii hore cashar kama aysan baran. Duullaankii koowaad kaddib, waa ay wayraxeen. Dhinac waxaa gashay cabsi weyn oo ah in la jaajuusayo. Waxaa ay billaabeen in ay dilaan ama ugu yaraan xiraan qofkii aysan aqoonba. Gaar ahaan musaafiriinta Itoobiya u dhalatay ayay si arxandarro ah ula dhaqmeen. Tiro dad ah, oo aan la aqoon, ayay habayn madow gowraceen. Qaar iyaga oo nool ayay inta gacmaha iyo lugaha ka xireen webiga Ganaane ku gureen. Dadka deegaanku dhibkii hore nooc cusub ayay ugu dareen. Waxaa batay dadka loo xiro oo la jirdilo in looga shakiyay basaasnimo awgeed. Dhibkaas dumarka xataa kama badbaadin. Gabdho badan ayaa sheegtay in la faraxumeeyay waqti war laga raadinayay.

Maaddaama ciidanka Itixaad uusan ahayn mid la yaqaan, mushaar qaata, lala socdo waxa uu qabto iyo cidduu yahay iyo meeshuu ka yimid toona, waxaa ku dhex jirey jawaasiis badan oo Itoobiya u shaqayn jiray. Basaasiintaas qaarkood jagooyin sare ayay ururka ka hayeen. Tusaale, taliyihii ciidanka Imaaraddii Gedo waxaa uu ahaa ninka ugu badan ee geystay jariimooyinka lagula kacay shacabka Luuq iyo socotada intaba. Gabdho badan ayuu u soo xiray in looga shakiyay basaasnimo. Si war looga keeno, waxaa uu dhihi jirey webiga ayaan tiimbinayaa. Kaddib inta webiga la galo ayuu faraxumayn jiray. Tiro dhawr ah ayay gabdho ka soo sheegteen inuu gacma-gacmeeyay markuu biyaha la galay. Laakiin Itixaad ma ahayn mid ka shakiya ciidankiisa. Qof kasta oo ku jiro waxaa ay u arkayeen mukhlis naftiisa iyo maalkiisa u hurey diinta Eebbe. Sidaa oo kale, waxaa jiray wax la yiraahdo yaan la faafin sirta wadaaddada. Ninka aan ka hadlayno oo lagu magacaabi jiray Cabdirisaaq Garweyne waxaa la ogaaday inuu Itoobiya jaajuus u ahaa markii uu isaga oo Itoobiya garab u ah soo galay Luuq. Markiisi hore waxaa uu ahaa sargaal ka tirsanaan jiray xooggii dalka. Kaddib inta baxsaday ayuu ku biiray mid ka mid ah jamhadihii Itoobiya fadhigoodu ahaa ee dawladdii riday. Aqoontaas ciidan iyo waayo'aragnimada uu lahaa jamhadaynta iyo in ay ka muuqatay shicaarkii lagu yaqaannay Itixaad ayaa keentay in loo dhiibo xilka ugu muhiismsan ee ciidanka iyada oo aan xog kale laga hayn. Dad badan, oo ficillada ay sameynayaan ujeedkoodu ahaa suuraxumeynta Itixaad iyo u-abuurid colaad baahsan, ayaa, sidaa oo kale, ku jiray masuuliyiinta ururka [178].

Madaxda ururka ma noqon kuwo xaaladda qaboojiya dadka deegaankana u dhimriya si aysan cadowga ugu sii fogaan. Beddelkeeda waxaa ay sii badiyeen ciqaabta. Beledxaawo waxaa ay ku soo rogeen bandow. Awal dan kama aysan yeelan jirin qaadka lagu cuno Beledxaawo iyo biibitooyinka lagu cayaaro dubnadda. Duullaankii koowaad kaddib, waxaa ay mamnuuceen dubnadda iyo turubka in lagu dhafro. Dhallinyaro fudud oo ixtiraamku ku yar yahay ayaa dadkii laga adeejiyay. Markii ay yimaadaan meel dubnad lagu cayaarayo ul ayay ku billaabaan halkii ay aayar ay fari lahaayeen in la joojiyo ciddii diiddana xabsiga loo kaxayn lahaa. Goobaha jidadka ku yaal keliya kuma ekeyn bandowga iyo joojinta cayaaraha lagu daaho. Huteellada ganjeellooyinku u xiran yihiin xataa waa ay gali jireen. Waxaan xasuustaa nin ammin fiidki ah isaga oo dubnad cayaaraya la dhangadeeyay. Ninkaan waxaa uu ku waalnaa qaadka iyo cayaarta dubnadda. Markii biibitooyinki laga soo eryay ayay huteel Koonfurta magaalada ku yaal oo ganjeel weyn leh barandadiisa miis dhigteen. Iyaga oo halkaas ku cayaaraya ayay wiilashi faraha fududaa u soo daateen. Garaac iyo qaylo ayuu ka werhelay. Ciilki uu qaaday habaynkaas subixiiba waxaa uu aaday Doolow waxaa uuna soo laabtay 7 bilood kaddib isaga oo qori sita.

Ficillada noocaan marar badan madaxda Itixaad masuul kama ahayn kamana aysan joojin karin dhallinyarada ku kacaysa. Ken Menkhaus waxaa uu baresare ka yahay *Davidson Collage* oo ku yaaal waqooyiga Carolina ee Maraykanka. Waxaa uu xeeldheere ku yahay Soomaaliya oo uu PhD-diisa ka diyaariyay iyo Geeska Afrika. Waxaa uu qoray maqaallo dhawr ah iyo buug ku saabsan Soomaaliya. 1991- 1994 waxaa uu ka mid ahaa aqoonyahankii la shaqaynayay UN-ta. Dhammaadkii tobanlahaas waxaa uu ka ag dhawaa gobolka Gedo. Isaga oo tilmaamaya ciidankii Itixaad waxaa uu qoray [179]:

---

178 Dad noocaan inuu ka buuxay waxaa ii xaqiijiyay Xasan Fayooke. Gaar ahaan duullaankii hore kaddib dad badan oo iska soo dhigay in ay gurmad ugu yimaadeen Itixaad ayaa ahaa kuwo loo soo diray basaasnimo.
179 Ken Makhaus: Political Islaam in Somalia. Pp 113

Ciidanka Amniga ee Islaamiyiintu waxay u badan yihiin dhallinyaro dabley ah, dadka deegaankuna jirri u arkaan, kuwaas oo caqiidooda asalraacnimo ay hooseysay balse ku dagaallamayay magaca Itixaad sababtuna ay tahay in ay macaash ka helayeen. Waxaa ay ku kici jireen baad, handadaad iyo dhaqanxumooyin kale oo la siman kuwa ay ku kacaan dableeyda ka tirsan kooxaha calmaaniyiinta ah. Itixaad mar walba ma ahayn mid kontarooli kara dablaydaas.

Hadalka Ken waxaa ka marag kacay. Dr Cumar Iimaan oo ahaa guddoomiye xigeenkii golihii shuurada ee Maxkamadihi Islaamiga ah. Waxaa ka sarreeyay oo ahaa guddoomiyaha golaha shuurada Maxaakiinta Sheekh Xasan Daahir Aweys oo aan soo sheegnay inuu ka mid ahaa madaxdii ugu sarreysay Itixaad. Dr Cumar oo tilmaamaya dhibaatooyinki sababta u noqday burburki Maxaakiimta ayaa yiri:

Guulihii ay gaareen Maxaakiimtu... waxaa sabab u ahaa dad mutadhawiciin ah. Arrinkaasu waa mid weyn oo qurux badan. Laakiin waxaa uu keenay in qaar ka mid ahaa Maxaakiimtii ay u arkaan guulahaas la gaaray kuwo ay iyagu keeneen sidaasna uu ku noqday hanti ay iyagu leeyihiin uusanna jirin qof iyaga ka mudan oo ay uga danbeeyaan... waajibka saaranna uu yahay inuu ilaashado [sida isaga ula muuqato in ay ilaalin tahay] isaga oon u celin masuul ka sarreeya... Haddii uu wax la khaldan dariiqa uu kula kulmo, wuu qabanayaa, kaddibna isla meesha ayuu xukun ku saarayaa, kaddib isagaa isla goortaas ku fulinaya. Taasoo ka dhigan inuu yahay isku mar booliskii, xeer- ilaaliyihii, garsoorihii iyo fuliyihii... Bal sawiro dhibta ay arrintaasi leedahay iyo waxa ay fowdo iyo fadqalalle abuurayso!

Mushkiladdaan waa mid dhammaan saamaysa urur walba oo dhallinyaro ku dagaal galiya inuu hadaf siyaasadeed ku gaaro cidduu doono ha noqdee. Madaxda ururku waxaa ay rabtaa gacan-ka-hadal kooban oo ujeeddo cad laga leeyahay. Kuwa qabashada hawshaas loo tababbaray se waxay rabaan in ay fuliyaan weerarro culus oo mug iyo miisaan leh. Tabta Itixaad iyo Maxaakiimtii haysatay ayaa ku dhacday ururrada xagjirka ahaa ee xambaaray afkaartii Markis sida ururkii *Social Democratic Labour Party* ee Ruushka sannadihii 1890aadkii. Si la mid ah IRA oo ahayd jamhad u dagaallami jirtay xoreynta Waqooyiga Ayrland ayaa ku dhibbanayd garabkeedi hubeysnaa oo fulin jiray weerarro qasaaro geysta halka madaxdu rabtay rabshadooyin kooban [180]. Ma adka in la fahmo sababta madaxda sare aysan u koontarooli karin falalka ay geysanayaan kuwa hawsha fulinaya. Dhallintaas waxaa lagu barbaariyay in ay u taagan yihiin gaaridda maqsad shariif ah. Ciddii hadafkaas ka soo horjeedda, in ay xumaan-wadayaal dil mudan yihiin aya lagu shubay. Jidka oo laga leexiyo iyaga iyo waxa taageersan in ay ka xigto gaaridda horumarka iyo tubta toosan ayaa hubka loogu dhiibay. Haddii lagu dhihi lahaa ujeeddo siyaasadeed ayaan leenahay, qoriga waxaan u qaadannay inaan xoogaa xanuujinno kuwa na diiddan, ma aysan dhacdeen in la helo dhallinyaro naftood-hurayaal ah oo halkii gala la yiraahdo gala. Xasan Turaabi, ayaa mar yiri "Diinta ayaa i hagta, i dhaqaajisa oo i dabarta." Waxaa uu, sidaa oo kale, qiraal u yiri "Diintu waa jidka keliya ee aan ku iibin karno hadafkeenna" [181].

Hasayeeshee dhallinyarada Itixaad lama gaar noqon mashaakilkaan. Sheekh Maxammed Xaaji Yuusuf, oo ahaa ninka ugu sarreeyay Itixaadkii Gedo, waxaa uu ka mid ahaa mushkiladda ugu weyn ee dadka ku riixday isu dhiibidda cadowga. Halkii uu soo dumi lahaa dadka baxaya, kuna dhaqaaqi lahaa tallaabooyin dhallinyarada ka celiya isu dhiibidda Xabashida waxaa uu u hawl galay lidkeeda. Hadallo dhibaal leh iyo hanjabaado aan kala joogsi lahayn ayuu joogteeyay. Tusaale, waxaa uu qabtay muxaadaro uu kaga hadlay waxa Doolow ka socda. Waxaa ay ahayd salaadda Casar kaddib. Dad aad u badan ayaa soo xaadiray. Sameecado waaweyn, oo meelo fog codka gaarsiiya, ayaa loo rakibay. Galabtaas waxaa uu sheegay in qof walba oo Doolow tagay uu diinta ka baxay. Waxaa uu raaciyay in xaasaskooda la guursado wixii hanti ah ay deegaanka ku lahaayeenna la qaato. Waxaa uu akhriyay oo ku celceliyay aayadda 51aad ee Maa'iddah. Taas oo leh:

Kuwa Xaqa Rumeeyow Yuhuud iyo Nasaaro ha ka yeelannina sokeeye. Qaarkood waa sokeeyaha qaarka kale. Ciddii sokeeye ka yeelataa oo idinka mid ah waxaa uu ka mid yahay iyaga. Eebbe ma hanuuniyo duulka daalimiinta ah.

Aayadda waxaa uu u daliishaday in kooxda Doolow tagtay ay ku biirtay Nasaaro oo sokeeyo iyo qaraabo ka dhigteen sidaasna ku riddoobeen oo

---
180 Combating Terrorist Centre: Hormony Project bogga 10
181 Scot Peterson. Me Against my Brother. Bogga 187

Nasaarada uga mid noqdeen. In xubno Itixaad ah dadka gaaleeyaan wax cusub ma ahayn. Laakiin labo arrimood ayaa hadalka sheekha ka cusbaa. Kow, in ruux sheekh Maxammed oo kale bannaan sidaas cad uga yiraahdo dadkaasu waa gaalo iyo labo in la yiraahdo xaasaskooda ha la guursado hantidoodana ha la boobo. Midda danbe waxaa ay ahayd mid waalli ah oo qof caadi ah aan ka suuroobin. Ka soo qaad in nin hadalkaas maqlay ku dhaqaaqo inuu guursado xaas uu qabo nin Doolow jooga gurigiisina qaato maxaa dhici lahaa? Soo labo beelood ha is layso maaha? Waa kuma Soomaaliga lagu qancin karo walaalkaa oo 40km jooga waa gaal oo xaaskiisa iyo gurigiisa nin kalaa qaatay diintaana sidaa tiriye ku qanac? Sida Dhoodaan yiriba *"Hadalka qaar dafiic ka dhigo iyo dawdar baa jira e"*.

Hadalkaan waxaa uu abuuray xiisad iyo xamaasad. Waxaa uu hub u noqday dadki Itixaad diiddanaa. Waxaa la faafiyay in haddii Itixaad aan la iska dhicin, nin walba reerkiisa iyo carruurtiisa hortiisa lagu qaadan doono. Itixaad waa dareemay dhaawaca hadalkaasu geystay. AUN- tee sheekh Maxammuud macallin Nuur, oo ahaa nin dabci macaan, ayaa maalmo kaddib qabtay muxadaaro kale. Ujeedka muxaadarada waxaa uu ahaa inuu dadka dajiyo. Waxaa uu sheegay inuusan jirin nin reerkiisa la qaadanayo. Sidaa oo kale waxaa uu sheegay in aysan gaalo u arag dadka Doolow aaday. Inkasta oo uu jeediyay hadal macaan oo milgo leh, saameyn badan ma yeelan oo kii hore dhaawacii uu geystay ayaa daboolay. Dadku waxaa ay u qaateen hadalka sheekh Maxammed xaqiiqda qarsoon ee Itixaad oo wadaadku afku ka xaday [182]. Cid kasta oo wax ka duwan u sheegta waxaa ay u arakayeen kuwo doonaya in ay qariyaan dhabta Itixaad ka aamminsan yahay bulshada uu la nool yahay.

Xaqiiqda waxaa u dhawaa hadalka sheekh Maxammed. Haatan oo 30 sano ku dhawaad laga joogo, Itixaad waxaa uu arkaa in uu Gedo kula dagaallamay gaalo. Markii uu hubka dhigay ee Ictisaam la baxay, waxaa lagu billaabay dhaliil iyo dhaleecayn. Goob walba oo ay ka hadlaan culimadii Itixaad, waxaa lagu weydiiyay in ay raalligalin ka bixiyaan dagaalladii ay Muslimiinta ku laayeen. Saddex dagaal ayuu Itixaad qirsanyahay inuu galay. Araare, Bari iyo Gedo. Labada hore waxaa ay si cad u sheegeen inuu ahaa khalad dhacay aadna uga xun yihiin dhiiggii daatay. Midka Gedo waxaa ay ku adkaysteen inuu ahaa jihaad

---

182 Itixaad isku aragti kama ahayn shacabka soomaaliyeed. Qaar ayaa qabay in dadku gaalo yihiin qaarna waa dhawaayeen. Kala duwanaanshaas seere ururku uma yeelin oo qolo walba markii ay iyadu hadasho waxaa ay ku hadli jirtay waxa ay qabto

xaq ah oo aysan la dagaallamin cid aan gaalo ahayn. Tani waxaa ay caddeyn u tahay in, sida sheekh Maxammed sheegay, Itixaad tagfiiriyay raggii Doolow galay iyo intii danbee raacday iyo cid walba oo taageertay. Haddii si kooban loo qorana ah wixii iyaga ka soo harey ee Gedo joogay in ay gaalaysiiyeen.

Is-kuhaankii Wadaaddada

لا تدعوا على أنفسكم، ولا تدعوا على أولادكم، ولا تدعوا على خدمكُم، ولا تدعوا على أموالكُم، لا تُوافقُوا من اللهِ تعالى ساعة نيْلٍ فيها عطاء فيستجيب لكم

Ha habaarina nafahiinna, ha habaarina carruurtiinna, ha habaarina kuwa idiin adeega, ha habaarina maalkiinna, ha waafaqina saacad samadu furan tahay oo markaas Eebbe idanka ajiibo ducadiina. Abuu Da'uud ayaa wariyay.

Xaddiiskaan Suubbanahu NNKH waxaa uu ummaddiisa uga digay in ay is habaaraan. Waxaa uu ka mid yahay axaaddiista Soomaalidu taqaan laakiin aysan ku dhaqmin. Caadi ayay u tahay waaliddiintu in ay carruurtooda habaaraan goorta uu dhirifsanyahay. Sidaa oo kale xoolo-dhaqatada ayaa habaar ku kilkila neefki dhiba. Deriska ayaa is huwiya habaar markii ay isqabtaan. Haddii aad balaayo ku habaarto deriskaada oo lagaa aqbalo ma jirto dhinac ay kaa maryso. Waxaa qayb ka ahaa difaaca Itixaad duco iyo Allabari ay joogta ka dhigeen duullaankii koowaad kaddib. Masaajidda ayaa shanta salaadoodba laga qunuudi jirey iyada oo cadowga la habaarayo. Ducadii ugu badnayd ee waagaas maalinlaha u bixi jirtay waxaa ay ahayd "Ilaahow daalimiinta daalimiin ku halaag". SNF ayay ula jeedeen daalimiinta waxaa ayna Eebbe waydiisanayeen in daalimiin meel kale ka timid ku halaago oo iyagana kaga filnaado.

Dhinaca kale, intii Itixaad ka soo horjeedday, oo culeys badan iyo hujuun dareemaysay, dhinacooda ayay ka wadeen habaar kaas la mid ah. Waqtigaan waxaa uu ku beegnaa markaan dugsiga ka tagay ee aan billaabay duur wareegga. Waxaan inta badan u dhaxeeyay Beledxaawo iyo Garbahaarreey, waqtiyo yarna waxaan tagay Luuq iyo Baardheere. Waxaan ku tukan jirey masaajidki markaas ii dhaw oo labada dhinac kaan la tukado dan kama lahayn. Waxaan xasuustaa in markaan tago masaajid ku yaal Garbahaarreey iyo mid ku yaal Beledxaawo oo ay kala haystaan Itixaad iyo Ahlu-sunna habaar isku nooc ah looga qunuudi jiray. Mid walba waxaa uu lahaa

اللهم اهلك الظلمين بالظالمين و اخرجنا من بين ايديهم سالمين

"Ilaahow daalimiinta daalimiin ku halaag innagana nabadgalyo nooga dhexsaar" iyaga oo midba kan kale ula jeeday daalinka. Isma aysan waydiin haddii mid ka mid ah cadow lagu sallado siduu kan kale uga ammaan heli doono maaddaama aysan suurogal ahayn in midkood dhulka ka guuro. Labadiiba Ilaahay waa ka aqbalay oo mid walba daalim uusan iska celin karin ayaa lagu salladay, caaqibadii kuhaankana waa tu ilaa maanta gobolka halakaynaysa.

Duullaankii Labaad iyo Bilowgii Bahalnimada

Itixaad waxaa uu ku dedaalay inuu ka hortago weerar uga yimaada Doolow. Dhawr jeer ayuu weerar ba'an ku qaaday halkii lagu tababbaray ciidankii SNF. Marar dhawr ah waxaa ay ku guuleysteen in ay soo saaraan qaar ciidanka ka mid ah. Laakiin tallaabooyinkaas waxba ma baajin. 12-kii Juun 1997-kii, toban bilood kaddib weerarki hore, ayay mar kale Xabashi soo weerartay Gedo. Markaan waxaa la socday ciidammo Soomaali ah. Sidaa oo kale, waxaa uu ahaa mid ay qayb ka ahaayeen madaxdii SNF. Ciidammada Itoobiya taageero ayay ahaayeen ee ciidanki Doolow ayaa carrada qabsaday. Goortaan Jaalle Cumar wuu sheegtay inuu isagu gobolka qabsaday waxaa uuna si weyn u beeniyay in ay ciidammo Xabashi ah gacan siiyeen. SNF ayaa si buuxda gacanta ugu dhigtay magaalooyinka Gedo. Itixaad, oo uusan hal askari ka maqnayna waxaa uu tagay bannaanka magaalooyinka. Waxaa billawday isreereeb nooc cusub ah. Madaxdii SNF waxaa ay masaajiddi Itixaad ku wareejiyeen wadaaddo Ahlu-sunna ahaa. Mid ka ahaa culimadii loo dhiibay masaajidda ayaa iigu warramay sidaan [183]:

> Khamiistii Beledxaawo la qabsaday Jumcadii ku xigtayba waxaa noo yimid Cumar Xaaji iyo Axmed sheekh Cali (Buraale). Waxaa ay dhaheen yeeli mayno in Jumcooyinku u baaqdaan maqnaanshaha

---

[183] Waraysi aan la yeeshay Sheekh Ibrahim Axmed Nuur Jun 8 2021

Itixaad. Waxaa ay noo shegeen in masaajidda maantaba khudbooyinka laga akhriyo mid walba loo yeelo Imaam joogta ah. Aniga waxaa la igu qoray masjidka Nuurayn. Dhawr asbuuc ayaan imaam ka ahaa khudbooyinkana aan ka akhrinayay. Markii danbe Itixaad ayaa arbush iyo habayn weerar billaabay. Lafahayga ayaan u baqay waxaa aana iska aaday Xamar. Sidaas ayaanba gobolka uga tagay oo dib ugama noqon booqasho ma ogiye ilaa maanta.

Cabsida soo foodsaartay wadaadkaas waxay ahayd mid dhab ah. Itixaad isla markii uu bannaanka tagayba waxaa uu la soo baxay waji arxandarro lagu marriimay. Weerar gaadmo ah iyo jidgooyo ay dadka baabuurta kala degaan ayay billaabeen. Asbuuci gobolka laga qabsadayba, waxay gaari kala degeen AUN-tee Cabdiwahaab Cabdullaahi Warsame [184] oo ka mid ahaa saraakiishi hore ee Xoogga Dalka. Cabdiwahaab waxaa uu ahaa nin qunyarsocod dantiis aqood ah. Aad ayuu isaga ilaaliyay in lagu xagliyo SNF iyo koox gaar ah. Intii ay dawladdu jirtay, waxaa uu ahaa taliye xero ciidan. Kala cararkii waxaa uu la soo baxay gawaari koox ah oo ciidanku lahaa. Markii hore Ceelwaaq ayuu yimid. Kaddibna Beledxaawo. Waxaa uu aamminsanaa in hantidaasu tahay mid dawladeed dhawaanna ay soo noqon doonto dawlad kala wareegta. Sidaas ayuunsan hal gaarina uga iibsan waqtiyadii dhibka lacag la'aantu dadku wada gaartay. Sidaa oo kale, waxaa uu diiday in cid u isticmaasho dan gaar ah. Gurigiisa ayay ku xeraysnaan jireen iyada oo aysan cidna intifaacsan. Ninkii sidaas ahaa ayay Itixaad jidka u galeen isaga oo Garbahaarreey usii socda. Dadkii la socday oo dhan inta sii daayeen ayay keligii si arxandarra ah u gowraceen gaarikiina gubeen (Shabaab waa looga horreeyay gawaari gubidda). Kaddibna u quuri waayeen in ay maydkiisa aasaan oo maalin kaddib ayaa gurmad Garbahaarreey ka baxay maydkiisi ka helay Qabri-shiikh meel u muuqata. Ficilkaas iyo kuwo dhawr ah oo ka danbeeyayba waxaa ay caddayn u yihiin inuusan jirin farqi la taaban karo u dhaxeeya Shabaab iyo Itixaad. Keliya waxaa kala duway waa in waqtigii Itixaad uusan jirin isgaarsiinta maanta oo ficilladooda aysan dadku wada ogaan karin. Iyo sidaa oo kale, xanuunka gaaray Itixaad uu ka yaraa midka Shabaab la gaarsiiyay. Itixaad isaga oon aad u xanuunsan, hadduu gowrac iyo maydka oo bannaan lagu tuuro sameeyay, waxa uu samayn lahaa way caddahay haddii waxa Shabaab lagu hayo lagu qaadi lahaa.

---

184 Waxaa lagu naanaysi jirey Shaarubbahaygaan ku dhaartay. Waa naanays waa hore u baxday laakiin uu diidi jirey waayadii danbe. Laakiin waxaa uu lahaa shaarubbo weyn taas oo ay dhici karto inuu sababsaday!

Xeradii Doolow iyo mar kale

Markii Itixaad dagaalkiisi u beddelay jidgooyo, miinayn iyo weerarro gaadmo ah, waxaa ay noqotay in SNF dadka ugu yeerto in gobolka laga wada saaro Itixaad. Taasi waxaa ay u baahatay ciidan dheeraad ah. Si hadafkaas loo gaaro waxaa la billaabay in la xareeyo ciidan cusub. Itoobiyaanka oo qorshe labaad u qarsoonaa ayaa iyaguna dabada ka riixayay in Itixaad la is raaciyo. Waxaa ay SNF u sheegeen in ay u tababbari doonaan ciidan kumannaan ah. Dhallinyaradii gobolka, oo markaan quus nololeed soo wajahday, ayaa fursad u arkay askaraynta loogu yeeray. Saqiir iyo kabiir waxaa la isku shubay xerada Doolow. Qoraha buuggaan ku horyaal waxaa uu ka mid ahaa dhallinyaradii halkaas tagtay. Sababtii uu u tagay iyo intuu joogay waxaa uu ku faahfaahiyay buuggiisa *Kaynaan* [185]. Sidii ay u muuqatay xeradaas iyo wixii yaallay ayaan ka soo xigaynaynaa *Kaynaan*:

> *Dadka xarooday waa kuwo xamaasad, qiiro waddaniyad iyo shucuur dal jeceyl muujinaya. Aroortii hore markii gaardiga loo kiciyo waxaa ay qaadaan heesihii loo allifay kicinta dhiigga dhallinyarada si ay dalkoodii Soomaaliweyn u raadiyaan. Waxaa si wadajir ah loogu luuqeeyaa iyada oo jaanta la isla helayo:* dhaqaajiya dhiigga dhallinyaradaay, dhurwaaga dhulkeenna ka soo dhiciyaay. *Dhurwaagu awal waxaa uu ahaa cadowgii ku habsaday dhulweynihii Soomaaliyeed ee kala gooystay. Maanta cadowgii isaga ahaa ayaa garaacaya muusigga lagu qaadayo heesta. Isaga ayaa tababbaraya dhallinyarada la doonayo inay dhulkooda cadowga ka nadiifiyaan. Cadowgi heesta loo allifay ayaa hadda ah saaxiibka. Saaxiibkii ehelka iyo walaalka ahaa ee dhulka maqan iyo kan la joogaba wada lahaa ayaa hadda ah dhurwaaga dhulka laga soo dhigayo. Waa duni minjihii loo rogoo madaxu hooseeyo!*

> *...Askartaan cusub ee la diyaarinayo waxaa la geeyaa bannaan ku yaal Doolow. Lama siiyo dhar ciidan. Ruux walba labbiskii uu ku yimid ayuu xerada ku joogaa ilaa laga gaaro waqtiga hubka loo qaybiyo ee dagaalka loo qaadayo. Dhallinta meesha joogta awalba ma lahayn dhar badan oo ay isku dhaaraantaan haddana waaba ka soo fogaadeen.*

---

185 Buug yare aan la daabicin oo ka warramaya safarro iyo dhacdooyin soo marey qoraha buuggaan

Kan ugu fiican ayaa inta uu xiranyahay hal joog u weheliyaa. Xeradaas waa mid uskag caan ku ah. Waa mooro injir iyo xarashaad kale ogaada aadanaha ku diirato. Maalmo gudahood markii aad timaaddo waxaa ogaada iyo dharkaba xeryo ka samaysanaya injir. Si loo dilo waxaa la kariyaa dharka. Waxaa aan indhahayga ku arkay dhallinyaro tobannaan ah oo intooda badan aan aqaanno oo inta dabagaabyo isku reebay dharkoodii dharyo biyo ah oo falfalaya ku ridaya. Waxa la karinayo raashin iyo hilib maaha ee waa injir.

Gaajadu waa iska caadi. Gasiinku waa qamadi dhacay oo dhiqliha iyo isagu isla egyihiin. Qamadigaas ayaa la kariyaa afar iyo labaatanki saacba mar. Waxaa lagu kariyaa fuusto gobolooyin dhawr ah. Saas oo ay tahay dadka xerada ku jira ma gaaro. Isaga oo dabka saaran ayaa lagu billaabaa mir la bax iyo dhurasho. Markii uu bislaado, kala bar ayaa la cunay dhulka isaga oon saani u taginna waa lagu kala baxaa. Markaas uu karayo haddii aadan joogin waad qadi berri saacaddaas oo kale ayaadna sugan. Waa la is yara dhaamaa oo dhibkaas dadka ugu badan ee uu ku dhaco waa dadka cusub ee aan wali tababbar rasmi ah loo furin. Kuwa la diiwaan galiyay ee tababbarku u socdo iyagu qamadigaas waxaa u raaco daafi subixi labo xabbo kiiba laga siiyo. Daafidu waa mid madow oo laga sameeyay bur [186] *dhacay. Burka dhacay ee dhiqlaha leh Afrika waa ka caadi laakiin waa la shaqshaqaa oo qashinka iyo bahallada dhintay ee ka buuxa ayaa laga reebaa. Middaan sidaasi maaha. Indhahaagu waxay qaban daafi bisil oo rag u faraxashay oo uu dhex jiifo dixiri fartaada ka dheer. Inta la iska fujiyo ayaa la cunaa. Daafidaas ayaa la iska shaxaadaa. Haddii aad qof ka taqaan ragga diiwaankaas ku jira aroor hore ayaad ag fadhiisan si uusan kaaga hor cunin. Labada xabbo ee la siiyo ayaad gacanta la galin haddii uu gob yahay oo uusan kaala dhuuman. Qofkii shilimaad jeebka ku watay markii uu imaanayay, dhowr bari ayuu awoodi inuu maqaahiyaha ku yaal Doolow Addow wax uga soo cuno. Dhinaca la joogo ma leh meel xataa wax laga cuno. Meelaha yare ee u furan shaaha kama cabbi kartid oo intii ku taqaannay ayaa hal mar kugu soo xoomi. Sigaar ii iibi iyo shaah iga bixi ayaa lagugu boobi.*

---

186 Waxaa la ii sheegay in laga sameeyo geed la yiraahdo daf ee aan bur laga samayn. Laakiin wixii laga sameeyayba isagoo bahallo galeen ayaa la karin jirey

Xaqiiqdi maalinta aad timaaddo ayay inta ku taqaan ku baaran. Waxaan taagnaa maalin uu u yimid wiil reer Garbahaarreey ah oo koox inta ku soo xoontay dharka oo dhan ka siibeen si aysan jeebkiisa gaag uga tagin. Uskaggaas, gaajadaas iyo foolxumada halkaas taalla arki maysid qof ka cabanaya. Dhallinyaradu waxaa ay leeyihiin mooraal sarreeya, hididdiilo iyo himilo aad moodda inay jidkii guusha u horseedayso. Urur hebel asbuucaan ayuu baxayaa, horin heblaayo tababbarki ayaa loo soo xiray, koox hebla beri danbe ayaa la diiwaan galinayaa; Fartaag[187] ayaa imaanayo iyo maanta ayaa Doolow Addow lagu arkay ayaa ahaa hadal haynta ugu badan ee xerada taal.

Markii tababbarku dhammaado waxaa loo qeybiyaa direys cusub. Askari walba tuute iyo kabo buud ah ayaa loo geshaa. Jeysh dawladi leedahay oo wajib gudanaya ayaa loo ekeysiiyaa. Waa la dhaariyaa oo inta aan qoriga loo dhiibin ayaa Kitaab midigta loo geliyaa. Waa kuwaa safafka ku jira ee sheekh Xuseen Taltaliini[188] mid mid ugu yeerayo. Waa iyagaa kitaabka midigta saaray ee erayada sheekhu leeyahay ka daba dhahaya. Waa iyagaa Eebbe hortiisa ugu dhaaranaya in ay daacad ugu shaqayn doonaan dalkooda iyo dadkooda; in ay cadowga la dagaallami doonaan iyo in aysan iibsan doonin qoriga loo dhiibay!

Cumar Xaaji Alle ha ka Sawaabiyo

Qabsashadii SNF waxaa ay la timid isbeddel xagga dhaqanka ah. Itixaad haddii la saaray, wixii uu wanaag hayay halkiisi lagama sii wadin. Xaqiiqdi dad badan ayaa u qaatay shacaarkii Diinta iyo salaaddi oognayd mid Itixaad gooni u lahaa. Kuwii Itixaad raacay ama isu muujiyay in aqbaleen dacwadii Itixaad, maalmo gudahood mooryaanta ayay ka mid ahaayeen intooda badan. Waxaa yaab lahaa in Luuq oo afar sano dacwo toos ah, wacdi, waano iyo qasabba la isugu daray ay ka mid noqotay meelihii ugu horreeyay ee u dhaqmay sii dad la xoreeyay. Sidaan soo sheegnay Beledxaawo si buuxdo uguma jirin gacantii

---

187   Cabdullaahi sheekh Ismaaciil (Fartaag) waa xubin haatan ku jirta aqalka sare ee dalka. Waqtigaan wuxuu ahaa ninka qaabbilsan qaybinta hubka

188   Sheekh Xuseen Taltaliini waa sheekhii dagaal ku billaabay markii Salafiyadu Gedo timid 1980aadki. Doolow ayuu tagi jiray si uu dhaariyo ciidanku Itoobiyaanku tababbaray.

Itixaad. Wacdi iyo waano ma ogiye qasabkii Luuq ka jirey kuma aysan hayn Beledxaawo. Saas oo ay tahay dadkii reer Beledxaawo ee diin ahaan u raacay Al-Itixaad ayaa ka badnaa intii Luuq ka raacday. Tani waa tusaale dhab ah iyo cashar cibro ku filan. Sida aysan qoolleey biyo qoor qabasho ugu cabbin ayuu aadanuhu qasab caqiido ugu qaadan! Luuq iyo meel kalaba dadkii waxaa ay u dhaqmeen sidii iyaga oo xarig looga hayay wax wanaagsan. Xumaan badan ayaa la dhex dabbashay. Biibitooyinkii Qur'aanka lagu furi jiray heeso qaraami ah ayaa laga daaray. Gabdhihii gadi jirey ee tin iyo cirib daahnaa, iyaga oo waji furan ayay u adeegayaan wiilal qayilaya. Maalmo gudahood wax walba cayn kale ayay yeesheen. Ma dadkaa sida u samaysan mise iimaankii iyo islaannimadi muuqatay Itixaad cabsi laga qabay ayay ahayd!

Intii Itixaad joogay gobolku waxaa uu haystay nabad. Dhinaca ay iyagu haystaan iyo kan kalaba lagama aqoon isbaaro, dhac iyo dil toona. Muqaaddaraad qaad ka weyn dhegaha dadku ma maqli jirin. Laakiin waqti yar gudahiis wax walba ayaa is beddelay. Amnigii ayaa gacanta ka baxay. Askartii Tigreegu soo tababbaray kama aysan soo qaadan layli ciidan oo keliya ee waxaa ay, sidaa oo kale, kala yimaadeen wax alla wixii xumaan gaal lahaa oo aan ka ahayn gaalnimo. Intooda badan daroogo noocyo badan ayay la yimaadeen. Dhac iyo afduub ayay ka billaabeen magaalooyinkii ay Itixaad ka saareen. Tujaarti caanka ahayd ee Beledxaawo ayaa noqday mashiin kaashka loo doonto markii la bar go'o. Dhibkaan madaxdii SNF wuu gaaray in ay ka hortagaanna waa ay isku dayeen. Labo mooryaan, oo dhaca iyo baadda shacabka looga tag waayay, ayay maalin cad Beledxaawo ku toogteen. Laakiin mushkiladdii amni la'aanta iyo dhaqan xumadii sidaas kuma istaagin sababo badan awgood.

Ciidankii cusbaa ee lagu xareeyay Doolow lagama fekerin in jidkii hore laga leexiyo. Malaha maba jirin cid xumaanta iyo samaanta ay u kala soocnaayeen oo halkaas tagtay! In ay jirtay u badan. Laakiin waxaa la ogaa in qof caadi ah oo caqligiisu taam yahay uusan qori u qaadanayn laynta dadkiisa iyo garabsiinta Xabashida. Sida keliya ee lagu heli karay laguna sii hayn karay ciidan tiro badan oo aan waxba hanbayn, mushaar qaadan, daryeel haysan waxna aan diidin, waxaa ay ahayd in jidka xumaanta loo banneeyo. Foolxumadii ka muuqatay mooryaanta kama badbaadin kuwii ahlu-diinka ahaa ee Doolow galay oo qaar badan ayay salfatay. Mar kale aan soo amaahanno *Kaynaan* iyo qoruhu waxa uu goobjoog u ahaa:

Waxaa aan arkaa dhallinyaradi daan ku labeennada ah oo maalin walba xerada soo galaysa iyo carruurta qaarkood toban jirka yihiin ee raxan-raxanta loo soo xaraynayo. Waxaa ii muuqda xertii kutub akhriska iyo culuumta ku mashquulsanayd oo la dagaallanka injirta ku fooggan. Qaar dhaqsaba waa kuwa sigaarka dhuuqaya. Qaar ayaamo gudahoodba waa kuwa karkaarka waydaartay.

Wiilashi sidaasi seeraha ku gooyay waxaa ka mid ahaa wiil aan ugu yeeri doono Faysal. Faysal waxaa uu Garbahaarreey yimid isag oo qiyaasti jira 8 sano. Waxaa uu ka mid ahaa ardaydii ugu horraysay ee Sheekh Xuseen-dheere uu Naxwaha u billaabay. Waxaa uu ahaa wiil xaafid ah, fariid, firfircoon oo aad u cod quruxsan. Isaga oo sidaasi u da' yar ayuu la fadhiisan jiray culimada waaweyn kuna tirsanaa xerta sare ee sheekha. Ayaamo kaddib waxaa laga dhigay mu'addimka masaajidka jaamaca ah ee Garbahaarreey. Faysal waxaa uu ka mid noqday wiilashi Doolow u yimid inay ku qaataan tabbabar ciidan si ay dalka uga saaraan Itixaad oo ay u arkayeen mid beddelayo caqiidadoodi toosnayd.

Faysal firfircoonidi iyada ahayd ayuu halkan la yimid. Markiiba raggiisi wuu ka dhex muuqday. Nasiibdarro waxaa uu bartay balwad. Jaad iyo sigaar ayuu isku daba-daaray. Waxaa la ii wariyay inuu kaniin iyo maandooriyayaal kale ku daray. Markii Itixaad Beledxaawo laga saaray, xaruntii Wakaatu-Raxma, oo ahayd hay'ad khayri oo Sacuudiga laga leeyahay, waxaa saldhig ka dhigtay saraakiishi ciidanka SNF. Faysal waxaa uu ka mid noqday, markii uu tababbarkii soo dhammaystay, dhalintii xarunta cusub waardiyaha looga dhigay. Habayn ayuu aad u mirqaamay, malaha, xoogaa kalana, waa uu ku daray. Goor fiid danbe ah, oo cishe la dhaafay, ayuu addin la istaagay illeen waa shaqadii uu qaban jiraye. Malaha waxaa ay ula muuqatay inuu masaajid ku jiro oo salaaddii subax la joogo.

Meesha waxaa ku qayilayo saraakiishi ugu sarraysay ciidanka SNF. Waxaa ku jira ragga fadhiya nin la yiraahdo Cali Warsame Xirsi oo Cali-Xuunsho ku magac dheer. Cali waa guxuushaa, kaftamaa sheekayahan ah hadal tuurna leh. Haddallo badan oo la kala wariyay ayaa laga guntay. Waxaa uu arkay Cali in wiilku khadka ka dhacsan yahay. Waxaa u sawirmay sidii wiilku ahaa bilo ka hor, wadaadnimadiisi iyo toosnaantiisi. Waxaa u muuqday gurbaankii loo garaacay iyo sida uu caawa yahay. Dhibka wiilkaas gaaray in cid wax laga waydiin doono isaga oo tilmaamaya ayuu yiri, markii aaddinkii dhammaaday, "Cumar Xaaji Alle ha ka sawaabiyo". Macnaha ajar iyo shar kii laga helaba hawshaan wiilkaan Cumar Xaaji ayaa galiyay ee miraha wax ha ka qaybsado. Middaasi goob jog uma ahayn ee maqal ayay igu soo gaartay. Laakiin mid aan waxba dhaamin oo uu kacay Faysal ayaan marag ka noqday saddex sano kaddib xeradii Doolow.

Anigu waxaan xerada (Doolow) ka tagay Faysal oo xaraysan. Gadaashay ayuu xerada ka baxay oo beerta galay. Saddex gu' kaddib ayaan Garbahaarreey ku soo laabtay aniga oo ka imid Nayroobi. Marka aan imaanayo, Faysal wali wadaad ayuu ii yahay. In yar markii aan joogay ayaan tagay aroos magaalada ka dhacay. Darso dhis ah oo Faynuus weyn laga shiday bay dhallinyaro isugu timid. Arooskii iyo aroosaddii ayaa fadhiya. Kuray ayaa heesaysa muusig qasacado ahna waa loo garaacayaa. Faysal ayaa soo kacay. Si xooggan ayaa loogu sabciyay. Illeen ma ogiye wiilku waa fannaan la jecel yahay. Waxa aan arkay ayaan ka shikiyay. U soo dhawaaday oo hubsaday. Taqsiin ayaaba ugu jirta. Waaba kan hees lala wada dhacay qaaday. Anigu heesaha waan dhagaystaa markaa dhibna uma arkayn in la heeso. Balse waxaa iska caadi in heesuhu aysan ahayn shaqo culimo. Waxaan liqi waayay in Faysal beledkii uu ka addimi jiray uu ka heesayo. Halkii wadaadka looga yaqaannay, sheekhiisi joogo, xertiisi iyo culimadii wardigu kulmiyay iska soo hor baxayaan maalin walba in sidaan uu ku yahay waad garan kartaa xaaladda nololeed iyo maskaxeed ee Faysal uu ku jiro. Waxa sidaas Faysal sarriig la'aanta uga dhigay waa muqaaddaraadka uu sida waallida ah isugu wado. Tani waa hal tusaale oo keliya ee tobannaan la mid ah ama ka sii xagjirsan ayaa la arkay oo laga dhexlay xeradii Doolow.

Xabashidu markiiba iskuma qaadin in ay qabsato gobolka. Waqti ayay siisay uu dadku ka dhinto dareenka iyo dammiirka. Malahayga anshax xumada faaftay waxaa ay ahayd mid ay ugu talogashay oo ay ku doonaysay in ay dadnimada kaga disho dhallinta iyo inta iyada ku xiran. Shacab daroogo dilootay iyo madax marqaasan markii ay isla heshay ayay si dhab ah gumeysi u billawday.

Xaaladdii Gobolka Gumeysiga Tigreega ka Hor

Inta aannan gudagalin gunnimadii la taabay waxaa ila habboon inaan soo koobno sida uu gobolku ahaa intii aysan Tigreegu soo gelin si aan u helno sawir dhab ah oo na garansiiya xajmiga halaagga gacmaha lagu doontay. Sida aan horey u soo sheegnay gobolku waxaa uu u qeybsanaa waqooyi iyo koonfur. Dhinaca koonfureed waxaa ku xoogganaa SNF halka dhinaca kale ahayd halkii Itixaad ukumo dhigtay. Dhaqaale ahaan, guud ahaan gobolku wuu liitay waxaa uuna la qabay dalka intiisa kale. Qoraha buuggaan waxaa uu ka mid ahaa carruurti gobolka joogtay waqtigaas kuna barbaaray xaaladdaas adag. Aan mar kale soo amaahanno buuggiisa *Kaynaan*:

> *Gobolku waxaa uu u qaybsanaa labo. Qaybta Waqooyi waxaa haystay ururki Al-Itixaad. Degmooyinka Luuq iyo Beledxaawo ayay saldhigyo waaweyn ku lahaayeen. Meelaha uu Itixaad haystay waxaa ka jiray maamul ay iyagu Imaaro ama Wilaayo u yaqaanneen. Maddaaris carruurta lagu baro diinta iyo xeryo ciidanka lagu tababbaro ayaa ka jiray. Amni iyo nabad iyo dhaqaale fiican ayaa lagu haystay degmooyinkaas. Waxaa ay ahaayeen magaalooyin cammiran oo indhaha u roon. Dukaamo cammiran, maqaayado buuxa, jidad sheemo ah iyo arday direys xiran oo raxan-raxan u socda ayaad ku il-doogsan inta aad joogto. Waxa keliya ee aad dhibsan kartay waxay ahaayeen ciidan hubaysan, oo jaakado waaweyn xiran waqti kuleyl lala socon la'yahay, oo jidadka kooxo u socda. Qaar, ciidanka ka mid ah, afka ayaa u duuban oo garan maysid waxa ay yihiin. Cidda ay iska qarinayaan iyo sababta ay isu qarinayaan midna ma ahayn wax qof bannaanka ka ah ururka uu ogaan karay. Isha hoos kaga xad oo orad ku dhaaf ayaa lagula joogay.*

> *Dhinaca Koonfureed ee Gobolka waxaa xoog ku lahaa taageerayaasha ururka SNF... Hayeeshee labada daamood ee gobolka nabad ayaa taallay. Ma dhici jirin inaad aragto dad hub suuqyada ku sita degmooyinka SNF-tu joogtay. Qariib ayay ahayd inaad maqasho*

xabbad dhacaysa. Dilku aad ayuu yaraa haddiiba uu dhaco. Sida daanta Itixaad xukumay oo kale, wixii dil ah ee dhaca dhinaca SNF kitaab Eebbe ayaa loo bandhigi jirey. Ugu yaraan waxaan xasuustaa labo dhacdo oo niman dad dilay lagu qisaasay. Qisaastaas ayaa nabad badan keentay iyo in la waayo wiil qori la qarqaraya oo dadka kibir ku laaya. [189]

Dr Cumar Iimaan isna waxaa uu yiri markuu ka hadlayay xaaladdii gobolku ku jiray Xabashida ka hor:

> *Gobolkaan [Gedo] waxaa lagu dhaqay shareecada... waxaa sugmay amnigii, waxaa toosay noloshii, dadkii waxaa u badbaaday, nafafyaashoodi, sharafkoodi iyo nasabkoodi... Maamulkaan [Itixaad] waxaa uu suurogaliyay in badan oo ka mid ah adeegyada bulshada sida iskoollo iyo waxyaabo kale. Dugsiyadii ugu caansanaa waxay ahaayeen Salaaxuddiin [Luuq] iyo Khaalid bin Waliid [Beledxaawo]. Ardaydii dhiganaysay labadaan dugsi waxaa lagu qiyaasay wax kun ka badan waqtigaan oo ahayd goor inta badan degmooyinka Soomaaliya aysan hal dugsi xataa lahayn. Sidaas oo kale, waxaa ay suurogaliyeen xarumooyin agoonta lagu xannaaneeyo oo Wakaalatul-Raxma gacanta ay ku haysay... Waxaa ay dhistay [Wakaaturraxma] masaajid, maddaaris Qur'aanka lagu xafido...*

Waxtarkaas ma ahayn mid dad gaar ah u muuqday ama taageerayaasha Itixaad ay buunbuniyeen. Dhabtii waxaa ay ahayd mid gaal Islaanba uu wada qiray. Kor waxaan ku soo marnay sidii ay AMAREF u ammaantay aminiga Luuq iyo shaqada wacan ee taallay Isbitaalka degmada. Ken Menkhaus, oo ahaa ninkaan ka soo xigannay hadalka AMEREF waxaa uu mar kale yiri markii uu ka soo warramay waxyaabihi Itixaad hirgaliyay "... *waxbarasho bilaash ah ayay bixiyeen laakiin waxay ku baxayeen afka Carabiga manhajkuna waxaa uu ahaa Islaami.*"

Isu socodka dadka ayaa ahaa mid sarreeya. Dhammaan degmooyinka gobolku waa isu furraayeen. Dhinacii aad ugu safartaba ma jirin isbaaro jid taal iyo mooryaan dariiq taagan iyada oo koonfurta Soomaaliya isbaarooyinku

---

189   Kaynaan waa buug yare aan wali la daabicin oo qoruhu ku aruuriyay dhacdooyin yaab lahaa nolosha ku soo maray iyo safarro uu galay wixii uu kala kulmay

isu muuqdeen. Xataa lama aqoon baro koontaroolla ah oo baabuurta lacag looga qaado. Inta aad Baardheere ka dhaqaaqdo ayaad Beledxaawo (200KM) tagin adiga oo aan wax cabsi amni iyo mid isbaaro toona qabin. Daroogo iyo balwad dadka dilootay ma jirin markii laga reebo qaadka. Tumasho iyo fawaaxish bareer ah tuke cad ayay ahaayeen. Wiilal iyo gabdho isku maran iyo wax waayeel ka wiswiso gobolka oo dhan lagama aqoon. Taas oo lagu soo koobi karo in gobolku haystay amni xaali ah, nolol qabow ciriiriba ha ahaatee iyo akhlaaq sarraysa.

Gumeysigii Tigreega

Dabin buu idiin qoolayaa waydin dagayaaye
Dirhamkuu idiin qubahayaad dib u go'áysaane
Marka hore dabkuu idinka dhigi dumar sidiisiiye
Marka xigana daabakhaada yuu idin dareensiine
Marka xiga dushuu idin ka rari sida dameeraha 'e
(Sayid Maxammed cabdille Xasan)

Fisqigaga faafay, Qur'aankii heesaha lagu beddelay, wardi ku soo jeedkii daroogo ku dhafarka lagu doorsaday iyo amnigi cabsida la dhaafsaday intuba waxaa ay ahaayeen i qarso iyo fardo kula carar markii loo eego xaaladdi uu gobolku galay. Goortii Amxaaradu xaqiijisay in dadkii qiimaha lahaa gobolka ka haajiray, akhlaaqdi dhimatay, daroogadi faaftay, inta dadka hortaaganna ay tahay in iyada hoos joogta ayay jeenigeedii kala bixisay. Milaygii ay mashruuceeda ballaarin lahayd ayaa la gaaray. Amar ku taaglayn toos ah, canshuur- qaadid iyo gumeysi dhab ayay soo rogtay. Odayaashii iyo madaxdii ayay billawday in ay suuqa ku uleyso si loo muuno dilo [190]. Oday ama siyaasi dadka oo arkaya suuqa wiil Tigree ah ku garaacay sida uu berri dadka ku hor imaado ma ahayn mid fudud. Waxaa ay hurisay dagaal sokeeye kii ugu foosha xumaa. Madaxdii hoos joogtey ayay midba gooni dhabarka uga taabatay iyada oo leh "orad kuwaas karbaash adaan kula jiraaye."

---

190 Rag badan oo caan ah ayaa la ii magacaabay. Qaarkood dad igu yiri waan arkaynay iyadoo Tigree uleynayo ayaa iiga warramay. Haddana waxaan doortay in aanan magacyo qorin. Waayo ma doonayo in aan ceebeeyo odayaal iyo siyaasiyiin maalin sidaas u fadeexoobay, sheegiddooduna buugga wax badan ku kordhin mayso.

Bartamihii 1998-kii dadkii reer Gedo oo tahli waayay dhibaatada haysata ayaa isku dayay in ay dhammeeyaan khilaafka dhexdooda ah. Ceelcadde, oo qiyaastii 60Km dhinaca Koonfureed Garbahaarreey ka xigta, ayay isugu tageen Itixaadkoodkii, SNF-toodii iyo Odayaashoodiiba. Waxaa ay ahayd goor lagu jiray xaalad adag. Itixaad waxaa uu miineeyay jidadka ugu muhiimsan ee gobolka isku xira taas oo sababtay cunto la'aan iyo maciishaddi oo kacda. Intaas kuma ekayne, sida Shabaab maanta yahay, ayay dadka gawaarida kala dagi jireen oo aqoonyahanno u bireeyeen in ay hay'ado u shaqeeyaan keliya. Ragga sidaas lagu diley waxaa ugu magac dheeraa AUN-tee Bile Shuuke oo ahaa injinneer. Gaajo, cabsi iyo wax walba oo nafta u daran ayaa ku kulmay Gedo. Intii gobolka joogtay iyo qaar qurbaha ka yimid waxaa ay isla garteen in aan sidaan lagu sii jiri karin. Shirkaas waxaa ka soo baxay natiijo wax ku ool ah. Itixaad inuu miinooyinka saaro, dadka nabad galiyo nolosha magaalooyinkana dib ugu soo laabto ayaa la isla gartay iyaga oo aqoonsanaya in SNF ay tahay midda matasha deegaanka (waa intii laga baryayay tan shagaashankii).

Hasayeeshee arrinkaan waxaa uu ka caraysiiyay Itoobiya oo ujeedkoodu ahaa dagaal aan dhammaan iyo dulli lagu waaro. Dedaal badan ayaa la sameeyay in Tigree la qanciyo ilaa Itixaad fool ka fool ugu tageen oo shirar la qaateen madaxdi Itoobiya ku matalaysay gobolka. Sheekh Xuseen Guuleed Aadan Deer, oo ahaa taliyihii ciidanka Itixaad inta aysan Tigreegu burburin, ayaa luguhiisa ugu tagay Xabashida si xal loo gaaro. Waxa laga baryayo Tigreega waa dadka gobolka deggan u oggolaada inuu heshiiyo. Ogow waxaa soo maray raggaan maanta baryootanka ku jira maalmo cid kale aysan fasax uga baahnayn, sideey doonaan u shiri kareen, waxa ay doonaanna ku heshiin kareen haddana ay heshiin waayeen! Heshiis iska daaye isu imaada laga waayay. Cadowgii ay iyagu keensadeen ayay goortaan ka baryayaan inaan noolaanno noo oggolaada. Halgankii dheeraa ee ay galeen mirihiisu ayaa caynkaas noqday. Wixii loo halgamay miyaanay gunnimo ahayn?

Tigree markii ay xaqiiqsatay in dadkaanu nabad rabo, dagaal Itixaad la yiraahdana soo xirmay, ayay u hawl gashay sidii mid waji kale leh ay u abuuri lahayd. Sida aan soo sheegnay guddoomiyaha SNF AUN-tee mudane Cumar Xaaji ma ahayn nin gobolka ku nagaada sida dhiggiisa Itixaad ahaaba. Labaduba ma aysan joogin shirarkaan gobolka nabadda loogu raadinayay. Dhinaca SNF waxaa joogay rag badan oo uu ugu tun weynaa AUN-tee Dr Cali-Nuur Mukhtaar oo ahaa ku xigeenki Cumar Xaaji. Cali-Nuur aad ayuu u rabay nabad dhab ah dedaal badan ayuuna galiyay in heshiishkii Ceelcadde meel maro. Hasayeeshee, rabitaankaas waxaa yeelan kara qof xor ah. Xabashi ayaa u yeertay Cali-Nuur "waxayna ka dhaadhiciyeen in uu heshiishkii Ceelcadde ka noqdo, lagana dhigo ninka beddelaya Cumar Xaaji oo xujoobay. Datoor Cali-Nuur sidii Xabashidu rabtay intuu yeelay ayuu meel fageere ah kaga dhawaaqay in uu ka noqday heshiishkii Ceelcadde ee uu fulintiisa u ol'olaynayay" [191]. Inta aysan Cali-Nuur u soo bandhigin qorshahaan waxaa ay ula tageen Xasan-Deer oo aan soo sheegnay inuu ahaa ninkii soo xiray dowliska xiriirinayay SNF iyo Itoobiya. Sanaddii 2001-di markii xabsiga laga soo daayay ayuu waxaa uu Nayroobi ugu warramay dad badan. Maxammuud Aadan Shire oo halkaas joogay ayaa ii sheegay inuu yiri Xasan-Deer "Xabashida ayaa ii yeertay. Waxaa ay igu yiraahdeen waxaan kaa dhigaynaa madaxa siyaasadda ee Marreexaan oo Cumar Xaaji ayaan kugu beddelaynaa. Markii uu hadalkii dhammeeyay ayaan ku iri markaad i leedahay waxaan kaa dhigayaa adigu maxaad tahay? Askari laba alifle ah oo marti noo ah baa tahay ee maxaa ku dhex galiyay xilalka aan qabanayno iyo cidda na hoggaaminaysa? Waad arki doontaa inta yiri ayuu iga baxay isaga oo ay caro badan ka muuqato." Halkaas waxaa ku kala jabay raggii Xabashida keenay oo garab Cali-Nuur hoggaaminayo iyo mid Cumar Xaaji ku xiran kala noqday.

Ninkii tiriyay tixdi gaabnayd ee aan horay ku soo marnay ee ku wiirsanayay dhaawiciii Daraawiish ku gaaray Jidbaale, waxaa u jawaabay nin ay isku heyb ahaayeen. Dadku Eebbe garaadka uma simin. Halka kan hore eegay meel hoose, ninka danbe waxaa u muuqday waxa xigi kara haddii Ingiriis jabiyo Daraawiish ama Daaroodba sida kan gabyay ay la ahayd. Waxaa uu yiri jawaabuhu: [192]

Daarood jabay waa Isaaq dadab ku xeerrayde
Haddii aqalka daahyaha la jaro daakhilkaa xigo e
Sideen ugu digtaa kii dilay sow ma daba joogo

Haddii Xabashi daahyada jartay waxay u gudubtay daakhilka. "Nin gumeysi keenay isaga unbaa u go'aayee" waxaa ay ka billawday kuwii soo hoggaamiyay. Cumar Xaaji waxaa laga mambuucay gobolka oo dhan oo ilaa uu dhintay dib uma uusan tagin cabsi Xabashi aawadeed. Xasan-Deer xabsi dhowr sano ah

---

191 Cadowgeennu waa kuma bogga 509
192 Tixdaan iyo midda la socotayba waxaan ka qabtay abwaan Cabudllahi Warsame (Waranle)

ayay liqsiisay. Intii uu xabsiga ku jiray si xun ayay ugu jirdishay aakhirkina xanuunkii uu ka soo qaaday ayuu u dhintay. Cali-nuur gacanta saaxibbadiisi, ay keenidda Amxaarada ku walaaloobeen, ayuu ku baxay. Waxaa goobtaas kula dhintay saaxiibkiis Xasan Ugaas oo ahaa guddoomiyihi Baardheere qaybna ka ahaa heshiiska Itoobiya lagu keenay. Alle ha u naxariisto dhammaantood e waxaa ay mareen sunno kowni ah oo nin ka weecdo la waayay. Taas oo ah in ruxii shisheeye u adeega aakhir gacantooda uu ku baxo. Sida raggaan SNF, ayuu madaxii Hartidii keentay Carabti Sinsibaar qarnigii 19aad xabsi ugu dhintay. Markii Carabtu danaheedi ka dhammaysatay ayay xabsiga dhigeen. Nololxumo iyo silic uu kula kulmay xabsiga awgeed ayuu naftiisi gacantiisa ku dilay Muxammed Ismaaciil AUN- tee oo ahaa duqii Hartidii Waammo[193]. Saldanadii reer Keenadiid ayaa noqotay middii ugu horreysay ee Talyaani keenta Konfurta Soomaaliya. Heshiis ay soo galeen Yuusuf Cali iyo wakiilka Talyaaniga ayaa lagu dhammeeyay in Talyaanigu ka kireysto meelo ka mid ah xeebaha Soomaaliya ee hoos tagayay Saldanadii Hobyood. Sidaa oo kale, waxa uu suldaanku kula soo heshiiyay in Talyaanigu siiyo hub iyo saanad kuu ku maquuniyo qabiilooyinka kale ee Soomaaliyeed. Talyaaniga, oo fulinaya heshiiskaas ayaa dekadda Hobyo ku soo xiray markab la oran jiray Volturno bartamihii 1890-kii. Soo dhaweysigii cadowgu iyo kaalmaysigiisi, waxaa uu ku danbeeyay saladanadii oo uu la wareegay iyo Suldaan Cali Yuusuf oo xabsi la dhigay 1925-kii aakhirna ku geeriyooday[194]. Cabdullaahi Yuusf Axmed waxaa uu ahaa sargaalki ugu horreeyay ee xornimadi kaddib soo hoggaamiyo ciidan Xabashi ah. Isaga oo ay galbinayaan guutooyin Itoobiyaan ah ayuu qabsaday Galdogob. Calanka Itoobiya ayaa laga taagay ciidda Soomaaliya sida uu isaguba qiray. Su'aashi uu ka keenay calanka Itoobiya ee laga taagay dhul Soomaaliyeed ayaa keentay in ay xabsiga dhigto 1985-kii. Halkaas ayuu maxbuus ku ahaa ilaa dawladdii Itoobiya ee xirtay la dumiyay 1991-kii. Sida halkaas ka muuqata Itoobiya marna waligeed ma aqbalin qof su'aal ka keena waxa ay rabto. Kabaqaad aan kalmad ku soo celin wax aan ahayn uma shaqeeyaan. Jidkaas ay caanka ku ahayd ayay saartay Gedo oo si toos ah gacanteeda u gashay.

Raggaas la xooray waxaa lagu beddelay kuwo u fuliya waxa ay Itoobiya doonayso. Waxaa ay xulatay dad dammiirku ka dhintay, waxa ay u dirto maya in ay dhahaan iska daaye, su'aal aan ka soo celin karin. In dad noocaas ah ay horgal

---

193 Turton (1970). Bogga 85
194 Oromo (2007). Taangiga Tigreega

ka dhigatay waxaa ka marqaati kacay Maxammuud Sayid Aadan. Maxamuud Sayid haatan waa madaxweyne ku xigeenka Jubbaland. Ka hor waxaa uu ahaa garab ka mid ah garabyadii badnaa ee SNF Itoobiya u qaybisay. Gaar ahaan waxaa uu ahaa garabki ugu dhawaa Tirgeerga booskii Dr Cali-Nuurna buuxiyay. Waxaa uu ku jiraa dadka sida daacadda ah ula shaqeeyay una arkayay waxa uu yahay inuu ku noqday addeecidda Itoobiya sida ka muuqatay waraysi uu siiyay wasiir hore Cabdi Faarax (Juxaa) Disember 2021- kii. Waraysi dheer, oo ku saabsan geeddisocodkii federaalka, doorkii Puntland ku lahayd iyo kaalintii Xabashidu ka qaadatay dhismihiisa, ayuu siiyay Juxaa mar uu booqasho ku tagay Garoowe Disember 2021-kii. Maxammuud Sayid waxaa uu ka soo warramay dhismihii *Somalia Reconciliation and Restoration Council* (SRRC), oo ahaa isbahaysi ay ku mideysnaayeen dagaal-oogayaashi Itoobiya raacsanaa. Waxaa uu sheegay in lagu casuumay shirkii Ceeldooreed ee Kiinya. Kaddibna ay isla garteen in ay maamul-goboleed dhistaan inta aysan shirka tagin. Maamul ay u baxsheen Koonfur-Galbeed oo ka kooban lix gobol oo kala ah: labada Jubbo, Bay, Bakool, Gedo iyo Shabeellada Hoose in ay ku dhawaaqeen ayuu sheegay. Shaatiguduud ayay madaxweyne u doorteen. Dhisiddda maamulkaas wax yar kaddib waxaa isku dhacay RRA oo Shaatiguduud guddoomiye u ahaa. Isaga iyo labadiisii ku xigeen ayaa is qabtay oo birta iska aslay.

Cabdullaahi Yuusuf, oo ahaa madaxa dallada SRRC ayaa Itoobiya u aaday xal u helidda mashaakilka dalladu wajahday. Waxaa uu yiri Maxammuud Sayid oo arrintaas ka warramaya:

> *Doolow baan shir ku qabannay. Jannaraal Mesfin iyo niman saraakiil ah oo Itoobiyaan ah buu [Cabdullaahi Yuusuf] keenay, Shaatiguduudna waan keennay, sheekh Aadan Madoobana waan keennay. Doolow baan shirkii ugu qabannay. Madaxweyne Cabdullahu Yuusuf Doolow buu noogu yimid; Doolow Itoobiyo.... aad baan ugu mahadcelinayaa madaxweyne Cabdullaahi Yuusuf baa aad ugu shaqeeyay, anigu naftayda gacan weyn baan ku lahaa, gogoshaas baana dhignay, Itoobiyaankana, walow markii horaba aan tuhmayay isku dhaca raggaba, maaragtay ay lug ku lahaayeen, oo een Shaatibay maaragtay, markii Lixda Gobol bay markii ay casuumeen buu su'aalo waydiiyay oo uu yiri intaan joogayo ii sheega, cidda i casuuntayna ii sheega... markaas su'aashaas bay is waydiiyeen oo yiraahdeen "war ninkaan waaba, maaragtay, waa rijimki hore*

[dawladdii Jaalle Siyaad] oo waaba madax adag yahay oo tiimka cusub maaha" Dawaladdii hore ee Siyaad Barre haddee Shaatiguduud kornaylna waa ka ahaa kumaratoore iyo nabadsugiddina wuu ka ahaa, mar walba rikoorka waxaa la fiirinyaya, war waa raggii hore ee Soomaaliyeed oo waxay yiraahdeen "madaxa adkaa"! markaasey raggi kaloo saaxibbadda ahaa bay yiraahdeen Shaatiguduud waa inaad tuurtaan. Halkaasuu gacan-ka-hadalku ka yimid.*

Sida hadalkaan Maxamuud Sayid ka muuqata, Xabashidu waxay rabtay rag cusub oo aan horey aqoon iyo waayo'aragnimo u lahayn; matoor ay iyadu saaratay ku shaqeeya oo sanka uga duran. Kuwaas waxaa soo raaci karay kuwo xilal soo qabtay, waxa socda iyo damaca Xabashi yaqaannay sida Cabdullaahi Yuusuf laakiin xukun jeceyl uu maanka ka qaaday sidaasna ugu hoggaansamayay ammarrada Tigreega. Sidaa oo kale, hadalka Maxammuud waxaa uu na tusayaa heerka uu gaaray ihaanaynta Itoobiya ilaa sidii eygii saraakiil lagu yiraahdo hebel weerara oo iyaga oo aan su'aal ka keenin weerar ku qabta walaalkood iyo dadkii ay madaxda u ahaayeen. Sida sheekh Aadan Madoobe iyo Xaabsade loogu diray in ay Tigreega u gumeeyaan Shaatiguduud oo su'aal keliya sababsaday, ayaa Maxammud Sayid iyo Cabdirisaaq Isaaq Biixi loogu diray hawl taas hore la mid ah.

Itoobiya ma soo dhaweyn doorashadii Cabdiqaasim Salaad. Dadka la doortay iyo nooca dawladeed ee la dhisayba Soomaaliyadii ay rabtay in aysan ka soo muuqan ayay u aragtay. Cabdiqaasin haddii uu ku soo laabtay Xamar inuu dawladda socodsiiyo ayuu ku talogalay.

Wasiirradiisii ayuu u yeeray. Mid walba inuu aado gobolka uu matalo dadkiisana ku qanciyo barigantaalidda dawladda cusub ayuu ka codsaday. Wasiirradii intoodi badnayd waa ay diideen. Dhawr wasiir oo aqbalay ayaa waxaa ka mid ahaa wasiirkii duulista iyo gaadiidka mudane Cabdi Guuleed Fargayax. Wasiir Guuleed waxaa uu soo aaday Garbahaarreey oo dadkiisu deggan yahay. Si diirran ayaa loogu soo dhaweeyay. Guud ahaan reer Gedo, oo ku caan baxay teegeeridda cid walba oo la doorto kala reebasho la'aan, waxaa ay si weyn ula dhacsanaayeen dawladda cusub. Itoobiyaanku Waqooyiga gobolka Gedo (dhinacii Itixaad ka talin jirey) si buuxdo ayay gacanta ugu hayeen. Ciidan ayaa ka joogay degmooyinka Beledxaawo, Doolow iyo Luuq. Buundada Luuq askar Itoobiyaan ah ayaa dadka ku baari jirey, canshuurta ka qaadi jirey cidda ay doonaanna xiri jirey. Sidaa oo kale, Beledxaawo in muddo ah iyaga ayaa canshuurta qaadan jirey. Canshuur qaadiddu ma ahayn mid qarsoon. AUNtee Cumar Xaaji Masalle, oo markii ay dagaaleen Xabashida kaddib tilmaamay waxa ay isku qabteen ayaa yiri:

Amxaaro siyaasad ma lahan, ismaqal ma lahan, runtiina maanta Gedo siyaasad dawladeed kuma joogto ee waxay u joogaan xogaaga canshuurta ah ee ay ka qaataan Buulaxaawo iyo Luuq oo keliya [195]

Waxaa xusid mudan maanta oo aan erayadaan qorayo kuna beegan 08/01/2022 inuu wali ciidankii isaga ahaa Luuq joogo. Wajigiisa ayuu dadka ka qariyay, oo xeryahooda ma soo dhaafaan, laakiin sidii ayuu wali u maamulaa degmada iyaga oo aan qeyb ka ahayn ciidammada nabad ilaalinta ee AMISOM. Cidda ay rabaan ayay xiraan iyaga ayaana ugu awood sarreeya degmada Luuq. Waxaa ay saldhig ka dhigteen dhul aad u ballaaran oo ay ka mid yihiin maxkamaddii Luuq, dugsigii hoose/dhexe ee degmada iyo dhismihii loo aqoon jirey Shiirkole. Luuq oo aan yeelan iskool fiican tan bixiddii Itixaad ayay isu xilqaameen dhallinyaro reer Luuq ah in ay kiciyaan dugsigii hoose/dhexe ee degmada. Dedaaal iyo rafaad badan kaddib waxaa u suurogashay in dayactir u helaan dhismihii hore. Goortii farta laga qaaday ee la doonayay in ardaydu billawdo, waxaa lagu waabariistay Itoobiyaan dhex deggan. Ilaa maanta waa deggan yihiin. Saddex boqol oo marwaxadood ayaa ugu xiran oo janno ayay ka dhigteen xerada.

Korantada iyo biyaha bilaash ay ku cabbaan. 2020-kii shirakadda korontada ee Luuq ayaa ku soo dallacday $54000 (konton iyo afar kun) oo ay isticmaaleen. Bixinta lacagtaas si cad ayay u diideen. Dacwo iyo isqabqabsi ilaa Filla Soomaaliya gaaray ayaa dhacay laakiin cid ku dhiirrata in lacagta ay ka qaaddo ama korontada ka jarto waa la waayay. Xataa waxaa lagu kari waayay yareeya tamarta aad isticmaashaan oo marwaxadaha tirada badan ee aad xerada wada galiseen qaar damiya. Dhinacooda waxay ku doodeen wixii nagu baxa oo qarash ah waxaa lagu leeyahay guddoomiyaha degmada sababtoo ah isaga ayaan ilaalinnaa danta degmadiisa ayaana halkeer u joognaa. Wiilasha ka shaqeeya warshadda korantada ayaa dabka ka gooyay xerada Xabashidu deggan tahay. Judhiiba waxaa warshaddi weeraray guddoomiyaha degmada oo

---

195 Waxaa lagu soo xigtay buugga Cadowgeennu waa Kuma bogga 486

ka jawaabayay cabasho ay u direen saraakiisha Xabashidu. Halkaas waxaa uu ku jirdilay kaddibna xabsiga dhigay wiilashii shirkadda haystay. Waa markaas kaddib goorta dacwada la isla aadayo. Arrintaas, oo aan aad ula socday, xal waa laga gaari waayay. Dhammaadki 2020- kii iyaga oo wali sidii xoog ugu cabba shilinna aan dhiibin ayaa iigu danbaysay.

Aan ku noqonno imaanshihii wasiir Guuleed iyo Garbahaarreey. Itoobiya waxa ay liqi wayday wasiir ka socda dawladdi Carta in uu joogo deegaanno ay iyadu ka taliso. Waxaa ay si dhaqsa ah ugu yeertay saraakiishi hoos joogtay iyada oo ku amartay in wasiirka laga eryo Garbahaarreey. Maxammuud Sayid waraysigi Disember 2021-kii uu siiyay Cabdi Faarax (Juxaa) waxaa uu ku qirtay inuu lahaa masuuliyadda lagu soo weeraray wasiir Cabdi Guuleed Fargayax. Laakiin fulinta ficilka waxaa lahaa AUN-tee kornayl Cabdirisaaq Isaaq Biixi oo xigta ay ahaayeen Wasiir Cabdi Guuleed. Marka uu dhacayo weerarkaas waxaan joogay Garbahaarreey. Qol ka mid ah huteelka uu degganaaa wasiirka, oo xagga jidka weyn u sii jeeday ayaan ku dhigi jiray bareefad afka Ingiriisiga lagu barto.

Weerarka ka hor, dhawr cisho ayuu ciidanka uu hoggaaminayay mudane Biixi magaalada dul degganaa. Waxaa ku biiray qaar ka mid ahaa taageerayaasha Itoobiya ee degmada sii joogay. Ugu yaraan laba jeer ayay u tageen odayaasha magaalada iyaga oo ka codsaday in uusan degmada soo weerarin. Waxaa uu si cad u yiri "Luuq kuma laaban karo intuu Cabdi Guuleed joogo Garbahaarreey. Halkaan ayaan joogi ee ku qanciya inuu iska tago anna waxaan ku laaban halkii la iga soo diray." Wasiir Cabdi Guuleed isna waa uu diiday inuu iska tago isaga oo aan dhammaysan waqtigii uu ku talogalay inuu joogo. Keligiis maahan e shacabka magaalada ayaa aad uga gilgishay in bixinta wasiirka ay noqoto waxa keliya Itoobiya qancin kara.

Qorraxda oo aad u kulul, ammin la sugayo aadaanka Casarka, ayay xabbaduhu ka soo billawdeen buurta dheer ee dhinaca Waqooyi ka saaran magaalada. Goortaas waxaan ku jiray xiisad. Halka weerarku ku socdo waa dhismaha aan casharka ku bixinayo. Dibadda ayaan u soo booday. Albaabka qolka aan ka soo baxay waxaa qori AK47 ah la taagan mid ka mid ah ilaalada wasiirka. Afka ayuu abur ka sii daynayaa. Umal ayaa foolkiisa ka muuqda. Laba xabbadood ayuu kor u riday. Geed Hindi (Tallaal) uu hoos taagna ayay caleemo ka daadsheen xabbadihii.

Markaan arkay sida xaal yahay, xabbaddii xagga buurtana soo dhawaanayso, ayaan carruurti ku iri ka soo baxa qolka oo orda dhismayaasha kale gala. Midkii u danbeeyay markuu baxay ayaan qolkii soo xiray horeyna ugu cararay biibito ilaa boqol mitir noo jirtay. Meeshii ayaan gabbaad ka dhigannay. Meel ka fog looma carari karin oo xabbado aan loo aabayeelayn ayaa dhacayay. Adigoo ordaya in ay kula tagto ayaa dhici kartay. Guryaha dhagaxa ah wax dhaamay ma jirin maaddaama weerarku uusan hoobiye ku jirin. Daqiiqado gudahood xabbaddii ayaa gudaha magaalada soo gaartay waa ayna istaagtay maaddaama dhinaca wasiirka iskacaabbin aysan ka imaan. Wax yar haddaan joognay noona caddaatay in aysan khatar badan jirin ayaan dibadda u soo baxnay. Wixii koowaad ee aan maqalnay waxay ahayd in nin shacab ah xabbadihii la tageen. Kobtii innaga oo taagan ayaa waxaa soo maray gaari dusha ka jaran oo qori saaran yahay.

Waxaa shirka u saaran nin ka mid ahaa raggii magaalada ka baxay si ay taageero ugu muujiyaan kornayl Biixi iyo Itoobiya. Kursiga waxaa kula fadhiya nin kale oo sidaas oo kale ahaa. Labadaas nin waxaa magaalada deggan reerahooda. Carruur koox ah oo ay dhaleen iyo waaliddiintood iyo walaalahood ayaa ku nool. Xabbadaas aan loo meeldayin ee ninka miskiinka ah dishay qoysaskooda digniin gaar ah kama qabin. Waxaa xusid mudan in labdaas ninba waayo kale oo kala duwan ay guddoomiyaal ka noqdeen Garbahaarreey midkoodna madaxda maanta uu ku jiro.

Wasiirkii markuu dareemay in weerarku dhab yahay dhiigna quban doono haddii uusan bixin, ayuu cagtiisa beegsaday. Dhinaca Bari ayuu magaalada uga baxay isaga oo ay weheliyaan dhawr wiil oo ilaalo u ahaa. Kaddibna habaynkii ayaa gaari loo diray oo Baardheere diyaarad laga saaray. Kornayl Biixi magaalada ayuu qabsaday isaga oo Itoobiya raalligalinaya. Magaaladii ay jifadiisu degganayd, dadkana uu ku ahaa ayaa loo soo diray. Dan tiis ah iyo rabitaan kiis ah toona kuma imaan. Ciidanka la socday waxaa ay u badnaayeen beel tan magaalada deggan colaad kala dhaxeeyay. Dagaal foolxun oo Itoobiya ay hurisay ilaa markaasna ay afuufaysay ayaa u dhaxeeyay. Sidaas darteed iyaga oo dhib ka cararaya ayay ku nagaadeen duleedka magaalada. Waxaa gudaha magaalada soo galay Kornayl Biixi iyo koox aan badnayn oo hayb ku raacay. Dadka deegaanku waxay ku qaabbileen waji xiran waxaana la tusay caro xooggan. Magaaladii oo dhan ayaa la xiray qof walbana gurigiisa ayuu galay. Qorraxda oo aan dhicin ayay magaaladu u ekaatay meel laga guuray. Foorida dabaysha ma ogiye shanqar kale ayaa la waayay. Jawi cabsi iyo argagax leh ayay yeelatay. Kornayl Biixi ujeedkiisu waxaa uu ahaa inuu wasiirka degmada ka saaro, haddii taas uu gaarayna wax kale kama oollin Garbahaarreey. Ammin fiid danbe ah ayuu isaga huleelay Garbahaarreey isaga oo u kicitimay Beledxaawo.

Ficillada noocaan ah waa kuwa caddayn u ah in ay Gedo gumeysi toos ah gashay. Itoobiya ma ay noqon gumeyste dadka iyo dalka badbaadiya oo aayar baad ka gurtee, waxaa ay abuurtay colaad foolxun iyo dagaal mindhicireed. Gedo waxaa ay caan ku ahayd nabad. Dadkeedu waxaa lagu aqoon jiray qabow iyo dulqaad. Haddii uu is qabto waxaa uu ahaa dad isu naxa oo aan rubadda is jarin. Dagalladii caanka ahaa ee soo maray waxaa ay wada ahaayeen kuwo uusan qofna ku dhiman. Is uleyn iyo legdin ayaa lagu kala bixi jiray[196]. Tigree haddii uu gobolkii qabsaday waxaa uu abuuray xaalad murugsan. Dagaal aan noociisa horey loo maqal ayuu afuufay. Kabaqaadkii iyada u adeegayay ayuu mid walba gooni ugu yiri adaan ku garab taaganahay ee reer hebel iska cesha. Waa waxaas aan soo sheegnay oo sidii eydii halkii loo dira su'aal la'aan galayee, dadkoodi ayay dab galiyeen. Reer miyigii ayay ku qanciyeen in Itoobiya garab u tahay reer hebelna cadow u yihiin. Waa la isku martay. Saqiir gowrac, seeddi birayn iyo sabuul haad ayaa dhacay. Qoloba mar bay u tagtaa Xabashida oo hub iyo rasaas ka soo qaadataa. Mid walba oo Xabashida aada midda kale ayay xumaan uga sheegtaa. Xabashiduna waxaa ay ku jawaabtaa "waan ogahay in aad adinka keliya daacad ii tihiine hubkaan qaata."

Dhacdooyinkii yaabka badnaa waxaa ka mid ahaa in koox Xabashida ku tiri koox hebla waxaa ay taageertaa Oromo. Garbahaarrey in Oromo saldhig laga siiyay ayaa loo sheegay. Reer Garbahaarreey waayadii hore cadaawad weyn ayay u muujiyeen Xabashida. Haddii warar badan looga keenay Garbahaarreey, Tigreegi ayaa go'aansaday in ay cagaheeda ku tagto. Iskacaabbin lama aysan kulmin. Laakiin waxaa la tusay waji cadowtooyo. Waxaa la xiray dhammaan ganacsigii. Guryaha ayaa hoosta laga xirtay. Odey u taga iyo qof la shira ayay wayday. Laba cisho haddey joogtay urna u bixi wayday, habayn madow ayay iska guurtey. Laakiin reer Garbahaarreey, muddo kaddib waa sii adkeysan waayeen. Maaddaama garab ay is laynayeen Itoobiya hubeynaysay waxaa ay is tuseen in ay lagama maarmaan tahay in Itoobiya lala heshiiyo. Markii in muddo

---

196 Faahfaahin ku saabsan sida reer Gedood u ahaa dad nabadeed oo iyaga oo col ah aysan isu dili jirin ugu noqo buugga Xantaysi ee uu qorey Ibraahin Aadan Shire, qoraha buugga ku horyaal

ah albaabka Xabashida uu ka xirnaa reer Garbahaarreey, waxaa ay noqotay in ay iska beri yeelaan eedaynta ah Oromo ayaad taageertaan. Waxaa ay u cid direen Itoobiya. Waxaa ay u sheegeen in ay daacad u yihiin, la shaqaynayaan diyaarna u yihiin wixii u xaqiijin kara Itoobiya in aysan Oromo Garbahaarreey joogin. Itoobiyaankii waxaa ay yiraahdeen waxaan soo diraynaa wafti soo hubiya warkiinna. Maalmo kaddib waxaa Garbahaarrey yimid hal sargaal oo ka tirsanaa sirdoonka Itoobiya [197]. Waxaa uu ahaa nin gobolka laga yaqaannay oo la oran jiray Salmaan. Sargaalkaan waxaa uu soo aaday Garbahaarreey isaga oo aan wadan ilaalo. Dhawr habayn ayuu baryay Garbahaarreey oo loogu soo dhaweeyay sidii madaxweyne. Cabsi la'aan ayuu meeshuu rabay maray. Ilaalo la'aan ayuu biibitooyinka ka shaahayay. Haddii uu dhammeystay xog-ururintiisi waxaa uu u sheegay raggii keenay inuu qancay hadda kaddibna aan looga warsheekeyn doonin. Halkaas ayaa xaflad iyo dabbaaldeg lagu dhigtay. Salmaan waa libaax iyo dawlad madaxbannaan oo halkuu doono u safra. Haddii uu dhammeystay safarkiisii Garbahaarreey gadaal uma uusan noqon e, waxaa uu yiri Baydhabo ayaan u socdaa. Gaari ayaa shidaal loogu soo shubay, lix wiil oo isku jifo ahna waa lagu daray. Waa sargaal dawladeed oo heli kara ilaalo iyo gaari u gaar ah oo ay dawladdiisu bixiso. Laakiin qarashkaas waxaa uu saaray reer Garbahaarreey. Sababtu, malahayga, waa inuuba u arkayay inuu dhex joogo dalkiisi iyo dadkii uu xukumey oo gaari laga siiyay Bahardaar iyo midka laga siiyay Garbahaarreey ay isugu mid u ahaayeen. Jaamac Cabdi Kaarshe waxaa uu ka mid ahaa lixdaas nin ee ilaa Baydhaba jid marisay Salmaan. Waxaa uu ii sheegay in ay nabad ku geeyeen meeshuu rabay. Waxaa uu yiri Jaamac: "waxaan ka baxnay Garbahaarreey innaga oo si marnay Buurdhuubo, Qansaxdheere jidkaas dheer ilaa Baydhaba. Intii aan sii soconnay hal isbaaro lama aannan kulmin. Sababtoo ah madaxdii RRA ayaa amartay in uusan Salmaan jidadka ku arag wax isbaaro ah." In la helo nin dhiig lahoo xabbad ku dhajiya iska daaye, madaxiisa ayaa jidadkii isbaarooyinka looga qaaday!

Gumeysigaas waxaa uu u sii gudbay Baay iyo Bakool ilaa ugu danbyan uu gaaray dalka oo dhan oo qofka ugu sarreeya ee fadhiya Filla Soomaaliya uu noqday Jannaraal Itoobiyaan ah. Saddexdi September 2009-kii waxaa ka baxay kannaalka Chennal 4 ee laga leeyahay dalka Ingiriiska barnaamij loogu waqlalayay

---

[197] Sheekadaan markii iigu horreysay waxaan maqlay sanaddii 2000. Laakiin wax dan ah kama lahayn ninkii sheegayayna su'aalo ma sii weydiin. Intaan buugga qorayay ayay igu so dhacday. Kaddib waxaan raadiyey ninkii aan maalintaas ka maqlay. Jaamac Cabdi Kaarshe Maarso 2022-ka ayaan Garbahaarreey mar kale uga waresytay arrintaan

"*Warlord Next Door*". Barnaamijka ayaa xoogga saaray dhibaatooyinkii Xamar ka socday iyo tacaddiyadii ay Itoobiyaanku geysanayeen. Markii uu soo gaaray Filla Soomaaliya, waxaa uu yiri weriyihii "Haddeer ayaan la kulmayaa ninka ugu awoodda badan Soomaaliya. Jannaraal Gebra." Halkaas ayuu wariyuhu kula kulmayaa jannaraal Gebre oo aan maqalkeenna ku cusbayn.

Itoobiya markaas Soomaaliya waxaa ay u arkaysay meel ay gumeysato, madaxdeeda, oo Cabdullaahi Yuusuf ugu sarreeyay, waxay u arkaysay gacanyarayaal meesha u jooga fulinta ammarradeeda iyo hirgalinta danaheeda. Indhaheeda kuwaas kama duwanayn kaadiriinti gumeystayaashi Ingiriiska iyo Talyaaniga uga shaqayn jiray xafiisyadoodii Soomaaliya. Jirintaanka arrintaas iyo in Itoobiya u gacan dhaaftay maamulka hoose madaxweyne Cabdullaahi Yuusuf waxaa qiray Maxammuud Sayid. Waraysigii uu siiyay Cabdi Faarax Juxaa waxaa uu ku sheegay in Cabdullaahi uusan beddeli karin guddoomiye degmo ilaa Itoobiyaanku raalli ka yihiin. Waxaa uu ku daray in qaar u beddelay ay si cad uga horyimaadeen xilkini laga qaadi waayay. Waxaa uu yiri Maxammuud Sayid:

> *Muddo kaddib madaxweyne Cabdullaahi Yuusuf iyo Itoobiyaanku waa isqabteen. Itoobiyaanka ayuu madaxweyne Cabdullaahi ku yiri war nimanyahow inaad na kaalmaysaan ayay ahayd. Laakiin sidaan noola dhaqmaysaan niman na qabsaday baad u egtihiin. Idinkamana yeelayno. Dawlad baan nahay sharaf baan leennahay, dignity baan leenahay, xeerkayaga iyo nidaamkayaga nagu kaalmeeya. Laakiin faragalintaan hoose naga daaya. Oo maamulladi xataa qaar annagu aan magacownay ayay iyagu diidayaan oo ay leeyihiin maya e ninkaanaa aad dhiisiga ka soo dhigteen annaga nalama shaqaynayo ee ninkaan baa nala shaqaynayo...*

In Itoobiya ahayd awoodda dhabta ah ee dalka ka jirtay ayay muujinaysaa in iyadu ahayd midda magacaabaysa guddoomiyayaasha degmooyinka qof aysan iyadu rabinna aan xil loo dhiibin kol ay biyotooni ku tahay, dalkuna ku jiray mustacmarad rasmi ah afkaba yaanan laga qirane. Dhinaca reer Gedo waxaa ay aqbaleen gunnimada ay galeen. Amarrada Itoobiya waxaa ay uga fulayeen sida ay uga fulaan Gondor iyo Hawaas. Taliye ciidan iyo ilaa barasaab qof aysan iyadu taskiyayn xil ma qabanayn. Markii ay hubisay in Gedo isdhiibtay waxaa ay ka faantay toos ula macaamilkeeda waxaa ayna hoos gaysay gacanyaraheedi ee Jigjiga fadhiyay.

13-kii Juun 2014-kii ayaan booqasho ugu tagay nin aan qaraabo nahay oo safar ku yimid Ingiriiska. Sheeko kaddib waxaa uu ii sheegay inuu doonayo inuu noqdo barasaabka Gedo. Si uu u gaaro yoolkaas waxaa uu ii sheegay in safarkaan uu ku sii mari doono Jigjiga. Waxaan waydiiyay waxa uu ka doonayo Jigjiga. Waxaa uu yiri: "Cabdi Ileey ayaan rabaa inaan la kulmo, isbaro oo aan ajandahayga kala hadlo." Anigoo argagaxay ayaan iri: "Oo Maxaa Cabdi Ileey uga jira ajandahaaga?" Waxaa uu yiri: "Qof uusan aqbalin barasaab ma noqon karo oo Itoobiya isaga ayaa Gedo wakiil uga ah. Waxaan iri maxaa kugu qasbaya inaad aqbasho ihaanada intaas la'eg? Waxaa uu yiri "Xilka ayaan rabaa jid kale oo furanna ma jiro. In waaqici la noqdo oo xaalku siduu yahay lagula macaamilo ayaa habboon inta xaaladdaan fooshaxun laga baxayo" ayuu hadalkii ku soo xiray.

Ninkaasu waxaa uu ahaa nin dhallinyar ah oo da'da soddomeeyada ku jirey. Waa qurbaawi baasaboor reer Galbeed sita. Waa aqoonyahan shahaado sare ka qaatay jaamacad caan ah. Waa wadaad ay waxbareen Itixaadkii Gedo. Dhinacii aad ka eegtaba kuu muuqan mayso sabab ku kallifi karta inuu qaato gunnimo intaas la'eg oo xil uu ka doonayo dadkiisa Itoobiya ugu doonto!

Waxaa xusid mudan in isla ninkaan aan sidaan oo kale aan habayn meel ula fadhiistay. Hilaaddii dhammaadkii 1996-kii ama horraantii 1997-kii ayay ahayd. Waxaa aan ahayn laba gaban oo is la'eg qaraabona ah. Haddii aan 2014-kii kala hadlayay inuu ka joogo hoos fadhiisiga Itoobiya habaynkaas hore waxaa aan kala hadlayay inuusan naftiisa ku halligin la dagaallanka Itoobiya. Sidaan soo iriba waxaa uu ahaa carruurta ayay tarbiyeeyeen Itixaadku. Maalmo xaalad dagaal ay ka jirtay Beledxaawo ayaan arkay isaga oo qori sita. Ammin fiidki ah ayaan u yeeray. Waxaan kala hadlay in uu iska dhigo qoriga oo dhulkiisa nabad ku joogo. Sheeko dheer kaddib waxaa uu igu yiri "Waxaad igala hadlaysaa oo waa jannada ka joog. Maalintaan ka soo baxayay gurigeenna (tuulo fog ayuu reerku degganaa), walaashay hebla ayaa ii keentay bacdii dharku iigu jiray. Waa ay ila dardaarantay oo shahaado ii rejeysay. Haddii aan shahiido in aan Ilaahay u shafeeco waydiiyo ayay iga codsatay."

Waa gedgaddoonka adduunka iyo qaddiyad la'aanta Soomaalida. Waa calaamad ku tusinaysa quusta dadku joogay iyo sida Gedo iyo gobollada dhaca xudduud-beenaadku Itoobiya ugu biireen ogaal la'aan.

Halgankii SNF iyo Itixaad u galeen haysashada gobolka Gedo halkaas ayuu ku danbeeyay. Gunnimo la taabiyo gobonnimo la waayo ayuu xaalku ku idlaaday. Mid walba oo ka mid ah labadii garab ee talada isku haystay, haatan waxaa uu hoos fadhiyaa gacanyarayaasha Itoobiya. Dhallinyaradii ugu caansanayd ee Itixaad waayadii danbe kaba-qaadka Itoobiya ayay ahaayeen. Ninkii soo qabtay ee wareejiyay raggii Kiinya loo dhiibay ee aan soo marnay waxaa uu ku danbeeyay sargaal sare oo Tigreega u shaqeeya. Su'aashu se waxay tahay ma laga baaqsan karay in halkaas la gaaro?

CUTUBKA 6AAD

MA LAGA BAAQSAN KARAY IMAANSHIHII XABASHIDA

Haddii aynu soo aragnay wixii gobolka ka dhacay iyo gumeysigii la galay, waxa haatan maankaaga ku wareegaya waa suurogal ma ahayd in aysan Tigree gobolka soo galin? Su'aasha oo sidaas u qoran ayaan hordhigay sheekh Xuseen Guuleed Aadan Deer [198] oo ka mid ahaa saraakiishi Itixaad Gedo ugu sarreysay waxaa uuna ku jawaabay:

> Horta waxaan wax qaddaran ayay ahaayeen. Wax qoranna qofna ma baajin karo. Waxaa se is leeyahay tallaabadi ay qaadeen reer Laascaanood haddii la qaadi lahaa waa laga baaqsan lahaa. Ugu yaraan dib ayuu u dhici lahaa. Waxyaabaha is biirsaday waxaa ka mid ahaa, Luuq oo xarun u noqotay Islaamiyiin caalami ah oo dunida oo dhan ka yimid. Sidoo kale waxay ahayd saldhiggii nimanki Ogaadeeniya... Markaa Fokas [indhaha] ayaa saarnaa oo gaalo oo dhan ayaa isha ku haysay. Laakiin sidii ay yeeleen reer Laascaanood haddii la yeeli lahaa... Reer laascaanood, markii ay maqleen in Xabashi qorshaynayso in ay qabsato Laascaanood, waxaa ay direen basaas ay yaqaanneen. Waxaa ay ku yiraahdeen u tag Xabashida soona waydii inuu jiro jid aan ku kala badbaadi karno. Iyagu ciidan hubeysan ma ahayn sideenna oo kale. Iyagu [reer Laascaanood] waxaa ay ahaayeen mac'had weyn oo magaalada ka baxsan oo dhallinta lagu diyaariyo. Tigreegu waxay yiraahdeen mac'hadka ha la baabi'iyo markuu intaas yeelo ayaan wada hadlaynaa. Sheekh Cabdinaasir, oo mac'hadka madax ka ahaa si dhaqsa ah ayuu gaaray go'aan. Wuxuu xirey mac'hadkii ardaydiina waxaa loo kala qaybiyay maddaaris yar yar oo xaafadaha magaalada ku yaallay. Basaasiinti waxaa ay ku warceliyeen in la fuliyay dalabkii Xabashida magaaladuna uusan joogin ciidan hubeysan iyo mid diyaarin ku jira toona. Markaas ayay qorshaha

---

198 Waraysi aan kula yeeshay Garbahaarreey Maarso 14 2022

ka saareen duullaanki Laascaanood sidaan xogta ku hayno. Marka waxaa is leeyahay haddii lala macaamilo sidaan wax uma dhaceen. Ugu yaraan waa la daahin karay.

Waxaan weydiiyay sheekh Xuseen sababta loo qaadan waayay go'aan noocaas ah, waxaa uuna iigu jawaabay:

Horta markii aan helnay xogaha sheegayo in Amxaaro duullaan soo tahay run uma aannan qaadan. Aqoondarro weyn ayaa jirtay. Waxaa la isku qanciyay dal xudduud leh dal kale ma soo gali karo oo shuruucda caalamiga ah ayaa diidayo. Marka booloxoofto ayaan u haysannay ee xisaabta si rasmi looguma darsan in ciidan Xabashi soo galayo Luuq iyo Beledxaawo. Waxaa kaloo jirey inuusan jirin qof si cad ugu dhiirran karay in la xiro xeryaha ciidanka. Walaalaha ka yimid Soomaali Galbeed waxaa loo arkayay dad Soomaali ah oo dhibban oo meel walba laga soo barakiciyay, marka gobolka ha laga saaro qof ku dhacay ma jirin oo dhallinta oo dhan ayaaba u socotay in ay jihaadka la gasho.

Waxaa jirtay habayn macallin Maxammuud Macallin Nuur si guudmar ah u yiri xeradaan [midda reer Soomaali Galbeed] gobolka culeys badan ayay ku haysaa. Rag aan anigu ku jiro ayaa ku soo booday oo meel fog la gaaray. Dib danbe qof uga hadlay ma jiro.

Cali Xasan Maxammed [199], oo ahaa madaxa arrimaha bulshada goortii Amxaaradu Luuq soo weerartay ayaan isla su'aashaas waydiiyay. Waxaa uuna yiri:

Waxaan qabaa, isku aragti lama ahayn. Qof walba usha meel bay uga jarnayd. Waa sax waa laga baaqsan karay. Ragga qaarkii waa ku shaqeeyeen in laga baaqsado, sida sheekh Maxammuud Macallin Nuur [oo dhinaca Itixaad ahaa], Maxammuud Khaliif Shire, Khaliif Qoryooleey iyo Maxammed Cali Cabdi [oo dhinaca SNF ahaa], rag noocaas ahaa... Raggaan oo ahaa Itixaadka quryar socodka ah iyo SNF-ta qunyar socodka ah waa dedaaleen. Laakiin dhinaca Itixaad sheekh

---

199 wareysi aan kula yeeshay Xamar 23/03/2022

Maxammuud ma ogiye inta kale xagjirro ayay ahaayeen. Awoodda fulinta waxaa hayay rag xagjirra ah. Waxaana fuliyay waxa ay rabto awoodda dad talada fulinta haya. Sheekh Maxamuud mar ayuu xataa yiri aan hubka dhigno oo aan shacabka ku biirno. Gobol, odayaashi iyo siyaasiyiintiisi na diideen xoog kuma haysan karno. Laakiin waa lagu diiday oo waliba lagula dagaalay. Xagjirka ayaa badnaa toodii ayaana socotay.

Hasayeeshee farqi ayaa u dhaxeeyay xeradii Laascaanood iyo kuwii Gedo ku yiillay. Laascaanood taladeeda waxaa ay ku koobnayd sheekh Cabdinaasir. Wixii u soo baxa ee wanaag ah ma jirin cid uu uga baqayay ama goonyaha la haysatay. Halka kuwa Gedo taleeda ay ka dhaxaysay shabakad ballaaran oo is huwan. Madaxdi sare ee Itixaad, oo fadhigoodu Xamar ahaa, in laga talogaliyo muhiim ayay ahayad. Saraakiil badan oo heerar kala duwan ah ayaa talada wax ku lahaa. Rag Carbeed, oo qaab dadban gacanta ugala jiray hawlaha ururka, ayaa iyaguna sheedda kala socday.

Laba, xerada Laascaanood ciidankii joogay ma hubeysnayn. Waxaa uu ahaa dhallinyaro diinta la baro, oo afkaar in lagu shubo iyo tababbar kooban ma ogiye, aan hub iyo jihaad taagan loo diyaarinayn. Halka kan Gedo uu ahaa ciidan hubka noocyadiisa kala duwan la baray, loo sheegay in ay jihaad galayaan, jannaduna ay ka xigto geerida oo keli ah. Kan Laascaanood waxaa ku filnaatay, casharradi aad qaadan jirteen gudaha magaalada iyo guryaha ayaa la idinku siin. Laakiin kan Gedo taasu suurogal ma ahayn oo wiilal yaryar oo jannadoon ah ayaa meesha joogay. Iska kala taga qofki ku yiraahda ugama duwanayn qof ku yiri u dareera Cadaabka. Sidaas darteed inta u hoggaansami lahayd ayaa aad u yarayd haddiiba la oran lahaa xeryaha waa la xirayaa waana sababta, malahayga, sheekh Maxammuud taladiisa loo diiday.

Hasayeeshee taasu cudurdaar u noqon mayso in aan go'aan la qaadan. Waayo diidmo walba oo timaaddo, go'aan qaraar oo waqti hore la qaato waxaa uu baajin lahaa musiibada dhacday iyo gumeysiga la galay. Aan ka soo qaadno in madaxdii reer Gedo ku dhiirradaan in xeryaha la xiro dhallinyaraduna diiddo. Odayaasha, madaxda SNF iyo madaxdii Itixaad oo isku dhinac ah, diidmadu dhallinyaradu macne ma yeelateen. Waxa ugu daran ee dhici lahaa waxaa uu noqon lahaa dagaal kooban oo dhex mara dhallinyarada Itixaad iyo kuwa qabiil maalmana ma dhaafeen oo ugu danbayna sidii Bari ayaa dhinac noo dhaafi la dhihi lahaa.

Hasa-ahaatee, sida labada ciidan u kala duwanaayeen, waxaa la mid ahaa madaxda labada koox. Sheekh Cabdinaasir waxaa uu ahaa nin khibrad sare iyo aqoon ciidan leh. Waxaa uu gartay halista ku soo fool leh iyo caaqibada ka dhalan karta. Halka kuwa Gedo khibrad iyo aqoon iska daaye su'aalo badan ay dul hogonayaan miyirqabkoodii. Goorta sheekh Cabdinaasir si dhab u qaatay warka uga yimid duullaanka uga soo socda Itoobiya, madaxdii Itixaad ee Gedo joogtay dhayal iyo waxaan macquul ahayn ayay u arkayeen. Markii uu warku soo gaaray, waxaa ay ku sheekaysteen in aysan suurogal ahayn in dawlad isaga duusho dal kale oo xuddudda ka tallowdo. Waayo waxaa diidaya qawaaniinta caalamiga ah sidaan ku soo marnay jawaabta sheekh Xuseen. Intaas sheekh Xuseen ii sheegay waxaa gooni iigu sheegay Cali Xasan[200] oo mid ahaa saraakiishi dhexe ee Itixaad iyo sheekh Xasan Axmednuur oo ducaadda ururka mar ka mid ahaa, sidaa oo kalana ah facaadyahan wax badan ka aruuriyay dhacdooyinkii dalka soo maray.

Itixaad waxaa uu xeryo u furtay abuuridda dhallinyaro ku duusha dalal kale. Waxaa ay Gedo gabbaad ka siiyeen Itixaadkii Soomaali Galbeed oo dagaal ba'an kula jiray Itoobiya xaq u dirirna ahaa. Sida aan kor ku soo sheegnay weerarro lagu qaaday gudaha Itoobiya ayuu Itixaad qirtay. In ay iyagu ka tallaabaan xuddoodo ma jirin qaanuun ka celinayay laakiin in iyaga lasoo weerarro waxaa reebayay qaanuunka caalamiga ah! Isla qaanuunka ay u arkayeen inuu ka difaaci doono weerar Itoobiya kaga yimaada, waxaa ay u yaqaanneen 'dhaaquud'. Qofkii aammina shuruucda QM gaal ayay ka aamminsanaayeen in dagaal lala galo ayaana ka go'nayd. Waaba sababtii ay u diideen maamulkii dalka loo dhisayay ee UNOSOM harmuudka ka ahayd. Haddaba maskax fayow sidaas ma u fakertaa?

Nin kale oo ka mid ahaa saraakiishi dhexe ee Itixaadkii Gedo isna waxaa uu igu yiri "Itoobiya iyadaa sideeda dagaal u rabtay ee innagu waxaan ku dedaalnay inaan ahaanno laba dal oo daris ah. Waxaan u diidnay dhallinyaradi Soomaali Galbeed ee doonaysay in ay ka gudbaan xuddudka Gedo iyo Soomaali Galbeed. Meeshii kale oo ay rabaan ha ka gudbeen laakiin waa ka horistaagnay

---

200 wareysi aan kula yeeshay Xamar 23/03/2022

in ay isticmaalaan kan Gedo." Hadalkaan waxaa ayiday Xasan Fayooke oo ahaa wasiirka arrimaha dibadda ee Imaaradii Gedo. Xasan waxaa uu qiray jiritaanka arrinkaan. Laakiin si kale ayuu u dhigay. Waxaa uu yiri "innagu ma aannan koontarooli karin ciddii u gudbaysa dhinaca Itoobiya. Dalka meeshii la doono ayay ciddii doonta mari kartay oo awood aan ku ilaalinno ma aannan lahayn. Laakiin waxaan kula heshiinnay Itixaadkii Soomaali Galbeed in dagaalka ay Itoobiya kula jiraan aysan ka qaadin dhinaca Gedo soo xiga, si aysan marmarsiiyo uga dhigan Gedo ayaa nalaga soo weeraray [201]."

Aragtidaan waxaa ay ku doodaysaa in aysan cudurdaar noqon karin ciidan weerar igu ah baad diyaarinaysaa oo waa inaan iska kaa cesho, waayo ciidanka aanba gabbaad siiyee waxaan u diiday in ay maraan jidka noo dhaxeeya ama uu kaa weeraro dhinaca i soo xiga. Aragtidaan waa mid aad ugu baahsan taageerayaashi Itixaad oo in badan aad ka maqlayso. Waa hore iyo waa danbe, caddaan iyo madow aadanuhu iskuma khilaafin in sida ugu fiican ee cadow la isaga celiyo ay tahay weerar intuusan gurigaaga kuugu imaan. Madaxdii Itixaadkii Gedo, oo sheekh Maxammed Xaaji Yuusuf iyo sheekh Xasan Daahir Aweys indheergaradka u ahaayeen, waxaa ay ku seexdeen in ay Itoobiya ka nabad galaan iyaga oo diyaarsanaya ciidan ay iyada ku dhibaateeyaan!

Dadka garashadoodu sidaas noqotay lagama filan karo in ay sii oddorasaan waqti hore caaqibada ka dhalan karta ficilladooda. Cali Xasan ayaa kalmad cajiib ah ku soo koobay waxa arrintaan looga sii baaraandegi waayay. Waxaa uu yiri: "Waan ficil fiicnayn laakiin waan feker xumeyn." Taas oo uu ula jeeday wax badan oo wanaag ah ayaan ficil ahaan u qaban jirnay laakiin markii ay timaaddo habfakerka iyo maxaa dan ah, si khaldan ayaan u fekeri jirnay.

Dad badan ayaa ku dooda in ururkii Itixaad aad u yaqaannay ilaha dhaqaalaha leh saadaashiisuna aysan gefi jirin halka dufanku yaal. Markii se ay timaaddo hoggaamin iyo aayaha dalka waa laga madoobeeyay. Dooddaan si u dhow waxaa xusay Dr Cumar Iimaan [202]. Goortii uu ka hadlayay caqabadihii waaweynaa ee Maxkamadihi qabsaday waxaa uu yiri:

Madaxdu ma lahayn aqoon iyo khibrad maamul. Qaarkood ha haystaan shahaadooyin sarsare e, waligood ma soo qaban maamul iyo

---

201 Waresyi aan taleefanka kula yeeshay 1/9/2022
202 Dr Cumar Iimaan Abuukar (2009). تجربة المحاكم الاسلامية في الصومال Bogga 139

maarayn dawladnimo...qaayahooda ugu sarreeyay waxaa uu ahaa jeceyl ay u hayeen camalka iyo caaddifad aan hab wax lagu qabto la socon.

Madaxda Maxkamadaha oo ahaa madaxdii Itixaad iyo kuwo iyaga ka aflaxay fekerkii ciriiriga ahaa kama aysan weynaan. Maalintuu dhashay Al-Itixaad oo ku beegan 1983-kii ilaa 2006-diii wax garasho iyo garaad ah oo u kordhay xagga la macaamilka dadka ma jirin. *"Haddaan guga kuu kordhaa gabow mooyee ku tarin, garaad iyo waayo'arag, illeen wax ma dhaantid geed."* [203] Caqligu waxaa uu keenayaa in cid shaqada taqaan la qaato, hawsha loo dhiibo oo kor laga maamulo si loo kabo waxa kaa maqan. Laakiin cudurkii ahaa "innaga" iyo "iyaga" ee Itixaad qarribay ayaa wali taagnaa. Dr Cumar oo tilmaamaya sababta aysan aqoonyahan garanaya shaqada uga xulan bulshada ka baxsan kooxdii Maxkamadaha la baxday waxaa uu yiri:

Waxaa biyaha sii calwiyay in ay naga hor istaagtay qaadashada dad khibrad leh cabsi aynu ka qabnay in ay hadafkeenna naga duwaan... Waan awoodi waynay in aan iswaafajinno qaadashada dad khibrad u leh maamul iyo maarayn hadafkeennana aannan ka leexan.

Sidaa oo kale kor waxaan ku soo marnay sheekh cabdulqaaddir Gacameey oo leh wax aragti kama aannan haysan waxa imaan kara. Garasho la'aantaas iyo fiiro-gaabnidaas waa tan ugu weyn ee fududaysay in Itoobiya la soo hoggaamiyo 1996-kii iyo markale 2006- dii.

Halkaas waxaan ka soo dhiraadhirin karnaa in laga hortagi karay duullaankii Itoobiya. Dad fiiro dheer haddii ay talada hayaan, waxaa u muuqan lahaa dhawr sano ka hor duullaankii 1996-kii waxa soo fool leh. Wiilasha aan hubaynayno xaggeen gayn doonnaa ayaa la is waydiin lahaa. Haddii Itoobiya weerar nooga yimaado ma iska celin karaa? Waqti intee la'eg ayaan sii dagaallami karnaa? Dagaalkaas hadafka aan ku gaarayno muxuu noqonayaa? Dalkaan dagaalka sokeeye ku jira inaan mid dibadda ka yimid u soo jiidno ma sax baa? Kun su'alood oo aragti cad ka bixin lahaa waxa soo socda ayaa la is waydiin lahaa. Mase dhicin oo dadkeedi ayaan talada haynin.

---

[203] AUN-tee Abwaan Gaarriye

In damqasho dal, dad iyo diin u nixad aysan jirin waxaa kaloo tilmaami kara weerarki labaad. Aan ka soo qaadno in duullaankii koowaad ilduuf iyo aqoondarro uu sababsaday. Intii toodu gashay dhimatay. Itixaad fahanyay tabartiisa iyo awoodda dawladda ku soo duushay. Dareenyay culeyska gudaha gobolka ka taagnaa iyo sida loo kala fogaa. Aragyay in cadawgu u gacan haatiyay reer Gedo xaggiisana loo sii socdo. Halkii ay dib isugu noqon lahaayeen; uga fakeri lahaayeen sidii dalka looga badbaadin lahaa cadow shisheeye oo qabsada; ay u soo awdi lahaayeen wax walba oo fursad u noqon kara in Itoobiya loo gacan galo, waxaa uu ururku ku dhawaaqay jihaad ballaaran. Dal iyo dibad wixii Islaan jiray ayuu ugu baaqay in ay u soo gurmadaan. Qaybtii xatii awal dagaalka diiddanayd ayaa u aragtay in la sii wado dagaalka Gedo oo cudurdaar diimeed u baaray. Gabdhihii ayaa loogu yeeray in ay dahabkooda u iibiyaan jihaadka. Dhallinyaradii ayaa lagu yiri dhiiggiinna hura. Fadwooyin tirobeel ah ayaa midba meel laga soo saaray. Dhabtii ilaa maanta waxaa ay aamminsan yihiin inuu ahaa dagaal xaq ah iyo hadaf sax ahaa oo la qaatay in la yiraahdo Amxaaro ayaan Gedo ka difaacaynaa.

Eeddu ku kali maaha Itixaad. Madaxdii SNF iyo kuwa aan kor ku sheegnay waxaa ay ahaayeen isma dhaanto. Dhabtii waxaaba sii daran jananki soo dabagalay laba alifle ajannabi ah si uu dadkiisa ugu laayo. Waxaa uu dhibtaas u gaystay iyo waxa uu goobayay midna si cad uma sharrixi karin Jan. Cumar Xaaji iyo xulufadiisu. Han yaraantooda ayaa musiibo kale ahayd. Xasan-Deer oo ahaa unugga koowaad ee Tigreegu ka farcamay ma doonayn wax ka weyn inuu guddoomiye ka noqdo Doolow. Tobannaan will oo dhimata, dadkiisa oo barakaca iyo magaaladoo gubbato xafiis yaroo cidla ah ayuu ku doonayay. Haddii wax ka badan ay jireen waa in ay ka ahayd rag iska dhici!

Kabiirka isaga hawsha uga weynaa waa Cumar Xaaji. Waa janan mar ahaa wasiirka gaashaandhigga ee dalka Soomaaliya, soo qabtay xilal wasiirnimo, aqoon sare iyo khibrad dheer ku hubeysnaa. Intaas oo uu sharaf soo maray waxaa uu halgan u galay inuu noqdo hoggaamiyaha beeshiisa. Si uu xilkaas u helo naftiisu waxaa ay ku qancisay inuu daba fadhiisto Amxaar injir leh oo aqoon ahaan iyo darajo ahaanba ka hooseeya. Haddii aysan dooran in ay Itoobiya soo jid mariyaan kolna noocaas gobolka looma qabsadeen. Si walba oo ay weerar u soo qaaddo iyo wax walba oo ay samayso marnaba ma dhacdeen in ay si rasmi ah ciidammo u geysato gobolka sidaas qaawanna u faragaliso. Madaxda SNF la'aantood marnaba sidaas looma gumoobeen!

Labada dhinac mid walba waxaa uu rabay inuu isagu gobolka ka taliyo. Han intaas dhaafsiisan iyo hadaf ka fog toona ma lahayn. Mid walba shisheeye ayaa dabada ka waday oo ku adeeganayay ama ugu yaraan uu garab iyo gaashaan ka dhigtay. Gobol ay iyagu leeyihiin, u siman yihiin, ku filan in ay qaybsadaan oo ku wada noolaadaan ayay u dooreen dagaal aan hadaf lahayn. Halgan ayay galeen lagu hungoobay. Geeddi dheer ayay u galeen gunnimoddoon mirihiisina waa gurteen. Ma jiraa mid ku baraarugoo jidkooda ka leexdo?

Innaa Lillaahi waa Innaa Ilahayhi Raajicuun

TIXRAAC

- Axmed Faarax Cali (Idaajaa, 1994). GOBOLKA GEDO IYO URURKA AL-ITIXAAD AL-ISLAAMI: MAXAA RUN AH? MAXAANSE AHAYN? Maqaal

- Cabdishakuur Mire Aadan (2002). *Kobicii Islaamiyiinya 1952-2002*

- Cabdullaahi Faarax Cali (2019) *Cadowgeennu Waa Kuma? Taariikhdaa na baraysa*

- Cabdulqaadir Aroma (2007). Taangiga Tigreega

- Cabdulqaadir Aroma (2005) Hadimadii Gumeysiga

- Cismaan Abuukar (Dubbe) 2009. *Felegmeer*

- Dr Cumar Iimaan Abuukar (2009). تجربة المحاكم الاسلامية في الصومال

- Ibrahim Aadn Shire. *Kaynaan.* Buug yare aan wali la daabicin

- Joseph S. Nye Jr. (2004). Soft Power. The means to succeed in world politics

- Refworld (1996). Somalia: Information on the current situation in the Gedo region following the arrival of Ethiopian troops. Waxaa laga heli karaa: https://www.refworld.org/docid/3ae6ad8e1c.html

- Scot Peterson (2000). *Me Against my Brother*

- W. Christopher (1843). Extract from a journal by Lieut W. Christopher. Commending the H. C. Brig of War Tigris on the E' Coast of Africa. Page 90

www.ingramcontent.com/pod-product-compliance
Lightning Source LLC
Chambersburg PA
CBHW081616100526
44590CB00021B/3463